MILCH UND HONIG

HÄNSSLER-VERLAG

Phyllis Glazer

Milch und Honig

Natürliche Ernährung, originelle Rezepte
und gesundheitliche Aspekte
aus biblischer Zeit

NEUHAUSEN-STUTTGART

Die Bibeltexte sind entnommen aus der Luther-Bibel 1984.

CIP-Titelaufnahme der Deutschen Bibliothek

Glazer, Phyllis:
Milch und Honig : natürl. Ernährung, originelle Rezepte u.
gesundheitl. Aspekte aus bibl. Zeit. / Phyllis Glazer. –
Neuhausen-Stuttgart : Hänssler, 1988
   Einheitssacht.: Cooking with the Bible ‹dt.›
   ISBN 3-7751-1318-5

Bestell-Nr. 100 693

Originalverlag: MASSADA LTD., Publ., Givatayim, ISRAEL
Originaltitel der englischen Ausgabe: Cooking with the Bible
Übersetzer: Hans-Georg Wünch
© Copyright der deutschen Ausgabe 1988
by Hänssler-Verlag, Neuhausen-Stuttgart
Umschlaggestaltung: Daniel Dolmetsch
Photographien Umschlag und Innenteil: Yossi Rotem
Bilddekoration: Nurit Barnitzki und Ze'ev Keren
Die zeitgenössischen Gebrauchsgegenstände wurden für die Aufnahmen mit freundlicher Genehmigung des Museums
Ha'aretz in Tel Aviv, Abteilung »der Mensch und seine Arbeit« und des Museums für derwische Handarbeiten in Tel Aviv zur
Verfügung gestellt.
Satz: Typo Schröder, Dernbach
Druck und Bindung: Peli Printing Works Ltd., Israel

Meinen Eltern, Ida und Harry Glazer, deren Liebe und unermüdliche Hingabe gegenüber ihrem Volk und dessen Kultur in ihren Kindern einen unauslöschlichen Eindruck hinterließen.

Folgenden Personen gilt mein besonderer Dank für ihre Hilfestellung bei der Abfassung dieses Buches:

In beratender Funktion:

Kapitel I »Am Anfang war …«: Yael Olenick (Direktor des Ceramics Pavilion, Ha'aretz Museum, Tel Aviv).

Kapitel II »Mit Kamelen, die Spezerei trugen«: Nissim Crispil (Autor), Professor Yehudah Feliks (Hebräische Universität von Jerusalem).

Kapitel III »Die Spione und die sieben Sorten«: Professor Nili Liphschitz (Tel Aviv Universität), Megiddon (Ha'aretz Museum, Tel Aviv).

Kapitel IV »Der Überfluß an Milch«: Alfred Cohen (Lebensmittel-Techniker, »Tnuva«).

Kapitel V »Eine Mahlzeit aus Gemüse«: Noga Reuveni (Ne'ot Kedumim).

Kapitel VI »Erste Früchte«: Professor Nili Liphschitz (Abteilung Botanik, Tel Aviv Universität).

Kapitel VII »Fette Ochsen …«: Professor Shlomo Helving (Abteilung Zoologie, Tel Aviv Universität), Ze'ev Keren (Hilton Hotel, Tel Aviv [Rezepte]).

Kapitel VIII »Die Vögel der Luft«: Professor Helving, Ze'ev Keren (Rezepte).

Kapitel IX »Die Fische im Meer«: Professor Menahem Goren (Tel Aviv Universität), Dr. Hanan Lernau, Ze'ev Keren (Rezepte).

Für weitere hilfreiche Informationen:

Dr. Fishelson (Tel Aviv Universität), Janet Amitai (Archäologischer Dienst, Jerusalem), Moshe Cohen (Ha'aretz Museum, Tel Aviv), Yehuda Avni (»Vered Hagalil«, Holy Land Hotel, Jerusalem), Rabbi Joseph Telushkin, Joseph Zias (Museumsdirektor im Rockefeller Museum, Jerusalem).

Bei Entstehung und Abfassung:

Sima Cohen, Roberta Kahn, Esther und Noga Florentine und Camille Cohen für ihre Hilfe bei Entstehung und Abfassung. Und Rami – für all das und noch so viel mehr.

Erläuterungen zu den Abbildungen

Seite 17
»Sabbat-Bohnen-Gericht« (Kapitel V)
Handgemachter Kochtopf (dörflicher Stil) aus der Gegend von Shomron.

Seite 18
Biblische Gewürze (Kapitel II)
Im Uhrzeigersinn von oben: »Schwarz und Weiß Gewürz«, Kardamom-Samen (im kleinen Löffel), Zimtstangen, Koriander-Samen (im großen Löffel), Sumach (in der Holzschüssel), Gelbwurz, Knoblauch, frischer Dill, Lorbeerblätter, Majoran. In der unteren linken Ecke: wilder Lattich.
Zu den Geräten, die bei der Zubereitung von Gewürzen nötig waren, gehören: Stein-Mörser und Mahlstein für Gewürze und Samenkörner, Holz-Mörser und Stößel, Löffel, Hammer und Holzschüsseln, kleine Keramikschüsseln zum Mischen.

Seite 35
Biblische Gewürze (Kapitel II)
Im Uhrzeigersinn von links oben: Koriander-Samen, »Schwarz und Weiß Gewürz«, Meersalz, glatte Petersilie, Majoran, Dill, Gelbwurz, Sumach, Knoblauch, Lorbeerblätter, Kardamom-Samen (im kleinen Löffel), Zimtstangen.
Zu den Geräten, die bei der Zubereitung von Gewürzen nötig waren, gehören: Stein-Mörser und Mahlstein für Gewürze und Samenkörner, Holz-Mörser und Stößel, Löffel, Hammer und Holzschüsseln, kleine Keramikschüsseln zum Mischen. Außerdem sehen Sie eine Rohrmatte.

Seite 36
»Feigenkuchen mit Nußfüllung« (Kapitel VI)
Glasierter Kochtopf aus Nord-Israel, Keramikschüsseln von den Golan-Höhen.

Seite 53
»Taube mit Äpfeln« (Kapitel VIII)
Kleiner Ofen zum Kochen aus Ton.

Seite 54
»Rinder- und Kürbispfanne« (Kapitel VII)
Ein Ofen zum Kochen aus Ton. Er war für Holz oder Holzkohle geeignet. Eine Keramikkaraffe aus biblischer Zeit, in der man Wasser oder Wein servierte.

Seite 71
»Biblische Bouillabaisse« (Kapitel IX)
Haken für den Fang großer Fische. Großer Korb aus getrockneten Mittelrippen von Palmwedeln für Fisch oder Gemüse.

Seite 72
»Gebackene Zwiebeln mit Honig und Nüssen« (Kapitel V)
Sieb zum Säubern von Gemüse und Getreide. Der Keramikkrug stammt aus biblischer Zeit.

Seite 89
»Gersten-Kuchen«, »Biblische Bulgur-Rolle mit Rosinen und Zwiebeln«, »Weinblätter mit Hirsefüllung« (Kapitel III)
Keramikschüsseln und Sieb. Der Keramikkrug für Flüssigkeiten stammt aus biblischer Zeit. Mit der Sichel aus Eisen konnte man Getreide ernten.

Seite 90
»Petrus-Fisch mit Thymian« (Kapitel IX)
Das in der Mitte erhöhte Backblech für Fladenbrote. Wendet man es um, kann man darin Weizen rösten.

Seite 107
»Gans- und Oliven-Pfanne« (Kapitel VIII)
Glasierter Keramik-Krug, wahrscheinlich für Öl bestimmt. Er stammt aus Nord-Israel oder dem Süd-Libanon. Die Keramik-Schüssel kommt von den Golan-Höhen. Der Korb ist aus Ablegern eines Olivenbaumes hergestellt.

Seite 108
»Geschmorte Bitterkräuter und Pistazien« (Kapitel V)
Mahlstein und Steinschüssel für die Zubereitung von Gewürzen. Die Keramikschüssel stammt von den Golan-Höhen. Die »Pilgerflasche« aus biblischer Zeit ist im phönizischen Stil dekoriert.

Seite 125
Der Überfluß an Milch (Kapitel IV)
Im Uhrzeigersinn von unten rechts: »Mit Lorbeer und Kräutern marinierter Käse«, Käseplatte mit Oliven und Kapern«, »Gepreßter Käse«, »Joghurt-Käsebällchen«.
Außerdem: Scheren für die Schafschur, verschiedene Keramikschüsseln und eine Matte aus Dattelfaser.

Seite 126
Die Geschichte des Brotes
von links nach rechts: »Sauerteig-Brot«, »Erdiges, ungesäuertes Brot«, Gebratenes Brot (in diesem Buch nicht aufgeführt), »Ungesäuertes Fladenbrot« (besonders groß).
Außerdem: ein Sieb für das Reinigen von Gemüse und Getreide, Hand-Mühlstein, Knetschüssel (eine Schüssel mit vier Henkeln), Nudelholz, ein hammerartiger Schlegel, um Korn und Spreu zu trennen, hölzerne Gabel zum Worfeln (an windigen Tagen in Nord-Israel benutze man sie zum Säen von Getreide), Sichel, Backofen aus Ton, Butterfaß, Butterfaß aus der Haut einer Ziege oder eines Schafes an einem hölzernen Dreifuß aufgehängt, um Butter aus Milch herzustellen.

Seite 143
Das Trocknen von Käse in der Wüste.

Seite 144
Die Zubereitung von Fladenbrot.

Vorwort

Ich möchte Sie gerne auf eine Reise mitnehmen – eine Reise in eine andere Zeit und an einen anderen Ort. Es begann alles am 23. Januar 1983, als ich gebeten wurde, eine kurze Abhandlung über »Essen im Altertum aus dem Land von Milch und Honig« für ein Festessen im Hilton von Tel Aviv zu schreiben. Ich fing an, indem ich die verstaubten Bibeln aus dem Bücherregal holte, in dem sie seit meiner Zeit an der Yeshiva Flatbush High School in Brooklyn, New York, gestanden hatten.

Die Abhandlung fand eine solche Resonanz und das Thema war zudem so aktuell (zumal keine wirklich grundlegende Literatur dazu erhältlich ist), daß sich die Massada Verlagsgesellschaft an mich wandte und mich bat, ein Buch über dieses Thema zu schreiben.

Ein Kochbuch über vegetarisches Essen hatte ich bereits verfaßt*, zwei Jahre nachdem ich 1977 nach Israel ausgewandert war. Immer schon hatte ich gerne gekocht, und zu vegetarischem Essen war ich sowohl aus gesundheitlichen, wie auch aus allgemein menschlichen Gründen gekommen. Je mehr ich las und forschte, um so wichtiger und logischer erschien es mir, »zurück zu den Ursprüngen« zu gehen – grundlegendes, einfaches Essen, frei von allen chemischen Zusätzen, die von der modernen, technologischen Welt als Verbesserungen angesehen werden.

Was mich besonders faszinierte, war die Tatsache, daß es in biblischen Zeiten ja nur solch »grundlegendes, einfaches Essen« gab. Obst und Gemüse, Korn und Hülsenfrüchte bestimmten den Hauptteil des täglichen Speiseplanes. Nur gelegentlich kamen Milchprodukte, Fisch und etwas Fleisch dazu. Vielleicht heißt »zurück zu den Ursprüngen« letztlich: zurück zur Bibel, zu einem Speiseplan, der zunächst von Gott für Adam und seine Nachkommen aufgestellt worden war.

So kamen schließlich Stück für Stück die einzelnen Fäden zusammen, und immer vollständiger wurde das Muster, nach dem ich gesucht hatte. Ich fand die Bezeichnungen verschiedener Kochtöpfe in der Bibel. Ich stellte fest, daß Feigen auch zur medizinischen Behandlung benutzt wurden. Ich entdeckte, daß das »Säuern«, zu dem die Hebräer keine Zeit mehr hatten, als sie Hals über Kopf Ägypten verlassen mußten, wahrscheinlich nichts anderes war, als der Sauerteig-Ansatz, der in Mitteleuropa seit jeher üblich ist, und der sich in den letzten Jahren mehr und mehr auch in Amerika durchgesetzt hat.

Einmal kam eine Nachbarin herein, als ich gerade versuchte, »Dattel-Honig« herzustellen (siehe Index). Ihr

kamen Tränen, als sie sich erinnerte: »Seit meiner Kindheit in Izmir (in der Türkei) habe ich nicht mehr gesehen, wie jemand Dattel-Honig macht. Meine Mutter kochte ihn immer in großen, runden Töpfen!« Auf diese Weise erfuhr ich, daß es heute noch in entlegenen Gegenden dieser Welt Menschen gibt, die bestimmte Speisen auf die gleiche Weise zubereiten, wie die Menschen zur Zeit der Bibel.

Es gibt in der Bibel sehr viele Hinweise auf Essen und Speisen, und doch achten wir nur selten, wenn überhaupt, auf sie. Und das, obwohl unsere Kulturen auf den Zehn Geboten basieren und die Bibel für viele ein Eckstein ihres Lebens ist. Vielleicht aber wird unser Leben noch reicher und erfüllter, wenn wir anfangen zu beobachten und zu verstehen, was das wichtigste Buch der Welt uns über Ernährung zu sagen hat.

Miteinander wollen wir versuchen, das einfache Essen aus den Zelten Abrahams, die Delikatessen vom Hofe Salomos und natürlich das alltägliche Essen einiger unserer Vorfahren wiederzuentdecken. Dabei habe ich versucht, im Blick auf die Zutaten so eng wie möglich bei dem zu bleiben, was aus der Bibel und durch archäologische Funde bekannt ist. Natürlich mußten die damals üblichen Methoden der Zubereitung den Erfordernissen und Möglichkeiten der modernen Küche angepaßt werden. Zu den hier erwähnten Speisen gehören auch solche, die aus der etwas späteren Zeit des Talmud bekannt sind.

Da ich zu Hause weder Fleisch, noch Fisch, noch Vögel in der Küche verarbeite, hat mir das Hilton-Hotel in Tel Aviv – und hier besonders deren kulinarischer Experte Ze'ev Keren – sehr bei den nicht-vegetarischen Speisen, ihrer Zubereitung und Erforschung, und bei der Vorbereitung aller Speisen für die Bilder dieses Buches geholfen.

Dennoch ist dieses Buch nicht einfach ein »Kochbuch«. Es ist ein Nachschlagewerk, ein Reisebericht über eine Entdeckungsreise. Ich möchte Sie mitnehmen, zurück in die Vergangenheit, auf eine geistliche und zugleich wissenschaftliche Reise. Ich möchte eine längst vergangene Welt in Ihrer Vorstellung und Ihren Sinnen lebendig werden lassen – so, wie dies bei mir geschehen ist.

Also lehnen Sie sich am besten in einem gemütlichen Sessel zurück, machen ein angenehmes Licht zum Lesen an, vielleicht stellen Sie auch noch ein Glas Würz- und Duft-Wein neben sich und dann kommen Sie mit auf diese abenteuerliche Reise.

Phyllis Glazer
Tel Aviv, Israel

---

* In hebräischer Sprache erschienen beim Ruth Sirkis Verlag

9

Einleitung

Essen in biblischer Zeit

In der Bibel wird uns der Patriarch Abraham als reicher Mann vorgestellt. Er durchzog das ganze Land auf der Suche nach neuen und besseren Weidegründen für seine Herden. Milch und Milchprodukte waren seine Hauptnahrungsmittel, Fleisch gab es in Hülle und Fülle. Daneben gehörten sicher wilder Weizen – aus dem Sarah Brot zubereitete –, wildwachsendes Grünzeug als Gemüse und wildes Obst, das man hin und wieder auf den Reisen fand, zu seinem Speiseplan.

Es war eine einfache Kost, die gezwungenermaßen nur mild gewürzt sein konnte, denn schließlich spielte sich der Großteil der Wanderungen in öden und unwirtlichen Gegenden ab. Salz gab es, aber Kräuter und Gewürze waren selten. Man konnte manches trocknen und lagern in dem heißen Wüstenklima, aber zuviel Vorräte waren beim Reisen hinderlich.

Als ein Teil der Menschheit mit dem Ackerbau begann und sich für längere Zeit an einem bestimmten Ort niederließ, erweiterte sich der alltägliche Speiseplan durch die angebauten Getreide- und Gemüsesorten, aus denen man Eintopf, Haferbrei und Brot machen konnte, – ebenso wie durch die Trauben, aus denen man Wein gewann, und die Oliven, die das Öl lieferten. Das Frühstück nahm man entweder zu Hause oder auf den Feldern ein. Es bestand aus Brot und Käse, einigen wilden Grünpflanzen oder vielleicht etwas Gemüse, getrocknetem oder frischem Obst und mit Wasser versetztem Wein, Weinessig (!) oder Milch.

Die Hauptmahlzeit des Tages gab es am Abend, wenn die Tageshitze vorbei war und ein kühler Wind Erfrischung brachte und den Appetit anregte. Zum Abendessen in der Dämmerung oder unter dem Sternenlicht lagerten sich die Kinder Israel auf Strohmatten um eine lederne »Tischdecke« (die allerdings keinen Tisch bedeckte!) und vertieften sich in einen herzhaften, lange gekochten Eintopf aus Weizen und Gerste, Bohnen und Linsen, angereichert durch wilde Kräuter und Gemüsesorten, die an diesem Tag gepflückt worden waren.

Zur Zeit der Bibel waren die Mahlzeiten ein Gemeinschaftserlebnis. Jeder tauchte sein Stück Brot oder seinen Bissen (vgl. Joh 13,26) in den gemeinsamen großen Topf in der Mitte. Das bedeutete natürlich, daß die einzelnen Speisen fest und zäh genug sein mußten, um nicht zu zerfallen, bevor sie ihren eigentlichen Bestimmungsort erreicht hatten. In 2. Könige 21,13 lesen wir: »... ich will Jerusalem auswischen, wie man Schüsseln auswischt, und will's umstürzen.« Kleine Schalen und Teller kamen, obwohl man auch aus der frühen Bronze-Zeit welche gefunden hat, erst in späterer Zeit allgemein in Gebrauch.

In jener frühen Zeit war der typische Speiseplan der Menschen – mit Ausnahme der Nomaden natürlich – rein vegetarisch. Über den sogenannten Gezer Kalender, der aus dem 10. Jahrhundert v. Chr. stammt, erhalten wir einen Einblick in die damals üblichen Nahrungsmittel. Dieser Kalender führt auf: Gerste, Weizen, Spelz (Dinkel), Hirse, Oliven, Trauben, Feigen, Granatäpfel, Sesam und verschiedene Gewürze.

Es waren – damals, wie heute auch – die Reichen, die sich die eher außergewöhnlichen Delikatessen leisten konnten, die die Erde und manche Händler boten: gemästete Rinder, Vögel, importierte Gewürze, feines Mehl, guten Wein. Und eben diese Abwechslung in ihrem Speiseplan »würzte« das tägliche Leben.

Die Vorbereitung einer biblischen Mahlzeit

Biblisches Essen war natürliches Essen – es gab keine künstlichen Farben, Geschmacksverstärker oder Konservierungsmittel, mit denen man sich selbst täuschen und Unwirkliches wirklich hätte machen können. Daher werden sowohl Naturkost-Liebhaber, als auch Freunde der Bibel an der Zubereitung jener Speisen, die in diesem Buch angegeben sind, ihre Freude haben. Benutzt werden gewöhnlich nur frische und Vollkost-Zutaten, wie sie auch den alten Israeliten zugänglich waren.

Natürlich mußten an manchen Stellen Zugeständnisse an unsere Zeit gemacht werden. So wäre es wohl ziemlich schwierig, heute unpasteurisierte Ziegen- und Schafsmilch zu bekommen. Auch wird man kaum frische und unbehandelte Oliven finden, wenn man nicht selber in der Nähe eines Ölbaumes lebt. Außergewöhnlich starke Gewürze, wie Sumach, griechisches Heu oder Schwarzkümmel findet man gelegentlich in Spezialgeschäften mit ausländischen Lebensmitteln.

Trotzdem ist es möglich, mit den Rezepten dieses Buches und ein wenig Phantasie, einen echten biblischen Brunch, ein alttestamentliches Mittagessen oder ein neutestamentliches Abendessen zusammenzustellen. Natürlich können Sie ein typisches Essen jener Zeit auch anreichern, indem Sie mehr Zutaten benutzen, als ein armer Bauer sich leisten konnte. Und schließlich: wir schulden es uns selbst, daß wir, zumindest hin und wieder, den Versuch machen und wie ein König speisen!

Zur Vorbereitung einer Mahlzeit gehören sicher auch einige grundsätzliche ästhetische Überlegungen. Ein Essen sollte für das Auge anziehend sein und den Gaumen einladen, und selbstverständlich sollte eine harmonische Abfolge der einzelnen Gänge gewährleistet sein. Biblische Speisen können natürlich täglich, ganz normal gegessen werden. Vielleicht wollen Sie jedoch zu bestimmten Gelegenheiten auch eine biblische *Atmosphäre* schaffen – was allerdings von der Flexibilität (sowohl übertragen, als auch wörtlich) Ihrer Gäste abhängt.

Wenn Sie weder einen Garten noch ein Zelt besitzen, dann suchen Sie sich doch eine freie Stelle in Ihrer Wohnung, an der Sie Strohmatten, Decken und Kissen platzieren können. Eine spezielle »Tisch«-Decke in der Mitte dient als Tisch. Wenn gewünscht, könnte man auch etwas darunterlegen, um sie etwas anzuheben. Dunkler Wollstoff oder grobgewebte Deckchen dienen als Servietten. Soweit möglich sollte man handgemachte Ton-Gefäße und Schmorpfannen benutzen. Und zu guter Letzt: Öl-Lampen oder Kerzen zur Beleuchtung des Zimmers nicht vergessen!

Jedes biblische Essen sollte mindestens einen Gang haben, bei dem aus einem gemeinsamen Topf gegessen wird. Oliven, Nüsse, Käse und andere Zugaben kann man in verschiedenen Schalen oder auf Tellern verteilen. Und mindestens eine Art Brot gehört unbedingt zu jedem Essen.

Wenn Sie Abenteuer lieben, dann sollten Sie – außer für die gemeinsamen Töpfe in der Mitte – keine Messer, Gabeln oder Löffel hinlegen. Ermutigen Sie Ihre Gäste, mit den Fingern zu essen. Während man sich auf dem linken Arm aufstützt, benutzt man die rechte Hand, um Bissen in den gemeinsamen Topf einzutauchen. Wein, Milch, Kräutertee und alle anderen Getränke sollte man aus flachen Schalen trinken – (wenn es gar nicht anders geht, kann man auch Tassen benutzen).

Auf jeden Fall sollte es für alle ein unvergeßliches Erlebnis werden.

Ich habe einige Menüs für biblische Feinschmecker zusammengestellt, das soll aber Ihre Phantasie nicht einschränken. Was ganz wichtig ist: Gehen Sie mit einem fröhlichen Herzen (Spr 17,22) an die Vorbereitung, denn Ihre Freude wird sich im Ergebnis widerspiegeln.

Menüvorschläge

Festessen

Traubenblätter mit Hirsefüllung
Gegrillte graue Meerbarben
Gebratene Zwiebeln mit Honig und Nüssen
Wein

Biblische Bulgur-Rolle
Salat aus wildem Lattich
Kohlsalat mit Senfsamen
Würz- und Duft-Wein

Eintopf mit Erbsen und Wein
Junge Ziegen-Krone mit Koriander
Salat, Brot und Wein

Käseplatte mit Oliven und Kapern
Biblische Bouillabaisse
Geschmorte Bitterkräuter und Pistazien
Brot
Scharf-gewürzter Wein

Gebratene Feigen, in Wein getaucht
Ente am Spieß
Gewürzte Kürbispfanne
Rüben in Sesamöl mit Chicorée
Mandel-Wein Nachspeise
Brot und Wein

Gersten-Kuchen
Gans mit Trauben und Honig
Salat, Brot und Wein

Gedünstete Linsensprossen mit Kräutern
Mariniertes Lamm mit Salbei an Spießen
Gewürzte Kürbispfanne
Salat, Brot und Wein
Feigenkuchen mit Nußfüllung

Eingelegte Wachteleier
Rinderbrust- und Kohl-Pfanne
Salat, Brot und Wein

Kalbshaxe in Marinade
Ente »Gärtnerin«
Salat, Brot und Wein

Ein königliches Essen

Entenspitzen mit Sesam
Wachteln, siebenfach gefüllt

Aromatisierte Kichererbsen
Rüben mit bitteren Kräutern und Pistazien
Weiße Rüben in Weißwein-Marinade
Salat aus wildem Lattich

Wein mit Honig und Nüssen

Mandelwein-Nachspeise
Halvah nach altem Rezept
Haroset (Obst, Nüsse und Wein [in Kugeln])

Leichtes Frühstück oder Mittagessen

Eier in Petersilie mit Kreuzkümmel
Erdiges, ungesäuertes Brot
Reife-Oliven-Butter

Sauerteig-Kekse mit Petersilie
Biblische Butter
Sesam-Salz

Süßer Vollkorn-Weizen-Brei
Melissen-Kräuter-Tee

Süßer Quark
Eden-Äpfel in Tahina

Joghurt-Käsebällchen
Ungesäuertes Fladenbrot
Schwarz und Weiß-Gewürz
Kapern mit Kräutern

Mit Lorbeer und Kräutern marinierter Käse
Sauerteig-Brot
Rettich in grünem Salat

Mittagessen

Bulgur-Weizen-Salat
Gerstenbrot-Kuchen
Eingelegtes Sonnengemüse
Salat aus wildem Lattich
Kräutertee oder Wein

Bulgur- und Kichererbsen-Salat
Oliven in Ysop
Ungesäuertes Fladenbrot
Biblische Butter
Kräutertee oder Wein

Klöße nach altem Rezept
Buttermilch-Quark
Pfefferminzblätter- und Granatapfel-Würze
Kräutertee oder Wein

Saubohnensprossen in Tahina
Gemischtes rohes Gemüse
Brot

Snacks und Party-Essen

Milch mit Anisgeschmack
Mandel-Sesam-Bonbons
Baumfrucht-Leder
Halvah nach altem Rezept

Kalte Wüstenfrucht-Suppe
Pistazien-Sesam-Käsebällchen
Mit Käse und Nüssen gefüllte Datteln
Mandeln mit Anisgeschmack

Sabbat-Brunch

Sabbat-Bohnen-Gericht oder Huhneintopf
Würze mit griechischem Heu
Weiße Rüben in Weißwein-Marinade
Oliven in Ysop
Gebackener Knoblauch
Brot und Wein

Anmerkung zu den Zutaten

Biblische Speisen kennenlernen zu wollen, bedeutet zunächst eine Rückkehr zu den Anfängen: unbehandelte und unverfälschte Zutaten, ohne all die »Vorteile« moderner Lebensmittel-Technologie. Man lebte damals draußen auf dem Land und aß nur das, was es zur jeweiligen Jahreszeit gab, und was man mit natürlichen Mitteln aufbewahren konnte. Daneben hing der Speiseplan von der Gegend ab, in der die Menschen lebten. Frischen Fisch gab es nur bei denen, die in der Nähe eines Flusses, eines Sees oder des Meeres lebten, und getrockneten Fisch nur dort, wo man gelernt hatte, einzupökeln oder zu räuchern. Frisches Gemüse war in den fruchtbaren Gegenden häufig und bildete zusammen mit Korn und Hülsenfrüchten die Grundlage eines meist vegetarischen Speiseplanes – was natürlich nicht für Wüstengebiete galt, wo diese Lebensmittel seltener waren.

Ob Sie nun ein einzelnes biblisches Essen oder einen kompletten Speiseplan mit Hilfe dieses Buches zusammenstellen wollen, Sie sollten in jedem Fall die folgenden Zutaten greifbar haben:

Vollkorn:
Weizen, Bulgur, Gerste, Hirse, Hafer*, Weizenvollkornmehl und Gerstenmehl

Hülsenfrüchte:
Linsen (rote und braune), Kichererbsen, Erbsen, Dicke Bohnen, Mungbohnen

Kräuter/Gewürze:
Frische Petersilie, Dill und/oder Koriander, andere allgemein zugängliche getrocknete Kräuter und Gewürze, wie in Kapitel II aufgelistet. Sumach, Griechisches Heu, Schwarzkümmel und andere eher exotische Gewürze können Sie vielleicht in Geschäften mit mittelöstlichen oder indischen Spezialitäten kaufen.

Getrocknetes Obst:
Ungeschwefelte Datteln, Rosinen und Feigen sollte man, wenn möglich, vorziehen.

Ölsorten:
Das in diesem Buch erwähnte Olivenöl ist schwarzes, fruchtiges Öl, kalt gepreßt. Da dieses Öl jedoch für den daran nicht gewöhnten Gaumen ein sehr ausgeprägtes Aroma hat, kann man es auch mit leichterem Öl, wie etwa Sonnenblumenöl oder Distelöl mischen. Auch das Sesamöl sollte kalt gepreßt sein, damit es sein Aroma und seine wertvollen Qualitäten wirklich entfalten kann.

Butter:
Die Hebräer liebten Sauerrahm-Butter, wie sie in Europa auch heute noch geschätzt wird. Kocht man diese über leichter Hitze etwa eine Stunde lang, dann erhält man »samneh«, was etwa dem indischen »ghee« entspricht. Man kann »samneh« bis zu einem Jahr aufbewahren.

Honig/andere Süßigkeiten:
Der in diesem Buch benutzte Honig ist ungefilterter und nichterhitzter Wabenhonig. Man kann aber auch gewöhnlichen Honig nehmen. Außerdem finden Sie Rezepte für Feigen- und Dattel-»Honig«. Trauben-»Honig« wird oft in Geschäften mit Spezialitäten aus Nahost verkauft.

Nüsse:
Sie sind, wenn nicht anders vermerkt, roh und unbehandelt.

Verschiedenes:
Die Tahina*, die in diesem Buch benutzt wird, ist schwarze Tahina, die aus ungeschältem Sesamsamen hergestellt wird. Man kann jedoch auch gewöhnliche Tahina benutzen. Die Petersilie in diesem Buch ist die glatte (italienische) Petersilie.

---

* Man ist sich nicht ganz im klaren, ob der Hafer und die Hirse, die wir heute kennen, mit denen zu biblischer Zeit wirklich identisch sind.

* Vgl. dazu Kapitel X

»*Am Anfang war* ...«

1. Die Zeitalter des Menschen

Am Anfang jeder ernsthaften Untersuchung biblischer Eßgewohnheiten steht natürlich die Grundlagenforschung. Archäologische Entdeckungen werfen ein Licht auf die kulinarischen Gewohnheiten unserer Vorfahren. Alte Mosaike aus einer Synagoge in Bejt Alfa, Eßgeschirr aus Qumran, Töpfe aus einer Vorratskammer in Lachish und selbst Gemälde aus den bekannten Pharaonengräbern geben uns einen Einblick in die Produkte und Prozesse der Essenszubereitung.

Diese Funde stammen jedoch aus einer sehr späten Zeit. Die Anfänge des Menschen auf dieser Erde hingegen gehören in jene Zeit, die die Archäologen die Steinzeit nennen. Charakteristisch für diese Zeit sind die einfachen Steinwerkzeuge der Menschen. Männer und Frauen lebten in kleinen Gruppen als Jäger (»... ein gewaltiger Jäger vor dem Herrn wie Nimrod«, 1. Mose 10,9) und Sammler (»Sehet da, ich habe euch gegeben alle Pflanzen ... und alle Bäume mit Früchten ... zu eurer Speise«, 1. Mose 1,29). Überreste ihrer Ansiedlungen hat man im Jordan-Tal, auf dem Berg Karmel und im westlichen Galiläa gefunden.

Gegen Ende der frühen Steinzeit wurden die ersten landwirtschaftlichen Ansiedlungen gebildet. Zwar lebten die Menschen noch immer als Jäger und Sammler, aber man hat an Stellen wie in Nahal Natuf in den Hügeln Samarias Sensen und Mahlwerkzeuge gefunden, die den Schluß zulassen, daß wildes Korn einen immer größeren Platz in dem täglichen Speiseplan einnahm.

Später ersetzten ständige Wohnsitze nach und nach das nomadische Jagen und Sammeln. (Ob unser Patriarch Abraham als nomadischer Herdenbesitzer wohl zu dieser Periode gehört hat?) Im Negev, in der judäischen Wüste und bei Nahal Oren im Jordantal kann man aus Ruinen auf die Existenz solcher Ortschaften schließen. Ausgrabungen bei Jericho weisen sogar auf ein großflächig angelegtes öffentliches Gebäude hin.

An all diesen Ausgrabungsstätten bezeugen geschwärzte Samenkörner, Sensen und Tierknochen, daß der systematische Anbau von Korn und Gemüse, sowie Herdenhaltung und Jagd für die grundlegenden Nahrungsmittel der Menschen aus dem Neolithicum sorgten. In Malhata (im Jordantal) enthüllen uns Mörser, Stampfer und Mahlsteine, wie unsere Vorfahren ihr Korn für einfaches Brot, Eintöpfe und Teig verarbeiteten.

2. Die Erfindung der Töpferei

In dieser Zeit wurden die ersten Gefäße und Geräte aus Ton geschaffen. Dadurch konnte man nun wirklich kochen und auch Essen aufbewahren – ein Meilenstein auf dem langen Weg vom nomadischen Leben zu einem seßhaften Dasein. (Sarah schon bereitete mit feinem Mehl Kuchen für die Engel zu. Zweifellos hatte sie den Weizen dazu gelagert, um ihn vorrätig zu haben. Vgl. 1. Mose 18,6.) Grobe Tongefäße wurden geformt, indem man einzelne Tonringe aufeinander legte (ähnlich wie Kinder dies heute im Kindergarten lernen). Schalen, Krüge und schalenartige Tassen gehörten zum Hausinventar und boten neue Möglichkeiten für die Kochkunst.

Während der chalkolithischen (von »chalko« = »Kupfer«) Periode wurde zum ersten Mal Kupfer gewonnen und für Werkzeuge und Kochgeschirr nutzbar gemacht. In Nahal Mishmar, nahe En Gedi am Toten Meer, hat man Hunderte von Kupfergegenständen gefunden.

Damals lebten mehrere unterschiedliche Kulturen in Israel, die jeweils ihre ganz eigene Töpferware herstellten. Obwohl sich der Gebrauch von Kupfer sehr schnell weit verbreitete, blieben doch Tongefäße über Jahrhunderte die allgemein üblichen Küchengeräte. So stellte zum Beispiel ein hochentwickeltes Kulturvolk bei Tuleilat Ghassul V-ähnliche Schalen, tassenförmige Schalen, kornettartige Trinkhörner für Wein und andere Getränke, Krüge und sogar Butterfässer her. Die weite Verbreitung solcher Butterfässer zeigt übrigens, daß Milch (meistens wohl von Schafen oder Ziegen) allgemein zur Zubereitung von Frischkäse (Quark) und Butter benutzt wurde.

Bei Bir Es-Safadi, einer Oase etwas südöstlich von Beersheba, fand man bei Ausgrabungen Alltagsgegenstände und Waffen, die aus Stein, Knochen, Ton und Kupfer gefertigt worden waren. Weizen, Gerste und Linsen waren die Hauptanbauprodukte. Daneben hielt man Viehherden. Kunstvolle Figuren aus Knochen und Eisen zeigen darüber hinaus, daß es damals schon Handelsbeziehungen zu Afrika oder Asien gegeben haben muß. Wie sonst hätte ein Elefanten-Stoßzahn in das Israel der Kupferzeit kommen sollen?

Der Handel mit Afrika und Asien bedeutete wahrscheinlich zugleich die Entdeckung neuer Kräuter und Gewürze wie Zimt, Nelken, Ingwer, Aloe und schwarzer Pfeffer. Für all jene Glücklichen, die sich diese Dinge leisten konnten, bedeuteten sie sicher eine willkommene Bereicherung des täglichen Speiseplans.

Abgelöst wurde die Kupferzeit im alten Israel von der *Frühen Bronzezeit*, in der man große Tontöpfe ohne Henkel benutzte, die wahrscheinlich zum Kochen auf Ständer gestellt wurden. Meistens wurden diese Töpfe aus sehr feuerbeständigem Ton geformt und enthielten außerdem Materialien wie Muschelschalen, kleine Steine oder Tonscherben. Unter den Fundstücken tauchen vermehrt Teller und Platten auf, die darauf hinweisen, daß der gemeinsame Topf allmählich dem einzelnen Teller wich.

Zwischen dem Bronze- und dem *Eisenzeitalter* fanden große Veränderungen statt, was Form und Dekoration der Tongefäße angeht. Im Norden waren die Töpfe eckig mit rundem Boden. Im Süden dagegen waren runde und sehr tiefe Kochtöpfe gebräuchlicher. Diese Verschiedenheit der Töpfe ging wahrscheinlich Hand in Hand mit Unterschieden bei der Zubereitung und den Zutaten, die zur Verfügung standen. Beide Arten von Kochtöpfen finden sich mit und ohne Henkel. Jene ohne Henkel, die man einfach in das Feuer stellte, enthielten im allgemeinen wohl eine Art langkochenden Eintopf, von dem man den ganzen Tag über essen konnte.

Das Eisenzeitalter war die Königszeit in Israel – die Zeit der Könige Saul, David und Salomo, sowie der späteren Teilung in die Königreiche Juda und Israel. Aus dieser Zeit hat man viele kugelförmige Öltöpfe mit drei Henkeln und glockenförmigen Ausgüssen, an die man kleine Schöpfkellen hängen konnte, gefunden. Auf den Henkeln von Töpfen, die man im Süden entdeckt hat, sieht man sogar königliche Siegelabdrücke. Die große Menge an Öltöpfen zeigt, welche Bedeutung das Öl sowohl für den gewöhnlichen Bürger, als auch für die Könige und Herrscher gewonnen hatte. Ohne Zweifel war Gebratenes mit seinem besonders aromatischen Geschmack und seinem knusprigen Äußeren ein Hauptbestandteil des täglichen Essens geworden.

Der größte Teil dessen, was die Bewohner des Landes Israel an Obst und Gemüse verzehrten, war sicher wildwachsend; erst später kamen auch kultivierte Gewächse dazu. Man kochte in der Küche oder im Innenhof des Hauses – und wenn es die landwirtschaftliche Saison erforderte, auch auf dem Feld. (Die Rezepte in diesem Buch sind jeweils auf eine dieser beiden Situationen oder auf beide abgestimmt!)

Biblische und nachbiblische Töpfe und Kochutensilien, die man gefunden hat, waren jeweils der speziellen Funktion, die sie erfüllen mußten, angepaßt. Ein Beispiel dafür ist der zwei- oder mehrhenklige Kochtopf, der für das Kochen auf dem Feld ideal war. Mit einem Seil an einem Dreifuß über dem offenen Feuer aufgehängt, diente dieser Topf als Zentralgefäß, aus dem man das Essen in kleinere Töpfe oder einzelne Teller aufteilen konnte. Diese Art von Kochtopf war besonders gut geeignet für die dicke Hafergrütze, die von den Bauern damals besonders gerne gegessen wurde.

Während der Zeit der *Perser* (zwischen 587 und 332 v. Chr.), tauchten einige neue Formen unter den Tongefäßen auf, aber die allgemeine Qualität und die Auswahl an Geräten war ziemlich schlecht – schlecht gebrannt und oft ohne jede Dekoration. Später, in der *griechischen Periode* (zwischen 332 und 37 v. Chr.), nachdem Israel durch Alexander den Großen erobert worden war (332 v. Chr.), gab es viele Formen und Techniken, die von den Griechen entlehnt waren.

Im zweiten Jahrhundert v. Chr. gab es sehr viele kleinere Schüsseln und Schalen und außerdem viele verschiedene Arten von Tellern. Dies zeigt, daß sich die allgemeinen Eßgewohnheiten geändert und verfeinert hatten. Anstatt gemeinsam aus einem Topf zu essen, teilte man das Essen nun in einzelne Portionen auf. Auch wenn nach wie vor mit den Fingern, bzw. mit Brotstückchen gegessen wurde, brachte die Tatsache, daß man nicht mehr jeden Bissen über den ganzen Tisch transportieren mußte, sicher auch eine Verfeinerung des Kochens insgesamt mit sich.

In dieser Periode dominierten zwei Arten von Kochgeschirr: runde Töpfe mit einem großen, halbrunden Henkel und kleinere Schmorpfannen, zum Teil mit Deckeln. Sie boten zum erstenmal die Möglichkeit, Essen zu dünsten oder milder zu kochen, was natürlich den Geschmack verfeinert. Vielleicht waren diese Gefäße schon die Vorgänger von *Kedera* und *'ilpas* aus der talmudischen Periode.

Auch Bratpfannen aus jener Zeit hat man gefunden, die jedoch mit unseren heutigen Bratpfannen nur wenig gemeinsam hatten. Es waren niedrige Schüsseln mit flachem Boden und schrägen Seiten. Viele von ihnen hatten Vorrichtungen aus Ton, in die man hölzerne Griffe stecken konnte.

Die Kochgefäße aus der *römischen Periode* (zwischen 37 v. Chr. und 324 n. Chr.) gleichen denen aus der griechischen Zeit bis auf wenige kleine Unterschiede. Die runde Form der Kochtöpfe blieb bestehen, die eckigen Schmorpfannen nahmen an Beliebtheit zu. Auch runde Töpfe mit ringförmigem Boden und einem Rand, der so geschaffen war, daß ein Deckel darauf paßte, hat man in Israel gefunden. Sie stammen aus der Mitte des ersten nachchristlichen Jahrhunderts und waren im wesentlichen dazu bestimmt, Schriftrollen aufzubewahren. Entdeckt wurden sie hauptsächlich in Höhlen in der Wüste Juda. (U.a. enthielten sie jene wichtigen Rollen vom Toten Meer, die man im »Schrein des Buches« im Israel-Museum von Jerusalem besichtigen kann.)

3. Küchengeschirr aus Kürbissen

Kürbisse wuchsen damals im gesamten Land Israel wild, wurden aber auch angebaut. Sie spielten im täglichen Leben der Menschen eine wichtige Rolle. Früher, in einzelnen Gegenden noch bis vor wenigen Jahrzehnten, benutzte man die getrockneten Kürbisse, um aus ihnen große Löffel, kleine Schüsseln und Teller herzustellen. Schon vor Jahrtausenden bewahrte man in ihnen Wasser, Wein, Honig, Milch, Milchprodukte und gereinigte Butter (aka samneh) oder getrocknete Lebensmittel wie Korn, Samen, Gemüse oder Gewürze auf.

Wegen ihres geringen Gewichts und ihrer Unempfindlichkeit waren sie für Hirten, Nomaden und Reisende unentbehrlich.

Als ich vor einigen Jahren auf Kreta war, kaufte ich mir als Reise-Erinnerung einen Kürbistopf, der in einer Halterung aus Lederriemen steckte. Damals hatte ich keine Ahnung, daß dieser Gegenstand, der in meiner Wohnung so fremdartig wirkte, in den Küchen meiner Vorfahren etwas völlig Selbstverständliches gewesen ist.

4. Kochgeschirr aus der talmudischen Periode

Über die Kochgeräte und -gewohnheiten der talmudischen Zeit (der palästinensische Talmud stammt aus der Zeit vor 400 n.Chr., der babylonische aus der Zeit vor 500 n.Chr.) wissen wir sehr viel mehr als über die Zeit davor. Dies verdanken wir sowohl den ausführlichen Informationen im geschriebenen »Mündlichen Gesetz«, als auch reichhaltigen archäologischen Funden. Natürlich hat man in dieser späten Zeit bessere Zubereitungsmethoden und neuere Kochtechniken und -möglichkeiten gehabt. Dennoch kann ein Blick in diese Zeit wohl auch Licht auf jenen älteren Abschnitt werfen, aus dem heraus sie erwachsen sind.

Die Kedera

Die »kedera« oder Schmorpfanne war das am weitesten verbreitete und am häufigsten benutzte Kochgefäß der talmudischen, und in ihren frühen Formen auch der biblischen Zeit. Sie ist dickwandig und hat einen runden Boden. Fast alle Schmorpfannen, die von Archäologen gefunden wurden, sind zudem am Boden vom Rauch geschwärzt, da sie hier in direkten Kontakt mit dem Feuer kamen. Vielleicht ist das der Grund für den hebräischen Namen »kedera«, der von »kdr« (dunkel, schwarz) abgeleitet ist.

Nach der Mischna (Kelim 3.1-2) mußte alles Essen, was gekocht werden sollte, in der Kedera zubereitet werden. Dies galt sowohl für Fleisch-, Fisch-, Gemüse- oder Milchgerichte, als auch für Mischgerichte aus Gemüse, Reis oder Getreidearten (Nederim 6.1-2). Da die Speisen, die in der Kedera zubereitet wurden, im allgemeinen ständig umgerührt werden mußten, um nicht zu klumpen, zu dick zu werden oder anzubrennen, gab es gewöhnlich keine Deckel für diese Töpfe.

Die Kedera gehörte zur Grundausstattung eines normalen Haushaltes. Daher taucht sie auch in der Liste der absolut unentbehrlichen Haushaltsgüter auf, mit der ein Mann seine Frau bei einer Scheidung versorgen mußte (Tosephta Ketubot 5.8)!

Die Bratpfanne

In der Bibel werden zwei Arten von Bratpfannen erwähnt (3. Mose 2, 5.7), die beide mit den Fleisch-Opfern im Tempel in Verbindung standen. Natürlich können wir heute unmöglich wissen, wie genau »mahvat« (Pfanne) oder »marheset« (Tiegel) ausgesehen haben. Dennoch haben sich manche Kommentatoren der Bibel hier ihre Gedanken gemacht.

Zur Zeit der Mischna war die ursprüngliche Bedeutung von »mahvat« und »marheset« längst vergessen. Aber ein Abschnitt aus der Mischna (Menahot 5.8), in dem die Schreiber ihren Zeitgenossen die verlorenen Bedeutungen biblischer Begriffe zu erläutern versuchen, gibt uns doch Hinweise auf die Funktion dieser Bratpfannen, zumindest in jener Periode.

Die »mahvat« wird mit jenem Typ einer niedrigen Pfanne verglichen, die man damals für leichtes Braten gebrauchte, eine Pfanne ohne Deckel, die man, wenn nötig, mit irgendeinem anderen Gegenstand abdeckte. Dagegen wird der »marheshet« als tiefe Bratpfanne beschrieben, in der man damals Speisen in tiefem, heißem Öl zubereitete (fritierte).

Man hat bisher keine auf diese Beschreibung passenden Bratpfannen gefunden, die so alt gewesen wären, daß sie aus biblischer Zeit gestammt hätten (ob die erobernden Horden sie so attraktiv fanden, daß sie sie allesamt mit in ihr Heimatland genommen haben?). Aus der talmudischen Periode jedoch gibt es viele solcher Pfannen (beide Arten), die im gesamten Land gefunden worden sind. Das im Talmud übliche Wort für Bratpfanne war »tegan« (abgeleitet von dem griechischen Wort »teganon«). Aus der talmudischen Literatur wissen wir, daß man zu dieser Zeit bereits Metallpfannen anstatt der bisher üblichen Pfannen aus Ton benutzte (*Tosephta, Avodah Zarah 8.2*).

Die 'ilpas / Leves

Ein anderes Kochgefäß, das vielleicht von einer primitiveren, biblischen Form abgeleitet worden ist, ist die 'ilpas, die zum ersten Mal in der Mischna erwähnt wird. Dieses Wort ist an das griechische Wort »lopas«, das ein der Schmorpfanne ähnliches Gefäß meint, angelehnt.

Die 'ilpas war groß und niedrig und hatte einen gutschließenden Deckel. Um dies zu erreichen, mußte der Töpfer eine ganz bestimmte Technik anwenden: Er formte die Schmorpfanne als geschlossene Einheit, ließ sie leicht antrocknen und trennte dann den Deckel mit einem scharfen Messer ab.

In der 'ilpas konnten Gemüse, Fisch oder Fleisch gekocht oder gedünstet werden. Auch konnten Speisen, die in der Kedera angebraten worden waren, in der 'ilpas weitergekocht werden und behielten so einen besonders aromatischen Geschmack. Wahrscheinlich war dies besonders angebracht für die etwas zäheren Fleischsorten, älteres Wurzelgemüse und für Sabbat-Speisen. Auch konnte man »das Beste aus Eiern machen, wenn man sie verrührte und in der 'ilpas kochte« (*Kelim 2.5*).

Der Deckel der 'ilpas mit seinem Luftloch und dem Knopfgriff wurde vom Koch (meistens die Frau des Hauses) zusätzlich dazu benutzt, um das Gemüse nach dem Kochen im Topf abtropfen zu lassen – so jedenfalls läßt sich der Mischna-Abschnitt interpretieren, in dem es heißt: »...weil sie das Gemüse darin abtropfen läßt«.

Eine Variante dieser einfachen Schmorpfanne stellte die »'ilpas satum« dar. Bei ihrer Herstellung wurde der Deckel noch auf der Töpferscheibe abgetrennt und sofort wieder unter leichtem Druck der Finger bei laufender Scheibe aufgesetzt. Dann wurde die Pfanne getrocknet und gebrannt, damit beide Teile gleichmäßig schrumpften. Schließlich konnte der Käufer den Deckel zu Hause entfernen, indem er vorsichtig entlang der Schnittlinie gegen den Topf klopfte.

5. Öfen und Herde

Kaltes Essen macht satt. Aber an einem kalten Winterabend bedeutet warmes Essen mit Sicherheit eine nicht zu unterschätzende Wohltat. Irgendwann in der Frühzeit der Menschheit, wohl eher durch Zufall als gewollt, entdeckten unsere Vorfahren, daß sie ihre Speisen durch Kochen und Backen angenehmer machen und verfeinern konnten.

Zum Backen braucht man Hitze, zum Kochen Feuer. Nomadenstämme lernten, sich tragbare Hilfsmittel zu schaffen, um überall ein Lagerfeuer entzünden zu können. Für Hebräer, die sich in Häusern niedergelassen hatten, mußte eine praktikablere und dauerhaftere Lösung gefunden werden.

Normalerweise kochte man im Innenhof des Hauses, manchmal auch an einer Stelle im Inneren der Räume, wo die Luftzirkulation ausreichend war. Der Kochtopf stand auf einem Ring aus Steinen – schon drei gutplazierte Steine reichten aus – mit einer Öffnung für Luft-

und Brennmaterialzufuhr. Archäologen haben in Räumen, die als Küche dienten, mit Ton verkleidete Löcher gefunden, die durch Feuer geschwärzt waren.

In der frühen Bronzezeit tauchten Kochtopf-Ständer auf, die es dem Koch ermöglichten, Essen längere Zeit über dem Feuer zu lassen und dann zur Essenszeit daraus zu schöpfen. Diese Art von Ständern wurde auch während der Eisenzeit (ab ca. 1000 v.Chr) – der israelitischen Periode – benutzt.

Natürlich wurde auch jetzt nicht alles Essen gekocht. Manche Speisen wurden frisch gegessen, andere in Wasser und/oder Wein gedünstet. Gebraten wurde in Olivenöl, Samneh (gereinigter Butter) und später auch in Sesamöl. Grillen konnte man geeignetes Fleisch an einem Spieß über dem offenen Feuer.

Brot war damals schon eines der wichtigsten Grundnahrungsmittel. Jesaja (Kap. 44,19) schon beschreibt eine der zu seiner Zeit üblichen Methoden, (Fladen-) Brot zu backen: indem man es direkt auf die Kohlen legte und hin und wieder drehte, oder einige Kohlen darauf legte, um es auch von oben zu bräunen.

Es gab noch andere Methoden, Brot zu backen. So konnte man z.B. eine Schüssel umgekehrt auf den Steinring des Feuers stellen. Sobald sie heiß genug war, legte man einen großen, flachen Fladen darauf, der auf diese Weise besonders knusprig gebacken wurde. Diese Schüsselmethode war ein Vorläufer der arabischen »sag«, einer metallenen Pfanne, die noch heute von der Landbevölkerung Israels benutzt wird.

Brot und andere Speisen konnten außerdem auch in einer Kombination aus Herd und Ofen, oder in einem speziell dafür gebauten »Backofen«, gebacken werden. Archäologen haben bei ihren Ausgrabungen Öfen aus Ton und Scherben, aus Ziegelsteinen oder aus Tonscherben und Steinen gefunden. Meistens waren sie rund, bienenkorbartig oder halbrund. Wenn um sie herum ein Feuer angezündet wurde, dann erhitzte es das Essen im Ofen. Töpfe wurden auf die obere Öffnung des Ofens gestellt, und Fladen konnte man in den inneren Wänden plazieren. Auch wenn das Feuer im Ofen selbst war, konnte man Brot in den inneren Wänden backen. Mit einem geeigneten Hilfsmittel wurde es dann herausgeholt.

Kapitel II

»Mit Kamelen, die Spezerei trugen«

»Und sie kam nach Jerusalem mit einem sehr großen Gefolge, mit Kamelen, die Spezerei trugen und viel Gold und Edelsteine. Und als sie zum König Salomo kam, redete sie mit ihm alles, was sie sich vorgenommen hatte. ... Und sie gab dem König hundertundzwanzig Zentner Gold und sehr viel Spezerei und Edelsteine. Es kam nie mehr so viel Spezerei ins Land, wie die Königin von Saba dem König Salomo gab.«

1. Könige 10, 2+10

1. Informationen zur Flora

Stellen Sie sich einmal vor, Sie würden ein altes Puzzle finden und nun versuchen, die einzelnen Teile zu einem Ganzen zusammenzufügen. Einige Kanten sind umgeknickt, die Farben aufgrund des Alters ausgebleicht. Manche Teile sind sich sehr ähnlich, und manchmal ist es schwer herauszufinden, welches Teil nun wo genau hingehört.

So ähnlich ist es auch, wenn man sich über die Flora (und damit natürlich auch über das Essen) zur Zeit der Bibel informieren möchte. Zwischen jener Zeit, aus der wir die ersten schriftlichen Aufzeichnungen besitzen, und heute, fanden schwerwiegende geologische und klimatische Veränderungen statt. Viele Pflanzen, die einst in ganz Israel weit verbreitet waren, wachsen heute nur noch sehr selten, wenn überhaupt, dort.

Das Land, das den Kindern Israel versprochen worden war, war »ein Land, in dem Milch und Honig fließen«, ein Land, das reich war an Wasserquellen und Bächen, die von Hügeln herunter und durch fruchtbare Täler floßen, nicht jenes wüste und verlassene Land, jene Steppe, die die Erbauer des heutigen Staates Israel 1948 vorfanden. Damals gab es viele Dattelpalmen, und im benachbarten Libanon wuchsen die bekannten großen Zedern. Heute dagegen müssen die Dattelpalmen sorgsam gepflanzt und gepflegt werden, und die wenigen noch existierenden Zedern stehen unter staatlichem Schutz.

Die Erosion weiter Teile Israels und seiner nahöstlichen Nachbarn hat ihren Grund in einer jahrtausendelangen Vernachlässigung und Zerstörung. Große Wälder wurden in der Zeit zwischen Sennacheriv (etwa 704 - 681 v. Chr.) und Titus (70 n. Chr.) nicht nur von den Bewohnern des Landes, sondern auch von Horden von Eroberern auf ein Minimum reduziert. Im Winter wusch der Regen den wertvollen Ackerboden weg, und über 3000 Jahre Überkultivierung taten ihr übriges, um schließlich jene Wüste zurückzulassen, die kaum noch etwas von dem erkennen läßt, wie Israel in biblischer Zeit gewesen ist.

Wenn nun geologische und klimatische Veränderungen eine so völlig andere Flora und Fauna entstehen ließen, wie können wir dann trotzdem feststellen, was unsere Vorfahren in biblischer Zeit gegessen haben? Sicher nicht allein durch das Lesen verschiedener Übersetzungen der Bibel.

Jeder Versuch, das Pflanzenleben in der Bibel zu studieren, wäre unvollständig ohne den Blick auf botanische Untersuchungen. Indem sie Hinweise auf Kräuter, Gewürze und andere Pflanzen in griechischen und hebräischen Bibeln, genauere Beschreibungen davon in talmudischen Texten, erhalten gebliebene Arbeiten von Botanikern und Besuchern des Heiligen Landes und die im heutigen Israel vorkommenden Pflanzen zu einem Bild zusammenfügen, sind Botaniker in der Lage, zu ermitteln, welche wilden und kultivierten Pflanzen unsere Vorfahren verwendet haben.

»Und sie setzten sich nieder, um zu essen. Indessen hoben sie ihre Augen auf und sahen eine Karawane von Ismaelitern kommen von Gilead mit ihren Kamelen: die trugen kostbares Harz, Balsam und Myrrhe und zogen hinab nach Ägypten.«
1. Mose 37,25

2. Kostbare Spezerei

Schon in den Tagen von Josef und seinen Brüdern spielten Kräuter und Gewürze eine große Rolle im Leben der Menschen. Die an Kräutern reiche Pflanzenwelt zur Zeit der Bibel lieferte die Würze für den sonst allzu kargen Speiseplan der alten Israeliten. Manche Kräuter verbreiteten ihren Wohlgeruch bei Gottesdiensten, und andere wurden zur medizinischen Behandlung benutzt.

Sowohl für religiöse als auch für säkulare Zwecke waren Gewürze in biblischer Zeit sehr wichtig. Es gab einen lebhaften Handel zwischen dem Nahen und dem Fernen Osten. Gewürze (»Spezereien«) gehörten zu den Geschenken, die sich Könige untereinander machten; Geschenke, die einer hohen Stellung angemessen waren. So forderte auch Jakob seine Söhne auf: »... nehmt von des Landes besten Früchten in eure Säcke und bringt dem Manne (Josef) Geschenke hinab, ein wenig Balsam und Honig, Harz und Myrrhe, Nüsse und Mandeln« (1. Mose 43,11). Und auch die Königin von Saba sorgte dafür, daß sie »sehr viel Spezerei« unter ihren Geschenken für den König Salomo hatte (1. Könige 10,10).

Die Kräuter und Gewürze im damaligen Israel wuchsen auf Feldern entlang der Küste, in den Berggegenden Galiläas, Samarias und Judäas und im Jordantal. Blätter, Zweige, Beeren und Wurzeln – ganze Pflanzen fanden ihren Weg in das Essen und die Getränke, wurden für Farben und Kosmetika, Desinfektionsmittel und Duft-Öle benutzt.

Ohne Schwierigkeiten kann man sich vorstellen, wie Köche jener Zeit sich einen Kräutergarten in ihrem Hof gehalten oder bei einem Spaziergang wilde Pflanzen gesammelt haben. Die zarten Blätter oder die Samen, die dann im Kochtopf landeten, erfreuten alle, die davon zu essen bekamen.

Doch nur jene, die Zugang zu Kräutern hatten, konnten damals ihr Essen geschmacklich verfeinern. Nur wer dort wohnte, wo die »Geschmacksverbesserer« in reichem Maße wuchsen, konnte sich wahrscheinlich ein abwechslungsreicheres und interessanteres Essen leisten. Erst mit der Verbesserung des Transportwesens und dem Beginn des Anbaus der wichtigsten Gewürze und Kräuter erhielten auch die Bewohner anderer Gegenden Zugang dazu. Ein Besuch auf einem der großen Basare im Israel von heute zeigt eine Unzahl von Händlern, die frische Kräuter anbieten: Pfefferminze, Dill, Petersilie, Koriander, Basilikum und Wermut. Nicht anders wird es vor Jahrhunderten und Jahrtausenden ausgesehen haben.

Auch die Handelswege der Gewürze liegen seit Jahrtausenden fest. Entlang dieser Wege haben Händler ihre Gewürze gegen Essen, Wasser, Unterkunft und Schutz getauscht – und so den Geruch ihres Reiseweges noch lange zurückgelassen, als ihre Kamele schon längst woanders waren.

Gewürze waren früher sehr wertvoll. Nur die Reichen konnten sich die exotischeren unter ihnen leisten. Erst nach vielen Jahrhunderten, als durch die »Modernisierung« eine relativ konstante Verbreitung gesichert war, kam auch der einfache Bewohner des Landes in den Genuß solcher Kostbarkeiten.

3. Das Salz der Erde

Das wichtigste Gewürz jener Zeit war ohne Zweifel das Salz. Man brauchte es, um Fisch aufzubewahren, Fleisch einzupökeln und um Oliven und anderes Gemüse einzulegen (»Ißt man denn Fades, ohne es zu salzen?« Hiob 6,6). Seine Fähigkeit der Konservierung machte das Salz zu einem Sinnbild für Beständigkeit.

In der Bibel ist Salz ein Zeichen heiliger, bindender und bleibender Verpflichtung. Gott schließt mit den Kindern Israel (4. Mose 18,19) und mit David (2. Chronik 13,5) einen »Salzbund« für alle Zeiten.

Außerdem gehörte Salz zu jeder Form des Speisopfers untrennbar dazu: »Alle deine Speisopfer sollst du salzen, und dein Speisopfer soll niemals ohne Salz des Bundes deines Gottes sein; bei allen deinen Opfern sollst du Salz darbringen« (3. Mose 2,13). Auch das Fleischopfer mußte gesalzen werden (Hesekiel 43,24).

Jesus sagt seinen Jüngern, daß sie das »Salz der Erde« sind. Und er fährt fort: »Wenn nun das Salz nicht mehr salzt, womit soll man salzen? Es ist zu nichts mehr nütze, als daß man es wegschüttet und läßt es von den Leuten zertreten« (Matthäus 5,13). Und Paulus vergleicht in seinem Brief an die Christen in Kolossä das Salz mit der Weisheit: »Eure Rede sei allezeit freundlich und mit Salz gewürzt« (Kolosser 4,6). Und doch konnte auf der anderen Seite ein fruchtbares Land zur »Salzwüste« werden (Psalm 107,34) um der Verdorbenheit willen. Abimelech, der Fürst Israels tat etwas Ähnliches: Er streute Salz über eine Stadt, die er zerstört hatte (Richter 9,45).

Das Salz zur Zeit der Bibel kam hauptsächlich aus zwei Quellen: aus dem Toten Meer und aus dem Mittelmeer. Die »Salzwüste« (Hiob 39,6) und das »Salzmeer« (1. Mose 14,3) enthielten große Mengen an Salz und Mineralstoffen, darunter auch Schwefel. Das Tote Meer, das neunmal soviel Salz wie das Mittelmeer enthält, war und ist die tiefste Ansammlung von Wasser auf der ganzen Welt – 392 m unter dem Meeresspiegel.

Die Bewohner Jerichos, einer Stadt in der Nähe des Toten Meeres, die bis auf das 8. Jahrtausend v. Chr. zurückgeht, gehörten zu den ersten, die mit Salz zu handeln begannen. Um eine möglichst große Ausbeute zu bekommen, legte man Salzgruben (auch Salzpfannen genannt) entlang des Ufers an, in denen die Sonne das Wasser verdunstete und schließlich das kostbare Salz zurückließ. Dieses wurde dann mit Meerwasser gespült und gereinigt und zu einem feinen Pulver zerstoßen. Salz, ob nun vom Toten Meer oder vom Mittelmeer stammend, bildete die Grundlage für viele der damals großen Handelsrouten im Nahen Osten.

Außerdem hatte Salz in jener Zeit auch eine medizinische Funktion. So rieb man z.B. ein neugeborenes Kind mit Salz ab, um seinen Körper abzuhärten und zu stärken.* Der Prophet Hesekiel beschreibt diesen

---

* Ein Artikel, der 1918 in der Zeitschrift *Palestine Exploration Fund Quarterly Statement«* erschien (S. 118), erwähnt eine ähnliche Sitte aus dem Palästina dieser Zeit. Wie der Autor berichtet, reibt die Hebamme, sobald die Nabelschnur durchtrennt ist, das Baby mit Salz, Wasser und Öl ab und wickelt es sieben Tage lang eng in Kleider ein. Bis zum vierzigsten Tag wird diese Prozedur alle sieben Tage wiederholt.

Prozeß so: »Am Tag, als du geboren wurdest, wurde deine Nabelschnur nicht abgeschnitten; auch hat man dich nicht mit Wasser gebadet, damit du sauber würdest, dich nicht mit Salz abgerieben und nicht in Windeln gewickelt« (Hesekiel 16,4).

Im Talmud heißt es, daß Menschen zwar ohne Pfeffer (der sehr teuer war), aber nicht ohne Salz (das billig war) leben können (*Jerushalmi Horayoth 3.48c*). Trotz des sprichwörtlich gewordenen Ausdrucks: »Geschmacklos, … wie Essen ohne Salz« (*Berachoth 44a*) warnte man auch davor, daß »drei Dinge in großen Mengen genommen gefährlich sind, die in kleinen Mengen dem Menschen guttun: Hefe, Salz und Demut« (*Berachoth 34a*).

Manchmal löste man Salz zu Würz-Zwecken in Wasser auf. Die stärkste Konzentration dabei war zwei Teile Salz auf einen Teil Wasser. Rabbi Chiya, ein Weiser, der zu jener Zeit lebte, war der Ansicht, zu einer guten Diät gehöre es, nach jedem Essen Salz und nach jedem Trinken Wasser zu sich zu nehmen, denn »so wirst du nicht zu Schaden kommen« (*Berachoth 40a*).

Das Buch »Biblisch-Talmudische Medizin« führt diese Regel so aus: »… wenn man Speise zu sich nimmt, ohne hinterher Salz zu essen, oder ein Getränk, ohne hinterher Wasser zu trinken, dann wird man tagsüber an einem schlechten Mundgeruch und nachts an ›askara‹ (Krupphusten?) leiden«!*

* Preuss, Julius. *Biblisch-Talmudische Medizin*, S. 555

4. Weitere Gewürze aus biblischer und talmudischer Zeit (in alphabetischer Reihenfolge)

Anis / pimpinella anisum / anis

Anis, ein Gewürz, das im Mittelmeerraum beheimatet ist, wuchs hauptsächlich in den wärmeren Gegenden des Landes Israel. Für die Leute damals war es eine Wohltat. Sie freuten sich an den Blättern, die sie dem Salat zugaben und an dem Samen der Anispflanze, der Getränken, Eingelegtem und Gebäck zugefügt wurde. Die Knolle wurde als Gemüse gegessen, und die gesamte Pflanze war Bestandteil bestimmter Heildiäten.

Bittere Kräuter / merorim

Die in der Bibel erwähnten »bitteren Kräuter« sind eigentlich ein Oberbegriff für verschiedene wilde und kultivierte Gemüse-Pflanzen, die die Hebräer für das Passa-Ritual und auch als Zutat zu manchen Speisen benutzten. Die verschiedenen Arten finden sich unter »bittere Kräuter« in dem Kapitel über Gemüse.

Bohnenkraut / micromeria frutoicosa zotah levanah (thymian-blättrig)

Das thymian-blättrige Bohnenkraut wuchs im alten Israel, im Libanon und in Syrien wild, besonders in Felsspalten. Obwohl man es in der Küche eigentlich nur beim Trocknen von Feigen und als Gewürz für *leben* (ein Joghurt-ähnliches Milchprodukt) benutzte, wurde es durch seine medizinischen Fähigkeiten doch zu einem wichtigen Bestandteil des Haushaltes. Ein Auszug aus dieser Pflanze diente zur Linderung von Magenschmerzen und Erkältungen und auch zur Reinigung von Wunden.

Dill / anethum graveolens / shamir (Umgangssprache) shevet (Mischna)

>*Weh euch, Schriftgelehrte und Pharisäer, ihr Heuchler, die ihr den Zehnten gebt von Minze, Dill und Kümmel und laßt das Wichtigste im Gesetz beiseite…«*
>
>*Matthäus 23,23*

Dill wächst im Heiligen Land sowohl wild, als auch als Kulturpflanze. Er wird sowohl wegen seines aromatischen Samens als auch wegen seiner tiefgrünen und würzig riechenden Blätter sehr geschätzt. In jedem Frühjahr füllt dieses dünne, feine Gewächs – ähnlich wie die Petersilie – die Felder mit seinen hellen, gelben Blüten.

Dillblätter dienten den Köchen damals als Gewürz für eingelegtes Gemüse, zur Garnierung von Käseplatten und ganz sicher auch zum Würzen von Eintopf-Gerichten. Die Samenkörner paßten ganz ausgezeichnet zu sauer eingemachtem Gemüse und zu Brot. Vielleicht hat man auch Samen und Blätter dem Essig zugefügt, um diesem einen besonders guten Geschmack zu geben. In

28

der Mischna (*Oktzin 3.4*) wird Dill als ein Gewürz für Schmorpfannen-Gerichte erwähnt.

Auch die Medizin kannte den Dill – als Mittel gegen Blähungen, als Verdauungs-Hilfe, als Medikament bei Beschwerden der Atmungsorgane und als Beruhigungsmittel. Aus den Samenkörnern stellte man eine Flüssigkeit her, und um Kinder zu beruhigen, gab man ihnen die Blätter zum Kauen.

Fenchel / foeniculum vulgare mill / shumar

Als ich einmal im Spätfrühling eine Farm in Galiläa besuchte, nahm ich an einem Reitausflug teil, der u.a. durch Fenchelfelder führte. Die kleinen, leuchtenden Blüten waren rund um uns herum, und die Luft war voll mit dem charakteristischen starken und süßen Duft.

Blätter, Stengel und Samen des Fenchels haben einen lakritzartigen Geschmack, den die alten Israeliten wohl gerne ihren Salaten und Käsesorten zugefügt und am See Genezareth in Galiläa vielleicht auch zu Brot und Fischen gegessen haben. Fenchelsamen konnte man daneben auch unter Brotteig und Süßigkeiten mischen, oder bei eingelegtem Gemüse verwenden.

In medizinischer Hinsicht hilft Fenchel bei Mundgeruch und erleichtert die Verdauung, besonders nach einem schwerverdaulichen Essen. Eine Paste, aus den Blättern des Fenchels hergestellt, soll bei Ohrenschmerzen, Zahnschmerzen und Augenentzündungen helfen. Der große jüdische Gelehrte und Arzt Maimonides hält außerdem die Wurzel des Fenchels für hilfreich bei Verstopfung.

Griechisches Heu / trigonella foenumgraecum / taltan hilbe gargeranit yevanit

Einige Experten für biblische Botanik halten den »Lauch« aus 4. Mose 11,5 (»Wir denken an die Fische, die wir in Ägypten umsonst aßen, und an die Kürbisse, die Melonen, den Lauch ...«) eigentlich für Griechisches Heu, eine dreiblättrige, einjährige Pflanze, ähnlich dem Klee, die in Ägypten und auch bei den Orientalen des heutigen Israels sehr viel gegessen wird. Die jungen, grünen Blätter und Stengel ißt man als Salat. Die bitteren Samen – klebrig und aromatisch – kann man gekocht und mit Honig essen, oder mahlen und in Wasser einrühren.

Griechisches Heu ist reich an Proteinen und wurde daher bei Verdauungsbeschwerden benutzt und nicht zuletzt zur Kräftigung des Haares. Die Yeminiten im Israel von heute halten es außerdem für hilfreich bei der Behandlung von Diabetes. Daneben ist Griechisches Heu auch häufig als Zutat in Curry-Mischungen zu finden.

Ingwer / zingiber officinale / zangvil

Ohne Zweifel mußte der Ingwer einen weiten Weg zurücklegen, um das Heilige Land zu erreichen. Seinen Ursprung hat er in Süd-Ost-Asien. In biblischer Zeit war er selten oder unbekannt, in der Zeit des Talmud dagegen bereits verbreitet genug, daß über ihn geschrieben und diskutiert werden mußte.

Der Talmud hält Ingwer für hilfreich für den ganzen Körper. Außerdem gehört er zu den Mitteln, die bei der Behandlung eines Furunkels eingesetzt werden können. Ingwer und Zimt, die »eine Frau in ihren Mund nimmt«, nehmen den Mundgeruch (*Shabbat 65a*). Ingwer wurde wahrscheinlich sowohl in scharfen Eintöpfen als auch bei süßen Kuchen als Zutat benutzt.

Kapern / capparis sicula / tzelaf

»... wenn man vor Höhen sich fürchtet
und sich ängstigt auf dem Wege,
wenn der Mandelbaum blüht
und die Heuschrecke sich belädt
und die Kaper aufbricht;
denn der Mensch fährt dahin, wo er ewig bleibt,
und die Klageleute gehen umher auf der Gasse«
Prediger 12,5

Dieser Abschnitt aus dem Buch Prediger ist eine Beschreibung des menschlichen Körpers im Alter. Selbst ein kleiner Hügel steht wie ein hoher Berg vor einem alten Menschen, und sein Herz ängstigt sich, weil seine Beine unsicher geworden sind. Der Mandelbaum, ein Symbol für das Steißbein, wird aus seinem eigentlichen Platz heraus»blühen«* und die Kaper, ein Symbol für die sexuelle Lust, wird verschwinden. Wie kommt es zu dieser Bedeutung für die Kaper?

Ein Ausleger meint dazu, daß die Frucht der Kaper, einer kleinen Gurke ähnlich, nach ihrer Reife gegen Ende des Sommers schrumpft und zerfällt. Die Samen werden durch den Wind zerstreut, und die Pflanze verdorrt und stirbt ab – genauso wie ein Mensch, der dahin fährt, »wo er ewig bleibt«.

Das hebräische Wort für »Kaper« (tzelaf) wird auch

---

* Andere Ausleger halten dies für einen Hinweis auf das weiß werdende Haar / d. Übers.

als Name in Nehemia 3,30 erwähnt, wo von Hanan die Rede ist, »der sechste Sohn Zalafs«. Daneben wird es häufig im Talmud benutzt. Hier erfahren wir auch, daß nicht nur die Frucht, sondern auch die zarten Blätter für Speisen benutzt wurden. Man verarbeitete die Frucht-schoten oder Kapern damals genauso wie heute – einge-legt in Salz oder Weinessig. Der Saft von in Essig einge-legten Kapern wurde als medizinisch wirksam angesehen (*Shabbat 110.71*). Kapern wurden übrigens auch ver-zehntet.

Kardamom / elettaria cardamomum / hel

Kardamom (in der Mischna »hamam« genannt) ist ein Gewächs aus der Familie der Ingwer-Pflanzen mit einem scharfen Geschmack. Beheimatet ist er in Ceylon und Indien. Manche Ausleger sind der Ansicht, daß auch Kardamom zu den »besten Spezereien« aus 2. Mose 30,23 gehört. Kardamom gibt Gebackenem, Fleisch, Gemüse, Getränken und Würz-Mischungen ein gutes Aroma. Im Israel von heute wird damit »türkischer« Kaffee verfeinert.

Koriander / coriandrum sativum / gad

»Es war aber das Manna wie Koriandersamen und anzusehen wie Bedolachharz.«

4. Mose 11,7

In der Bibel heißt er »gad«, in der Mischna »cuzbar«, im heutigen Hebräisch »cuzbara«. Der Koriander ist eine Pflanze aus der Familie der Petersilie. Er wuchs zur Zeit der Bibel wild, wurde aber auch angebaut. Koriander war bei unseren Vorfahren sehr beliebt.

Sowohl die Blätter, als auch der Samen der einjäh-rigen, ca. 60 cm hohen Pflanze wurden benutzt. Die Blätter gebrauchte man wie Gemüse oder würzte damit Suppen, Salate, Getreide-Speisen und Eintöpfe und auch Wein wurde damit verfeinert. Die aromatischen Samen wurden ganz oder zerrieben in Brot, Kuchen und Gewürz-Mischungen verwendet. Koriander, der sich leicht trocknen läßt, stand sowohl als Blatt, wie auch als Samen das ganze Jahr über zur Verfügung.

Koriander-Samen wurden damals als Mittel gegen Blähungen und als Verdauungshilfe angesehen. Zur Zeit der Mischna gab man sie schwangeren Frauen, damit diese kräftige Söhne bekommen sollten.

Kreuzkümmel* / cuminum cyminum / kamun

»Den Dill schlägt man aus mit einem Stabe und den Kümmel mit einem Stecken.«

Jesaja 28,27

Cuminum cyminum ist eine einjährige Pflanze in der Gegend des östlichen Mittelmeeres. Sie ist dort so weit verbreitet, daß der Prophet Jesaja sie benutzen konnte, um daran die Weisheit Gottes zu zeigen (Jesaja 28, 25.27; siehe auch unter »Schwarzkümmel«).

In den Gesetzen der Thora, die über die Abgabe des Zehnten sprechen, wird der Kreuzkümmel nur nebenbei erwähnt. Dies erklärt, warum Jesus den Schriftgelehrten und Pharisäern vorwirft, daß sie sorgsam Minze, Dill und Kümmel verzehnten, aber die wirklich wichtigen Teile des Gesetzes – die Gerechtigkeit – außer acht lassen.

Kreuzkümmel wurde als Gewürz bei Fisch- und Fleischspeisen, in Eintöpfen, Getreidespeisen, bei Käse und bei eingelegtem Gemüse benutzt. Daneben mischte man ihn sowohl gemahlen als auch ganz unter das Brot-mehl. Zur Zeit der Mischna wurde Kreuzkümmel bereits so erfolgreich angebaut, daß man ihn in Nachbarländer exportierte.

Aufgrund ihrer äußerlichen Ähnlichkeit mit den Kümmelsamen schrieb man damals auch den Samen des Kreuzkümmels medizinische Fähigkeiten zu. So wurde er als Mittel gegen Blähungen und zum Stoppen eines Blutsturzes eingesetzt (*Shabbat 19.2*).

Kümmel / carum carvi L. / kimel (Umgangs-sprache) carvia

Es ist nicht ganz sicher, ob der gewöhnliche Kümmel schon in biblischen Zeiten im Heiligen Land heimisch war. Zur Zeit der Mischna jedenfalls war er dort allge-mein verbreitet. In der Mittelmeergegend ist Kümmel eine Pflanze, die nur einmal jährlich blüht. In Europa, Asien, den USA und Kanada dagegen gibt es Kümmel, der das ganze Jahr über blüht.

Kümmel wird besonders wegen seiner schmackhaften Samen geschätzt. Sie geben Brot, Käse und mariniertem oder eingelegtem Gemüse ein besonders feines Aroma. Man kann aber auch die jungen Schoten in einem Salat verwenden. Zur Zeit des Talmud sah man das Kauen von Kümmelsamen als heilsam für Wunden und bei Wochenbett-Schmerzen an.

* Auch »Mutterkümmel«, »Weißer Kümmel« oder »Cumin« genannt. Er ist mit dem gewöhnlichen Kümmel verwandt, aber stärker im Geschmack.

Lavendel / lavandula officinalis chaix / lavender
(Umgangssprache) ezovion refuee

Die meisten von uns kennen den Geruch von Lavendel durch dessen allgemeine Verbreitung in medizinischen und kosmetischen Produkten. Aber sein ungewöhnliches Aroma gibt auch Speisen einen exotischen Geschmack.

Der süße Duft von Lavendelfeldern lag damals über den Küstenregionen des Heiligen Landes. Aber wie kam es, daß Lavendel auch beim Kochen eingesetzt wurde? Vielleicht geschah dies durch Zufall. Eine Hausfrau nahm einen frischen Strauß Lavendel mit nach Hause und stellte ihn in der Nähe ihrer Kochstelle auf. Hier trockneten die purpurblauen Blüten und gerieten vom Wind getragen in einen Topf mit Öl oder Essig. Der so gewürzte Essig gab, das stellte sie bald fest, ihren Salaten und anderen Speisen einen ganz besonders guten Geschmack. Und das Öl bereicherte ihr süßes Gebäck und gab auch ihrer Haut einen angenehmen Duft.

Der schmalblättrige Lavendel gab aber auch Anlaß zu Problemen – als schwer ausrottbares Unkraut im Getreidefeld. Nach der Mischna sollte er außerdem nicht gleichzeitig mit Dill gegessen werden (*Shabbat 14,3*). Allerdings ist man sich nicht ganz sicher, ob an dieser Stelle Lavendel (ezovion) oder Ysop (ezov) gemeint ist. Jedenfalls hatte Lavendel auch als Badezusatz seinen festen Platz. Daneben wurde er gegen giftige Bisse und zur Heilung von Wunden eingesetzt. Als Tee schließlich entfaltete er eine beruhigende Wirkung.

Lorbeer / laurus nobilis / dafna

> »Oder man pflanzt einen Lorbeerbaum, den der Regen groß werden läßt.«
>
> *Jesaja 44,14**

Lange Zeit war man sich unter Botanikern nicht einig, was das Wort »oren« in dieser Jesaja-Stelle bedeutet. Das Gleiche gilt für das Wort »ezrah« in Psalm 37,35. Manche meinten, ersteres sei eine Pinie, letzteres eine Zeder aus dem Libanon. Obwohl es noch immer unterschiedliche Ansichten dazu gibt, ist sich doch die Mehrzahl der Botaniker darüber einig, daß es in beiden Stellen um den Lorbeerbaum geht – *laurus nobilis*.

* Nach der Einheitsübersetzung. Die meisten deutschen Übersetzungen geben das hebräische Wort hier mit »Fichte« wieder. Zum Teil wird in der Erklärung auf die ebenfalls mögliche Übersetzung »Lorbeerbaum« hingewiesen (d. Übers.).

Der Lorbeerbaum ist ein immergrüner Baum, der eine Höhe von ungefähr 13 bis 17 Metern erreicht und hauptsächlich in den feuchteren nördlichen Regionen Israels wächst. Zur Zeit der Bibel galt er als Symbol für Wachstum und Erfolg, und selbst die Griechen und Römer benutzten seine Blätter, um die Häupter ihrer Helden und Sieger zu krönen.

Unsere Vorfahren liebten die duftenden und würzenden Blätter und benutzten sie in Suppen, Eintöpfen und Getreidespeisen. Daneben wurde die Frucht des Lorbeerbaumes – die Steinfrucht – zum Würzen von Wein gebraucht.

Neben seiner kulinarischen Bedeutung hatte der Lorbeerbaum auch eine medizinische Funktion. Man bereitete aus den Früchten oder Blättern einen Sud und benutzte diesen als Mittel gegen Blähungen und gegen Würmer.

Melisse / melissa officinalis l. / melissa
(Zitronenkraut)

Die Melisse, mit ihrem zitronenartigen Geschmack, wächst in Israel wild, besonders in der Nähe von Flüssen und Bächen und in den Bergen am Mittelmeer. Sie wurde damals benutzt, um Wein zu würzen und vielleicht auch Obstspeisen. Außerdem diente ihr Duft in muffigen und modrigen Zimmern als Mittel zur Erfrischung. Melissen-Tee wurde sehr geachtet als Mittel gegen hohes Fieber, zur Heilung von Erkältungen und zur Stärkung des Herzens.

Minze / mentha piperita l. / nana
(Pfefferminze)

Jedes gute arabische und nordafrikanische Restaurant im heutigen Israel bietet nach dem Essen einen starken Tee mit Pfefferminzblättern an. Schon vor Jahrtausenden wurden Pfefferminzblätter von unseren Vorfahren verwendet. Man würzte damit kalte Getreide- und Gemüsespeisen, Fleischgerichte und Süßigkeiten. Die Pfefferminze ist eine widerstandsfähige, niedrig wachsende Pflanze, die in biblischer Zeit wild wuchs. Zur Zeit des Talmud wurde sie bereits angebaut.

Eine Medizin aus Pfefferminzblättern nahm man damals als Beruhigungsmittel, Verdauungshilfe und bei Atembeschwerden. Neben der Pfefferminze wuchs auch die grüne Minze wild in Israel.

Oregano / origanum vulgare L. / oregano
(Umgangssprache) ezovit
(gemeiner Majoran)

Oregano zählt zur Familie der *labiatae* (Lippenblütler), zu der auch Thymian, süßer Majoran, Minze, das thymian-blättrige Bohnenkraut, Ysop, Lavendel und Salbei gehören. Obwohl er namentlich in biblischen Texten nicht erwähnt wird, ist er doch in der Gegend des Heiligen Landes heimisch und stand unseren Vorfahren als kulinarische Bereicherung zur Verfügung.

Die Blätter des Oregano geben Soßen, Eintöpfen, Broten und Gegrilltem einen pikanten Geschmack. In der Volksmedizin setzte man ihn zur Reinigung der Luft und bei Atembeschwerden ein. Darüber hinaus konnte man seine roten Blüten auch zum Färben benutzen.

Petersilie / petroselinum sativum l. / petroslinun

Petersilie wächst im Heiligen Land überall wild. Sie wurde jedoch schon von unseren Vorfahren manchmal in ihren Kräuter- oder Gemüsegärten angebaut. Die glatten grünen Blätter ließen sich leicht zerkleinern und in Salaten und gekochten Speisen verwenden, während die Samen als Medizin bei Husten benutzt wurden.

Pfeffer / piper nigrum / Pilpel Shahor

»Salz ist billig; Pfeffer ist teuer. Die Menschen können wohl ohne Pfeffer leben, aber nicht ohne Salz.« JT (Jerusalemer Talmud) Horayoth 3,48c

Eigentlich aus Indien stammend, gehörte Pfeffer zu den exotischsten und teuersten Gewürzen jener Zeit. Vielleicht war auch er unter jenen besonderen Geschenken, die die Königin von Saba mitbrachte, um König Salomo zu beeindrucken.

Zur Zeit des Talmud jedoch war er auch im Heiligen Land schon weit verbreitet. Die Gelehrten empfahlen ihn zur Hilfe bei Mundgeruch, außerdem, um bei Frauen mit Menstruationsproblemen die Blutung hervorzurufen, um Magenschmerzen zu beheben und als Zutat für Seifen.

Natürlich waren die schwarzen Pfefferkörner in erster Linie ein Gewürz für die Küche. Gemahlen mit Mörser und Stößel konnte man das Pulver für eine Unmenge von Speisen verwenden. Inwieweit dies möglich war, bestimmte allein das Budget des jeweiligen Haushaltes.

Raute / ruta chalepensis l. / pegam

»Aber weh euch Pharisäern! Denn ihr gebt den Zehnten von Minze und Raute und allerlei Gemüse, aber am Recht und an der Liebe Gottes geht ihr vorbei! Lukas 11,42

Der Geruch der Raute durchdrang die Gärten zur Zeit Jesu. Man baute sie wegen ihres außergewöhnlichen Geschmacks und ihrer medizinischen Bedeutung an. Aber auch auf Hügeln und in Dickichten war sie zu finden. So bekannt war die Raute, daß sie, wie wir in der Mischna lesen, zu den Dingen zählte, die verzehntet wurden.

Die graugrünen Blätter gaben einen besonderen Geschmack zu getrockneten schwarzen Oliven, mariniertem Gemüse, zu Salaten und auch zu Fleischspeisen. Ihr starker Geruch führte dazu, daß man sie als antiseptisches Mittel und zum Schutz gegen den »bösen Blick« verwandte.

Safran / crocus sativus / karkom

König Salomo, so berichtet die Legende, hatte ein besonderes Verhältnis zu allem, was lebte. Sowohl Pflanzen- als auch Tierwelt bedeuteten ihm viel. Kein Wunder, daß sein Auge auf die wunderschöne Krokusblüte mit ihrem Farbenspiel in Orange-Gelb, Grau-Blau, Lila, Rosa und Purpur fiel.

Safran, der »karkom«, den er im Hohenlied (4,14) erwähnt, ist das Produkt mehrerer Krokus-Arten. Als eines der teuersten Gewürze der Welt wird Safran aus dem Stigma und dem oberen Teil des Griffels der Blüte gewonnen. Man benötigt über 1200 von ihnen, um auch nur 10 Gramm dieses kostbaren Gewürzes herzustellen.

Obwohl die Bewohner Israels heute importierten Safran benutzen, kann es sehr wohl sein – darüber sind sich die Botaniker einig –, daß man damals die in Israel heimische Art verwendet hat. Safran wurde besonders wegen seiner ungewöhnlichen Farbe und wegen des aparten Geschmacks, den er Getreidespeisen, Eintöpfen und Gebäck verlieh, geschätzt. Aber auch als gelbe Farbe benutzte man ihn. Daneben konnte man Safran Wein zugeben oder ihn in der Medizin als anregendes Mittel und zum Lindern von Krämpfen benutzen.

Salbei / salvia triloba l. / marvah
(Dreiblättrig)

In meinem eigenen Haus ist Salbei zu einem der geschätztesten Gewürze geworden – mehr aufgrund seiner medizinischen Eigenschaften, als wegen seines

Geschmackes. Mehrere Jahre, nachdem ich nach Israel gekommen war, erfuhr ich von Rassan Abas, einem Bewohner des arabischen Ortes Um-el Fahem, daß Salbei-Tee ein altes Heilmittel zur Beruhigung des Magens und zur Behandlung von Erkältungen sei.

Die Blätter dieser Pflanze werden manchmal mit Honig gekocht, manchmal frisch gekaut oder auch in das Feuer geworfen, »um Krankheit fernzuhalten«. Ihr lateinischer Name ist von dem Wort »salus« abgeleitet, das Heil bedeutet.

Zu jener Zeit wuchs Salbei in so großen Mengen im Heiligen Land, daß er wahrscheinlich auch in einer Vielzahl von Fleisch- und Getreidespeisen als Gewürz benutzt wurde. Auch konnte man Salbeiblätter in Wein legen, um so einem bekannten Getränk einen neuen Geschmack zu geben.

Schwarzkümmel / nigella sativa / ketzah

»Ist's nicht so: Wenn er ihn geebnet hat, dann streut er Dill und wirft Kümmel ....Auch drischt man den Dill nicht mit Dreschschlitten und läßt auch nicht die Walze über den Kümmel gehen, sondern den Dill schlägt man aus mit einem Stabe und den Kümmel mit einem Stecken.«   *Jesaja 28,25.27*

Das Wort, das in diesem Text mit »Dill« übersetzt ist, meint eigentlich den Schwarzkümmel (nigella sativa), eine Pflanze, die in Israel, im gesamten Mittelmeerraum und im Nahen Osten wild wächst. Die Samen dieser etwa 30 cm hohen Pflanze sind ähnlich scharf wie Pfeffer und wurden in biblischen Zeiten auch anstelle des (zunächst unbekannten und dann sehr teuren und importierten) Pfeffers benutzt.

Jesaja berichtet uns über die richtige Methode, Kümmel (Kreuzkümmel) und Schwarzkümmel zu dreschen. Sie dient ihm als ein Bild für Gottes Weisheit, der sein Handeln dem Charakter und dem ethischen Verhalten der Menschen anpaßt. Direkt im Anschluß kommt er dann auf das Getreide zu sprechen. Dies läßt den Schluß zu, daß Kümmel, Schwarzkümmel und Brot-Getreide einiges miteinander zu tun hatten. Geht man heute durch die Altstadt von Jerusalem, dann wird man immer wieder vom Geruch frischgebackenen Brotes angezogen, in dem schwarze Samenkörner stecken – ganz wie zu Jesajas Zeiten.

Das hebräische Wort für »Schwarzkümmel« wird in einigen Übersetzungen auch mit »Fenchel« wiedergegeben, obwohl echter Fenchel (Foeniculum vulgare) in der Bibel nicht vorkommt.

In Mischna und Talmud finden wir ebenfalls Beschreibungen des Schwarzkümmels, jener jährlich blühenden Pflanze mit weißen oder hellblauen Blüten und kleinen Schoten, in denen sich der Samen befindet. Sogar Matzen wurden mit Schwarzkümmel bestreut (*Menahot 103.72*). Ein Arzt jener Zeit namens Asaf empfiehlt Schwarzkümmel bei Nasen-Entzündungen.

Senf (weißer) / sinapis alba l. / hardal

»Womit wollen wir das Reich Gottes vergleichen, ...? Es ist wie ein Senfkorn: wenn das gesät wird auf's Land, so ist's das kleinste unter allen Samenkörnern auf Erden; und wenn es gesät ist, so geht es auf und wird größer als alle Kräuter und treibt große Zweige, so daß die Vögel unter dem Himmel unter seinem Schatten wohnen können.«   *Markus 4, 30-32*

Immer wieder gab es Meinungsunterschiede darüber, welche Art von Senf Jesus in diesem Gleichnis meinte. Einige modernere Ausleger glauben, daß es sich um den schwarzen Senf (auch: Senfkohl), brassica nigra (auch als sinapis nigras bekannt) gehandelt hat, während andere behaupten, daß es der weiße Senf (sinapis alba) gewesen sein müsse. Beide Arten wuchsen in großer Zahl wild im Heiligen Land.

Der Senf war so beliebt, daß er schon zur Zeit Jesu als Gemüse und Gewürz angebaut wurde. In der talmudischen Literatur werden drei verschiedene Arten Senf erwähnt, wobei die Gelehrten warnend darauf hinweisen, daß sie alle nicht in der Nähe von Weizenfeldern gepflanzt werden sollten. Denn so köstlich der Senf auch ist, so kann er doch durch seine schnelle Verbreitung wie Unkraut wirken (*Kelim 2,8*).

Man legte damals die Blätter und Äste des Senfs in Salzlauge oder Weinessig ein und aß sie dann als Gemüse, oder benutzte sie als Gewürz. Außerdem verfütterte man sie an Tauben (*JT, Shabbat 18,15*), zerrieb sie zu Pulver, oder man preßte das Öl aus ihnen heraus. Mit Olivenöl und Zitronensaft angemacht, geben die feinen Blätter einen köstlichen Salat ab.

Häufig wird Senf im Talmud als Medizin für verschiedene Arten von Gebrechen erwähnt. Tränen, die durch Senf hervorgerufen werden, sollen wohltuend für den Menschen sein. Einmal im Monat Senf zu essen, sei gut für die Gesundheit. Wer ihn aber jeden Tag esse, der riskiere ein schwaches Herz und einen ebensolchen Magen (*Berachoth 40a*).

Sesam / sasamum indicumn l. / sumsum

Jeder Besucher Israels wird sehr schnell feststellen, wie sehr die Israelis von heute Sesam lieben. Tahina, ein Brei aus gemahlenen Sesamkörnern, zubereitet mit Wasser, Knoblauch und Zitronensaft, gehört überall im

Land als Grundnahrungsmittel zu fast jedem Essen. Die ganzen Samen finden in Süßigkeiten und Brot Verwendung. Zu Pulver gemahlen, ist Sesam der Hauptbestandteil von Halva, die auch in Europa immer beliebter wird.

Ursprünglich in Asien und Afrika zu Hause, gelangte Sesam schon sehr früh in das Heilige Land, denn schon zur Zeit der Mischna war er ein weitverbreitetes Produkt. Die kleine Sesampflanze kommt im Sommer zur Reife. Ihr nussiges Aroma macht sie zu einer der beliebtesten Ölpflanzen.* Selbst die Schalen des Sesams fanden als Heizmaterial und als Düngemittel Verwendung.

Stinkasant / ferula asafoetida / hiltit (Mischnah)
(Teufelsdreck)

Hier handelt es sich um ein Gewürz aus der Familie der *ferula galbaniflua* (galbanum), das u.a. in 2. Mose 30,34 erwähnt wird. Das Galbanum der Bibel wurde aus Persien oder aus Ost-Indien importiert. Es diente ursprünglich zur Herstellung des Räucherwerks für den Dienst am Heiligtum. Später wurde auch ein Parfüm für den persönlichen Gebrauch daraus hergestellt. In kleinen Mengen konnte man den rohen, unbehandelten Stinkasant auch zum Würzen von Speisen verwenden, doch waren sich die Rabbis aus der Zeit des Talmuds nicht einig darüber, ob er nun ein Lebensmittel oder ein Gift ist. Stinkasant in Wasser oder Essig (*Shabbat 20.3*) jedoch wurde allgemein als Heilmittel bei Magen- oder Herzbeschwerden betrachtet (*Shabbat 140a*).

Sumach / rhus coriaria l. / og habursekaim sumac
(Umgangssprache)
(Gerbersumach)

Stellen Sie sich einmal vor, Sie würden durch einen Wald wandern oder auf einem abgelegenen Heckenweg, und an einem baumartigen Strauch vorbeikommen, der mit vielen länglich-runden, roten »Früchten« übersät ist. Bei näherem Hinsehen entdecken Sie, daß die »Früchte« in Wirklichkeit Anhäufungen kleiner Samenkörner in einer weichen, flaumigen Hülle sind. Sie nehmen eine

dieser kleinen »Früchte« und stecken sie in Ihren Mund. Der Geschmack ist angenehm herb…

Auch die alten Israeliten waren sicher froh darüber, den Sumach-Baum entdeckt zu haben, da er hervorragende kulinarische als auch medizinische Qualitäten besitzt. Geduldig warteten sie bis zum Ende des Sommers, wenn sich das Grün-Gelb der Blüten in ein königlich strahlendes Rot verwandelt. Dann pflückten sie die »Früchte« und trockneten sie in der Sonne. Nach wenigen Tagen konnten die Samen leicht voneinander getrennt und sorgfältig zwischen Steinen gemahlen oder mit Mörser und Stößel zu Pulver verrieben werden.

Schmackhaft und voller Heilkraft waren die Sumachkörner, die als Gewürz in Eintöpfen und bei Backwaren benutzt wurden. Vielleicht am besten passen sie zu Brot. Mit syrischem Majoran, wenig Öl und Salz vermischt, ist diese »za'atar Brotwürzmischung« noch heute in Israel sehr beliebt. Sumach in Milch oder Wasser gelöst, ergibt ein erfrischendes Getränk mit zitronenartigem Geschmack. In Wasser eingeweicht, läßt sich daraus der Sumach-Essig herstellen, der heute noch von kurdischen Juden zum Passa-Fest benutzt wird.

Sumach gehört zu den wohltätigen Gaben der Erde. Seine Blätter konnte man mit Honig und Weinessig mischen und daraus eine Breipackung herstellen, die gegen Brand half. Seine Samenkörner dienten als Medizin gegen Durchfall. Und schließlich konnte man Sumach zum Gerben und Färben verwenden. Eine Sumach-Art (Staghorn-Sumach / rhus typhina) wächst auch in Amerika wild. Dort reift er zwischen Ende Juli und Oktober.

In Europa kann man Sumach nur in Geschäften kaufen, die sich auf nahöstliche und indische Speisen spezialisiert haben.

(Wilder) Thymian / corydothymus capitatus
Reichenb. f. / Timin (Umgangssprache) Koranit Mekurkef

Wilder Thymian wächst im gesamten Mittelmeerraum und stand damit überreich zur Verfügung. Die Mischna erwähnt ihn sowohl als würzendes Kraut, als auch als Pflanze, die zum Heizen verwendet werden konnte, ähnlich wie Holz (*Sheviit 8,1*). Yeminitische Juden von heute glauben, daß das Aussaugen der Blätter des wilden Thymians gegen Zahnschmerzen, das Essen zusammen mit Trauben gegen Blutungen und zusammen mit Kürbissamen gegen Würmer hilft. Es ist sehr wohl möglich, daß auch schon die Israeliten zur Zeit der Bibel dem wilden Thymian ähnliche Heilkraft zugemessen haben.

---

* In der Hauptsache benutzte man in Israel Olivenöl. Sesamöl, das schon um das 6. Jahrhundert vor Christus in Mesopotamien und Afrika weit verbreitet war, wurde erst in den letzten Jahrhunderten der biblischen Periode auch in Israel heimisch.

Ysop / majorana syriaca / ezov

»... und soll gebieten, daß man für den, der zu reinigen ist, zwei lebendige Vögel nehme, reine Tiere, und Zedernholz und scharlachfarbene Wolle und Ysop ...«　　　　　　　　　　*3. Mose 14,4*

Nur wenige andere Aufgaben haben den Forschern derart viele Schwierigkeiten bereitet, wie die Identifizierung dessen, was die Bibel mit Ysop meint. Lange Zeit haben Botaniker versucht, eine Lösung dieses Rätsels zu finden, und auch heute ist es nur bedingt möglich, eine echte Antwort zu finden.

Der »ezov« der Thora wurde benutzt, um die Türpfosten der Kinder Israel in Ägypten zu besprengen, damit der Todesengel an ihren Häusern vorüberginge (2. Mose 12,22). In 3. Mose 14, 4.6.52 lesen wir, daß Ysop zu jenen Dingen gehörte, die für die Reinigungszeremonie eines Aussätzigen und seines Hauses notwendig waren, und in 4. Mose 19, 6.18 wurde er benutzt bei der Opferung einer jungen Kuh. Zweifellos waren es diese Zusammenhänge, die den Psalmisten sagen ließen: »Entsündige mich mit Ysop, daß ich rein werde« (Psalm 51,9).

Offensichtlich lag ein Teil der Verunsicherung in der Vergangenheit an der mangelnden Kenntnis ausländischer Botaniker von den Eigenarten der Flora des Heiligen Landes. Es wurden daher viele verschiedene Pflanzen vorgeschlagen für den hebräischen Ausdruck »ezov« (arabisch: »za'atar«), darunter Ysop, Thymian, Bohnenkraut und Majoran, die alle zu der Familie der *labiatae* (Lippenblütler) gehören.

Viele Amateur-Botaniker haben angenommen, daß der biblische Ysop mit dem *hyssop officinalis l.* gleichzusetzen sei. Der jedoch ist – so sagt Moldenke – »weder im Heiligen Land, noch in Ägypten« heimisch, sondern vielmehr in Südeuropa.*

Ein interessanter und informativer Aufsatz über die Pflanzen der Bibel – *From Cedar to Hyssop* (von der Zeder bis zum Ysop) – aus dem Jahr 1932 erklärt »ezov« als *origanum maru*, auch bekannt als *origanum majorana*. Die Autoren schreiben, daß die Samariter von heute (Nachkommen jener alten Glaubensrichtung in Israel) *origanum maru* (oder za'atar) bei ihrer jährlichen Wiederholung des Passa-Rituales benutzen.**

Diese Theorie nun wiederum wird, um die Verwirrung komplett zu machen, von Professor Yehuda Feliks, dem Leiter der Botanischen Abteilung der Hebräischen

---

* Moldenke, Harold. *Plants of the Bible*, S. 160

** Crowfoot, Grace M. und Baldensperger, Louise. *From Cedar to hyssop.* NY 1932

Universität in Jerusalem in Zweifel gezogen. Zwar könne *origanum maru* von seiner Beschaffenheit her auf das »ezov«, das in der Mischna beschrieben wird, zutreffen, man finde es aber im Heiligen Land nur als Kulturpflanze, nicht wildwachsend. Natürlich sei es denkbar, daß das »ezov«, das bei der Passafeier verwendet wurde, eine ägyptische Variante des *origanum maru (var. aegyptiacum)* darstelle.

Vielleicht hat Feliks das Problem gelöst. Die einzige Pflanze, die all dem entspricht, was wir über »ezov« wissen, wächst im ganzen Land Israel wild und »aus der Wand« (1. Könige 5,13). Sie heißt *majorana syrica* oder Syrischer Majoran und gehört zur selben Gattung wie *origanum maru*!

Syrischer Majoran wurde von unseren Vorfahren nicht nur zur rituellen Reinigung benutzt. Er wurde auch als aromatische Zutat in vielen Backwaren, Fleischspeisen und manchen anderen Gerichten geschätzt. In der Medizin wurde Majoran eingesetzt bei Magenschmerzen, Durchfall, Zahn- und Ohrenschmerzen, Schlangenbissen, zur Linderung von Wehen und bei noch vielen anderen Krankheiten.

Was das arabische Wort za'atar betrifft, so scheint dieser Ausdruck für mehrere Mitglieder aus der Familie der *labiatae* zu stehen (wie Thymian, Bohnenkraut und Majoran). In der Altstadt von Jerusalem und an vielen anderen Stellen im Israel von heute kann man frisches Kleingebäck kaufen, das mit einer wohlriechenden Gewürzmischung gebacken wird, die man ebenfalls »za'atar« nennt.

Zimt (und Kassia) / cinnamomum zeylanicum cinnam. (zeyl. var. cassia) / kinamon kiddah

»Nimm dir die beste Spezerei: die edelste Myrrhe, fünfhundert Lot, und Zimt, die Hälfte davon, ... und Kassia, fünfhundert nach dem Gewicht des Heiligtums, ...«　　　*(2. Mose 30, 23.24)*

Was in der Bibel wirklich mit »Zimt« gemeint ist, gehört zu den größten Streitpunkten unter den Botanik-Experten, die sich mit der Bibel beschäftigen. Zimt gewinnen wir vom Zimt-Baum, Cinnamomum zeylanicum, der den heute üblichen ceylonesischen Zimt trägt, und in einer anderen Variation die Kassia.

Wahrer Zimt wird ähnlich wie die Kassia-Borke gewonnen, ist aber in Aroma und Geschmack weit besser. Manche Wissenschaftler meinen, daß Zimt zuerst von den Phöniziern oder den Arabern mitgebracht wurde, und so auf dem Landweg von China über Persien, Indien und Phönizien nach Judäa gekommen sei. Jedenfalls war Zimt schon zur Zeit Salomos in Israel bekannt: »Narde und Safran, Kalmus und Zimt, mit allerlei Weihrauchsträuchern« (Hohelied 4,14) und: »Ich habe mein Lager mit Myrrhe besprengt, mit Aloe und Zimt« (Sprüche 7,17).

Es ist schwer vorstellbar, daß schon zur Zeit des Mose ein solch ausgedehnter Handel existiert haben soll. Und doch gehört Zimt zu den Gewürzen des Heiligtums. Nach einem heute lebenden Gelehrten, Menahem Bronstein, der sich mit den »besten Spezereien« sehr eingehend beschäftigt hat, zeigt die Gemara (eine Erweiterung der Mischna), daß »die Bäume Jerusalems aus Zimt beschaffen waren, aber bei der Zerstörung des Tempels ebenfalls zerstört wurden«. Die Legende besagt, daß Zimt und/oder Kassia tatsächlich in Israel gewachsen sei und daß die Ziegen und Gazellen sich nach der Spitze des Baumes ausstreckten, um davon zu essen (*Midrasch Gen. Rabbah 65.13*).

Professor Yehudah Feliks von der Hebräischen Universität bietet dagegen eine andere Erklärung. Die Worte »Kiddah« und »Kinamon« in der Bibel beziehen sich nach Feliks auf verschiedene Teile (Zweige, innere Borke oder Frucht) desselben Baumes, die auf dem Seeweg von weither importiert wurden.*

---

* Moldenke, Harold. *Plants of the Bible*, S. 263 f.

Pistazien-Würze mit Koriander

Durch ihren besonders kräftigen Geschmack paßt sie ausgezeichnet zu Brot und Käse, sowie zu vielen anderen Hauptgerichten.

Für 4 Personen:

1 Tasse kleingehackte, rohe Pistazien
1 Tasse frischen Koriander (evtl. in Spezial-
geschäften)
3 ½ Eßlöffel kleingeschnittene, grüne
Zwiebeln
1 Eßlöffel Olivenöl
Salz nach Geschmack

Wenn sie Wert auf Originalität und Authentizität legen, dann sollten sie die einzelnen Zutaten mit Mörser und Stößel zerreiben und vorsichtig vermengen. Leichter geht es natürlich mit einer Küchenmaschine!
Das Gewürz möglichst sofort nach der Zubereitung verwenden, es verliert sonst viel von seinem herrlichen Aroma. Reste können in einem gut verschlossenen Gefäß im Kühlschrank 2-3 Tage aufbewahrt werden, sollten aber vor dem Servieren jeweils wieder auf Zimmertemperatur gebracht werden.

Pfefferminzblätter- und Granatäpfel-Würze

Für 4 Personen:

4 mittelgroße Zwiebeln, sehr fein gehackt
1 Tasse frische Pfefferminzblätter, klein-
geschnitten
½ Teelöffel Salz
1 Teelöffel Honig
1-2 Eßlöffel frische Granatäpfel-Samen
(eine Frucht, das Fruchtfleisch durch ein
Sieb streichen)
1 Eßlöffel Zitronen- oder Limonen-Saft

Zwiebeln gut waschen. Grüne Teile entfernen. Kleinhacken und mit den restlichen Zutaten vermengen. In einem verschlossenen Gefäß im Kühlschrank aufbewahren und vor dem Servieren auf Zimmertemperatur erwärmen.

Sesam-Salz

Gibt allen Speisen einen ganz besonderen Geschmack! Frisches Brot, in Sesam-Salz getaucht, ist eine Delikatesse (Und wenn Sie die auch noch verbessern wollen, dann streichen Sie zuerst Samneh auf das Brot)!

½ Tasse Sesam-Körner
1 Eßlöffel Koriander-Samen
1 Eßlöffel Kreuzkümmel
¼ – ½ Teelöffel grobes Salz

Eine schwere Bratpfanne erhitzen und Sesam darin trocken rösten. Ständig rühren, damit nichts anbrennt. Die goldgelb gerösteten Körner in kleinen Portionen im Mörser zerstoßen. Koriander und Kreuzkümmel ebenfalls bei geringer Hitze rösten. Salz zufügen und weitere fünf Minuten braten, bis die Gewürze einen intensiven Geruch verbreiten. Dann auch diese Mischung im Mörser zerstoßen und mit dem Sesammus verrühren. In einem luftdichten Gefäß hält sich das Gemisch mehrere Wochen.

Schwarz-Weiß-Gewürz

Ergibt ungefähr ½ Tasse:

½ Tasse Sesam-Körner
2 Eßlöffel Schwarzkümmel
¼ Teelöffel Salz oder mehr nach Geschmack

Sesam in einer Bratpfanne bei mittlerer Hitze rösten, dabei häufig umrühren. Die Körner sollten goldbraun werden. In kleinen Portionen im Mörser zerstoßen und in ein Glasgefäß füllen.
Kümmel in derselben Pfanne rösten, bis er sein Aroma zu entfalten beginnt (nach etwa fünf Minuten). Ständig rühren! Dann den Schwarzkümmel ebenfalls zerstoßen und unter das Sesammus mischen. Salz zugeben, evtl. nachsalzen. Diese Mischung kann in einem gutverschlossenen Glas längere Zeit aufbewahrt werden. (Paßt besonders gut zu Käse.)

Za'atar (Frische Majoran-Tunke)

Frischer Majoran im Feld oder Kräutergarten könnte es gewesen sein, der die Feinschmecker von damals auf den Gedanken brachte, diese wundervolle Tunke für Brot zu erfinden.

Für 2-4 Personen (als würzende Tunke):

1 mittelgroßer Bund frischer Majoran
2 Knoblauchzehen, kleingehackt
Olivenöl
Salz

Backofen auf ca. 170° C vorheizen. Majoran waschen, trockenklopfen und auf einem Backblech etwa 3 bis 5 Minuten im Ofen trocknen. Die Blätter müssen sich leicht zwischen den Fingern verreiben lassen, dürfen aber nicht verbrennen. Blätter von den Stengeln streifen und im Mörser zerstoßen. In eine kleine Schüssel geben, kleingehackte Knoblauchzehen untermischen und mit Olivenöl auffüllen, bis alles bedeckt ist. Nach Geschmack salzen und mehrere Stunden durchziehen lassen.

Achtung:
Nur im Notfall getrockneten Majoran verwenden!

Weinessig mit Lavendel

Ein delikat duftender Weinessig, der vielen Obst- und Gemüsespeisen einen ganz besonderen Geschmack verleiht. Verdünnt und gesüßt erhält man daraus ein vor allem im Sommer erfrischendes Getränk.

1 ½ Tassen roten Weinessig
1 Teelöffel Lavendel-Knospen

Weinessig in eine kleine Flasche gießen und Lavendelknospen hineinstreuen. (Die Flasche nur bis etwa 2 cm unter den Rand füllen!) Mit Schraubverschluß oder Korken gut verschließen, durchschütteln und auf die Seite legen. Mindestens eine Woche an einem kühlen und dunklen Ort ruhen lassen, dabei hin und wieder kräftig schütteln.
Wer es einfach haben will, seiht alles auf einmal ab, aromatischer bleibt der Essig aber, wenn jeweils nur die benötigte Menge entnommen und gesiebt wird. Kühl und lichtgeschützt aufbewahren.

Honig-Minz-Essig

Dieser Würzessig eignet sich für Obstspeisen, Kräutergetränke, Soßen und – mit Wasser verdünnt – als Getränk.

1 Tasse roten oder weißen Weinessig
¼ Tasse Honig
½ Tasse frische Pfefferminzblätter

Den Essig zum Kochen bringen und Honig und Pfefferminzblätter unterrühren. 5 Minuten bei kleiner Hitze kochen, dabei die Minz-Blätter mit einem Holzlöffel zerstoßen, damit sich das Aroma voll entfalten kann.
Alles durch ein Nesseltuch pressen und so gut wie möglich ausdrücken. Den Essig anschließend in eine Flasche füllen und an einem kühlen Ort aufbewahren.

Olivenöl mit Dill

Man konnte damals nicht zu jeder Jahreszeit frische Kräuter bekommen, aber Olivenöl war in jeder Küche zu finden. Da man auch früher nicht dumm war, fand man einen Weg, den Geschmack der Kräuter ohne Probleme zu bewahren.

1 Tasse Olivenöl
3-4 Zweige frischen Dill

Olivenöl in eine dunkle verschließbare Flasche (möglichst mit weitem Hals) gießen. Dill waschen, ausklopfen und ebenfalls in die Flasche stecken. Verschließen und etwa drei bis fünf Tage ruhen lassen, bis das Öl den Dillgeschmack angenommen hat. Dann abseihen und an einem dunklen Ort aufbewahren. Wer will, kann einen Zweig Dill zur Dekoration in der Flasche lassen. Gewürzöl eignet sich besonders gut zur Verwendung bei Getreidespeisen, Suppen, Fleischgerichten etc.

Variationsmöglichkeiten:
* Statt Dill können Sie einige geschälte Knoblauchzehen nehmen.
* Auch frische Thymian-Zweige können den Dill ersetzen.
* Olivenöl läßt sich auch mit dem Geruch von Lavendel oder Melisse anreichern. Geben Sie einige Eßlöffel der getrockneten Kräuter in eine Nesseltuch-Tasche und legen diese in das Öl. Sie können es nun wie jedes andere Körperöl benutzen.

Kapern mit Kräutern

Kapern, in Salzlauge oder Essig eingelegt, gehören heute zu den beliebtesten Gewürzen der Feinschmecker. Zwar findet man nur selten einen Kapernstrauch in der freien Natur, aber man kann den Geschmack der Kapern, die käuflich zu erwerben sind, ohne großen Aufwand noch verbessern.

½ Tasse Kapern, in Lauge oder Essig eingelegt
1 kleines Lorbeerblatt
¼ Teelöffel schwarze (oder gelbe) Senfkörner
Weinessig

Die Kapern in Wasser (sie müssen völlig bedeckt sein) legen und einige Stunden oder über Nacht stehen lassen. Abtropfen lassen. Die Gewürze dazugeben und das Ganze mit reichlich Weinessig bedecken. Nach etwa vier Stunden sind die Kapern fertig. In einem geschlossenen Gefäß aufbewahren.

Variationsmöglichkeiten:
Bereiten Sie die Kapern wie oben angegeben vor und geben Sie noch eine Knoblauchzehe zu, oder lassen Sie die Gewürze weg und nehmen statt dessen einen frischen Zweig Raute.

Sumachbeeren-Getränk

Die Menschen der Antike bereiteten aus reifen Sumachbeeren dieses erfrischende Getränk. Sollten Sie das Glück haben, auf solche reifen Sumachbeeren zu stoßen (Sumach wächst in Israel und in manchen anderen Ländern wild), dann achten Sie darauf, nur die frischen Beeren zu pflücken. In älteren befinden sich oft Käfer, die vor Ihnen die Beeren gefunden haben. Sumachbeeren gibt es von Mitte Sommer bis Mitte Herbst.

Für 6 durstige Personen:

2 Tassen frische Sumachbeeren
8 Tassen Wasser
leichter Honig nach Geschmack

Die Sumachbeeren in Wasser zerstoßen, bis das Ganze ein helles Rosa entfaltet. Nehmen Sie hierfür keine Küchenmaschine, denn die Borsten der Sumachbeeren sind schwer wieder zu entfernen. Drücken Sie den Brei durch mehrere Lagen Nesseltuch, um die Borsten und alle eventuell daruntergeratenen Stiele herauszubekommen. Die so gewonnnene Flüssigkeit mit Honig süßen, und vor dem Servieren möglichst gut kühl stellen.

Anmerkung:
Man kann dieses Getränk auch heiß servieren, mit einer Zimtstange und Limonen- oder Zitronenschale darin. Erhitzen Sie die ganze Mischung über kleiner Flamme etwa 15 Minuten (nicht kochen!).

Kräutertee-Mixturen

Schon die alten Israeliten kannten ihre wohltuende und beruhigende Wirkung.

Folgende Kombinationen waren gebräuchlich:

Für 2 Personen

1 Eßlöffel Melisse
2 Teelöffel Lavendel
(ein sehr aromatisches Getränk)

Bereiten Sie diese Mischungen mit jeweils zwei Tassen kochendem Wasser zu. Lassen Sie das Ganze zwei bis drei Minuten ziehen. Dann, je nach Geschmack, noch mit Honig süßen.

1 Eßlöffel Salbei
1 Teelöffel getrockneter Sumach oder
1 Teelöffel kleine Limonen- oder
Zitronenstückchen (soll gut für die
Verdauung sein)

1 Eßlöffel getrockneter Thymian (soll
besonders gut bei Erkältungen, Husten
und Atembeschwerden helfen)

1 Eßlöffel Melisse
2 Zweige frische Pfefferminze (wohltuend,
soll gut für die Verdauung sein)

Sumach-Wasser

Limonen waren unseren Vorfahren unbekannt. Zwar konnten sie manchmal Zitronen als Ersatz dafür benutzen, aber viel einfacher und schneller ließ sich aus getrocknetem Sumach in kürzester Zeit ein erfrischendes Getränk herstellen.

¼ Tasse gemahlener Sumach
1 ½ Tassen heißes Wasser

Ein Sieb mit Nesseltuch auslegen und über eine Flasche stellen. Dann den gemahlenen Sumach ins Tuch geben und das Wasser darübergießen. Das Nesseltuch nun an den Enden aufnehmen und die Flüssigkeit vorsichtig in die Flasche pressen.

Anmerkung:
Sumach-Wasser ist sehr stark aromatisiert und sollte in kleinen Mengen genommen werden.

Kapitel III

»*Die Spione und die sieben Sorten*«

»Denn der Herr, dein Gott, führt dich in ein gutes Land,
ein Land, darin Bäche und Brunnen und Seen sind, die an
den Bergen und in den Auen fließen, ein Land, darin
Weizen, Gerste, Weinstöcke, Feigenbäume und Granat-
äpfel wachsen, ein Land, darin es Ölbäume und Honig
gibt, ein Land, wo du Brot genug zu essen hast, wo dir
nichts mangelt, ein Land, in dessen Steinen Eisen ist, wo
du Kupfererz aus den Bergen haust.«   *5. Mose 8, 7-9*

Die sieben Sorten

Es war, so berichtet uns die Bibel, ein gutes Land, in das die Israeliten nach 40 Jahren Wüstenwanderung einzogen. Ein Land voller »Bäche und Brunnen«, so daß es überall genug Wasser gab – ganz anders als in Ägypten. Ein Land voll Weizen und Gerste, jenen Symbolen für die Grundbedürfnisse der menschlichen Existenz.

Da Weinanbau möglich war, konnte man dessen süße Früchte genießen und Traubenhonig, Rosinen und Wein daraus gewinnen. Die Feigen hatten nicht nur als Lebensmittel Bedeutung, sondern waren zugleich auch medizinisch wertvoll. Granatäpfel waren erfrischend und gaben zugleich eine intensive Farbe ab, mit der man Stoffe färben konnte. Als Symbol waren sie auf Gegenständen für den Tempeldienst abgebildet. Die Erde gab ölhaltige Oliven und Honig – Kostbarkeiten der Menschheit.

Diese sieben Grundnahrungsmittel sind für das Land Israel charakteristisch. Gelehrte nennen sie oft »Die sieben Sorten« – Weizen, Gerste, Wein, Feigen, Granatäpfel, Oliven und Honig.

Die Spione, die Mose gesandt hatte, um das Land auszuspionieren, bestätigten, was Gott den Kindern Israel versprochen hatte: »Wir sind in das Land gekommen, ... es fließt wirklich Milch und Honig darin«, berichteten sie (4. Mose 13,27). Es war die Zeit der ersten reifen Trauben, und als sie an den Bach Eschkol kamen, brachten sie von dort ein Büschel Weintrauben mit, der so groß war, daß zwei Männer benötigt wurden, um ihn zu tragen. Auch Granatäpfel und Feigen brachten sie in großen Mengen mit.

1. Weizen

Das Klima im Land Israel war hervorragend geeignet für das Wachstum von wildem Weizen: Ein kühler und feuchter Wind vom Mittelmeer her förderte das Wachstum und die Reifung der Pflanzen, so daß die heißen und trockenen Winde aus Afrika und Arabien die empfindlichen Gewächse nicht austrocknen konnten.

Es scheint daher nicht verwunderlich, daß bald in der Nähe der Weizenfelder Ortschaften entstanden. Archäologische Ausgrabungen haben gezeigt, daß es schon in der Steinzeit an Orten wie Malhata oder im Jordantal menschliche Niederlassungen gab. Die Menschen bestritten ihren Lebensunterhalt sowohl durch die Jagd als auch durch das Sammeln von Weizen und anderen wildwachsenden Pflanzen.

Die Bibel berichtet uns, wie Gott Adam und Eva aus dem Garten Eden hinausgewiesen hat, um den Boden zu bebauen, von dem sie genommen waren (1. Mose 3,23). Genaugenommen war es dann Kain, der der erste Ackerbauer wurde. Wahrscheinlich hat schon Kain herausgefunden, daß ein Feld, wenn er es in einem Jahr zu sorgfältig aberntete, im nächsten Jahr weniger Frucht trug. Wenn er dagegen einen Teil der Frucht auf dem Feld stehen ließ, dann gab es im nächsten Jahr mehr Frucht. Und wenn er schließlich einen Teil der Körner sorgfältig wieder ausstreute, dann gab es ein noch besseres Ergebnis. Vielleicht wurde auf diese Weise die Landwirtschaft geboren?

Der Ackerbau in Israel war zunächst recht primitiv. Erst ab der Regierungszeit Salomos etwa wurden die Methoden immer mehr verbessert. Selbst auf felsigen Hügeln konnte man nun Korn anbauen. Zur Zeit Hesekiels gab es so viel Korn im Land, daß man es in fremde Länder exportieren konnte:

»Juda und das Land Israel haben mit dir gehandelt und haben Weizen aus Minnith, Feigen, Honig, Öl und Harz als Ware gebracht.
Hesekiel 27,17 s. auch Amos 8,5

Weizen wird in der Bibel dreizehnmal zusammen mit Gerste und achtmal alleine erwähnt. Nach Ansicht der Bibelwissenschaftler ist damit *Triticum aestivum L.* gemeint, eine Kulturpflanze, die im warmen Mittelmeerklima sowohl im Sommer als auch im Winter Frucht trägt. Ohne Zweifel jedoch gab es in Israel noch andere Arten des Weizens, die im ganzen Land wild oder kultiviert wuchsen.

Den Ausdruck »Korn« finden wir insgesamt 71mal in der Bibel. Gemeint ist damit ganz allgemein »Getreide« jeglicher Art. Daneben gibt es noch elf andere hebräische Worte, die (wie »dagan« in 4. Mose 18,27) meistens ebenfalls mit »Korn« übersetzt werden.

Das Getreide und die Spreu

Um das sorgsam gesammelte Getreide wirklich genießen zu können, mußte man die eßbaren Teile von Weizen oder Gerste von der harten Kleie und der äußeren Hülse, der Spreu, trennen. Bei wildem Getreide ist diese Trennung noch schwieriger durchzuführen als bei Kulturpflanzen.

In Malhata im Jordantal zeigen uns Funde von frühen Mörsern und Mahlsteinen, wie man Korn zubereitete, indem man es zwischen Steinen zerrieb und so die Spreu und einen Teil der Kleie von den Körnern trennte. Dabei hing es von der Geschicklichkeit des Arbeiters/der Arbeiterin ab, ob man ganze, saubere Körner oder ein grobkörniges Gemisch, vermengt mit Spreu und Kleie, erhielt.

Später brachte man den Weizen nach der Ernte auf einen Dreschplatz (2. Chronik 3,1), wo er von Ochsen ausgetreten (»Du sollst dem Ochsen, der da drischt, nicht das Maul verbinden«, 5. Mose 25,4), mit Dreschwalzen ausgepreßt (Jesaja 28,28) oder mit einem hölzernen Flegel ausgeschlagen wurde (»... siehe, ich gebe ... die Dreschschlitten als Brennholz ...«, 1. Chronik 21,23). Nach dem Dreschen wurde das Getreide mit einem Fächer geworfelt und so die Spreu vom Weizen getrennt.

Die Zubereitung des Getreides

Als man die Möglichkeit des Kochens entdeckte, wurde das gesammelte und von Spreu getrennte Korn zunächst in heißem Wasser gekocht. Anfänglich grub man dazu eine Vertiefung in den Boden, bedeckte sie mit Steinen, die einander überlappten (um ein Durchsickern des Wassers zu verhindern) und goß Wasser hinein. Dieses wurde durch andere Steine oder Kieseln, die man im Feuer heiß gemacht hatte, zum Kochen gebracht. Dann gab man das Getreide hinzu und immer wieder andere, heiße Steine, um das Wasser heiß zu halten. Aus späteren Zeiten haben Archäologen vom Feuer geschwärzte Löcher gefunden, die mit Ton ausgekleidet waren (normalerweise in der Küchengegend eines Hauses). In ihnen hielt man ständig ein Feuer am Brennen.

Einige Archäologen vertreten die Ansicht, daß der nächste Schritt bei der Zubereitung von Getreide war, daß man es auf einen Dreschboden warf, der durch heiße Steine erhitzt worden war. Wenn man so das Korn röstete (und wahrscheinlich brannte es dabei oft genug an!), dann trennte sich die Spreu von selbst ab und das geröstete Getreide war ohne weiteres Kochen eßbar (obwohl wahrscheinlich nicht besonders schmackhaft). Man konnte es dann in einem Mörser mit Wasser, oder wenn dieses, wie bei den Nomaden, knapp war, auch mit Milch zu einer dickbreiigen Masse verrühren.

Auch wenn es uns vielleicht nicht sonderlich appetitlich erscheint, gehörte diese Art von Getreidebrei zu den Grundnahrungsmitteln unserer Vorfahren. So hatten sie eine kräftige, sättigende Speise, die sich zudem leicht getrocknet transportieren ließ.

Eine andere Art der Zubereitung von Weizen, die noch bis vor kurzem im modernen Israel weit verbreitet war, ist das »Rösten«. Dazu wird der Weizen kurz gekocht und dann für den späteren Gebrauch in der Sonne getrocknet. In der Bibel heißt so zubereiteter Weizen »geröstete Körner« (hebr.: kali):

»da brachte ... Barsillai, ein Gileaditer von Roglim, Betten, Becken, irdene Gefäße, Weizen, Gerste, Mehl, geröstete Körner, Bohnen, Linsen ...« 2. Samuel 17, 27.28, s.a. 1. Samuel 17, 17; 25, 18; 3. Mose 23, 14; Ruth 2, 14

Manche Forscher meinen, daß die Speise, die Josef in Ägypten von seinem Tisch zu dem von Benjamin und seinen Brüdern bringen ließ, eine Art von süßem Brei aus geschältem, in Milch gekochtem Weizen gewesen sei. Ägypten war zur Zeit Jakobs ein wichtiges Getreide-produzierendes Land und Abram (1. Mose 12, 10) und später auch die Brüder des Josef (1. Mose 42) wandten sich dorthin um Hilfe, als in Kanaan eine Hungersnot herrschte.

Erst als man die Töpferei entdeckte, konnten die Köche und Feinschmecker von damals Eintöpfe und dicke Suppen, Brote und »Kuchen« und verschiedene Getreide-Breie kochen, die bald den täglichen Speiseplan beherrschten. Weizen, Gerste, Hirse und Dinkel kochte man mit Kichererbsen, Linsen, Bohnen und verschiedenen Gemüsesorten. So nahm man – obwohl unbeabsichtigt – stets auch die nötigen Proteine zu sich. Nicht ohne Grund sind diese Zusammenstellungen auch heute noch bei Vegetariern sehr beliebt!

Das Brot der Bibel

»Im Schweiße deines Angesichts sollst du dein Brot essen.« Mit diesen Worten hatte Gott Adam verflucht, nachdem er von der verbotenen Frucht gegessen hatte. Das Wort »Brot« bezieht sich jedoch hier nicht auf einen Laib Weizenbrot, sondern auf das Essen allgemein. Die erste Erwähnung von tatsächlichem Brot finden wir in 1. Mose 18,6, wo der Patriarch Abraham von drei Engeln Besuch erhielt:

»Abraham eilte in das Zelt zu Sara und sprach: Eile und menge drei Maß feinsten Mehls, knete und backe Kuchen.«

Unter »feinstem Mehl« verstand man damals vermutlich reines Weizenmehl, das sorgfältig zwischen zwei Steinen zerrieben und durch ein einfaches Sieb von den Hülsenresten getrennt wurde. In ganz Israel hat man bei Ausgrabungen viele solcher Mahlsteine aus Basalt gefunden (der älteste Fund stammt aus der Steinzeit und wurde bei Ein Gev gefunden). Sie sind fast ohne Ausnahme so gut erhalten, daß man heute noch mit ihnen mahlen könnte.

Erst vor kurzem jedoch haben Archäologen auch das erste noch intakte Sieb gefunden. Es ist aus Tierdärmen und Palmenfasern hergestellt. Gefunden wurde es bei der Ausgrabung von Kuntillet 'Ajrud, etwa 50 Kilometer östlich der Straße zwischen Gaza und Eilat (etwas südlich des biblischen Kadesh-Barnea).

Der Brotteig wurde in einer großen Schüssel oder einer Wanne geknetet (»Backschüssel«, 2. Mose 12,34), dann flach und rund geformt und auf den Seiten eines nach außen stark gewölbten Ofens gebacken oder in seinem Inneren auf heißen Kohlen geröstet (»... und siehe, zu seinen Häupten lag ein geröstetes Brot«, 1. Könige 19,6). Diese frühe Form des Fladenbrotes ist der mexikanischen Tortilla oder dem indischen Chapati ähnlich. Noch heute wird sie in arabischen Städten und auch in der Altstadt von Jerusalem auf die gleiche Weise hergestellt und gebacken.

Tamar backte Brotkuchen für ihren Bruder Amnon, der eine Krankheit vortäuschte, in einer Pfanne (2. Samuel 13,8–9). Die Bibel berichtet uns, daß sie den Brotkuchen vor ihm »ausschüttete«. Dies könnte bedeuten, daß sie den Inhalt der Pfanne auf einen Teller gab. Eine rabbinische Auslegung des hebräischen Verbes (titzok) meint jedoch, daß die Kuchen in Öl gebacken wurden, und daß dieses Öl mit ihnen auf die Teller »ausgeschüttet« wurde.

Brotsorten

In der Bibel werden verschiedene Brotsorten (sowohl ungesäuerte als auch gesäuerte) erwähnt: Der *Laib* (kidar), der *Kuchen* (challah, tselil*, levivot, oogah), der *Matzen* (ungesäuertes Brot – wie das, das beim Passafest gegessen wurde), *Kekse* (nikkudim**) und die *Waffel* (rakik). Nur ungesäuertes Brot aus »feinstem Mehl« – reinem Weizenmehl – durfte im Tempel bei den Opfern verwendet werden***.

---

* Dieses Wort finden wir nur einmal in der Bibel: Richter 7,13

** 1. Könige 14, 3; Josua 9, 5.12

*** siehe 3. Mose 2, 11

In den meisten Bibelübersetzungen wird dieses Opfer als »Speisopfer« bezeichnet. Was im Hebräischen jedoch gemeint ist, könnte besser als ein »Getreide-« oder »Mehl-Opfer« bezeichnet werden. Wenn das heilige Opfer im Ofen gebacken wurde, dann bestand es aus »ungesäuerten Kuchen ... mit Öl gerührt« oder »ungesäuerten Waffeln mit Öl bestrichen«. Es konnte aber auch »auf einem Kuchenblech« (hebr.: mahvat) oder »in einer Pfanne« (hebr.: marheset) gebacken werden.

Zur Zubereitung dieses Opfers erklärt der Ausleger Rashi, daß bei allen Speisopfern der Teig mit Öl angerührt, dann noch einmal Öl über sie gegossen und danach auch noch Öl in das Gefäß gegeben wurde, bevor sie gebacken wurden. In der Tat ein sehr nahrhaftes Opfer!

Bei allen heiligen Brot-Opfern durfte kein Sauerteig verwendet werden. Der Grund dafür ist, daß beim Säuern der Teig »verdorben« wurde. Vielleicht liegt dieser Gedanke auch den Worten Jesu zugrunde, wenn er sagt: »Hütet euch aber vor dem Sauerteig der Pharisäer und Sadduzäer«. In 1. Korinther 5, 6-8 legt Paulus dieses Bild noch weiter aus:

> »Wißt ihr nicht, daß ein wenig Sauerteig den ganzen Teig durchsäuert? Darum schafft den alten Sauerteig weg, damit ihr ein neuer Teig seid. Denn auch wir haben ein Osterlamm, das ist Christus, der geopfert ist. Darum laßt uns das Fest feiern, nicht im alten Sauerteig, auch nicht im Sauerteig der Bosheit und Schlechtigkeit, sondern in dem ungesäuerten Teig der Lauterkeit und Wahrheit.«

Die Entdeckung des Sauerteiges

Einige Archäologen meinen, daß der Sauerteig in Ägypten erfunden worden sei. Es ist interessant, daß gesäuertes Brot an keiner Stelle in der Bibel vor dem Auszug aus Ägypten erwähnt wird. Vermutlich wurde das Sauerteig-Brot entdeckt, als irgendein Bäcker feststellte, daß Weizenmehl und Wasser oder Milch, die man miteinander vermischt und dann vernachlässigt hatte, gegoren war. Und weil er vielleicht nichts »umkommen lassen« wollte, mischte er diesen gegorenen Teig trotzdem unter die anderen – und stellte erstaunt und befriedigt fest, daß dies ein Brot ergab, das viel lockerer und besser war, als bisher.

Vielleicht hat er dann später festgestellt, daß der einfachste Weg, gesäuertes Brot herzustellen, darin bestand, einen kleinen Rest des alten Sauerteiges als »Starter« zu benutzen, den man mit dem Weizen und Wasser für den Teig vermengte und stehenließ, bis die aktive Gärung begonnen hatte. Dann konnte man den Teig zu runden Kuchen formen und mit Öl vermengen, oder ihn zu dünnen Waffeln ausrollen und mit Öl bestreichen – und dann backen.

Die Gärung beginnt, wenn das Stärke-Gewebe des Weizens mit einer einzelligen Pflanze zusammenkommt, die als Hefepilz bekannt ist (von der Gattung *saccharomyces*). Dabei entsteht ein Gas (Kohlendioxyd). Die Gasblasen machen den Teig elastischer und natürlich auch lockerer und einfacher zu kauen. Dieser einfache »Sauerteig-Starter« wird auch heute noch auf der ganzen Welt bei der Herstellung von Brot verwendet.

»Da nötigte er sie sehr, und sie kehrten zu ihm ein und kamen in sein Haus. Und er machte ihnen ein Mahl und   *backte ungesäuerten Kuchen, und sie aßen.«*

1. Mose 19,3

Rezepte

Ungesäuertes Fladenbrot

1 Tasse Weizenvollkornmehl
¼ Teelöffel Salz
¼ Teelöffel gemahlener Kreuzkümmel oder Koriander
½ Tasse (ungefähr) kaltes Wasser

Mehl, Salz und Kümmel (bzw. Koriander) in einer Schüssel mischen. Dann das Wasser langsam dazugeben und durchmengen, bis der Teig geschmeidig und elastisch ist (nach ca. 5 – 10 Minuten). Die Schüssel mit einem feuchten Tuch abdecken und etwa 30 Minuten stehen lassen. Danach noch einmal kurz durchkneten und den Teig zu kleinen, runden Kugeln formen. Mit dem Handballen die Kugeln zu kleinen Scheiben pressen, auf beiden Seiten noch einmal leicht mit Mehl bestäuben und auf eine Arbeitsfläche legen. Dann den Teig dünn ausrollen und auf ein ungefettetes Backblech legen.
Bei mittlerer Hitze backen und jede Minute wenden. Drehen Sie die Brote vorsichtig um und drücken Sie die Ränder ebenso vorsichtig nach unten. Wenn das Brot auf beiden Seiten leicht gebräunt ist, aus dem Ofen nehmen und heiß servieren. Falls Sie mit Gas arbeiten, evtl. noch kurz abflammen.

Anmerkung:
Ein Eßlöffel Butter oder Samneh macht den Teig noch elastischer.

Sauerteig-Brot

Die Zubereitung von Sauerteig-Brot folgt einem zyklischen Rhythmus: Der Starter wird geschaffen, man gibt mehr »Benzin« dazu, damit er wächst, und schließlich ersteht daraus richtiges Brot. Ein Teil des Teigansatzes wird aufbewahrt und kann so zum Vorfahren für viele kommende Generationen von Brot werden.

Zubereitung des Starters:

1 Tasse Weizenvollkornmehl
1 Tasse (knapp) Wasser oder Vollmilch –
vorher 24 Stunden bei normaler Zimmer-
temperatur stehenlassen.

Mehl und Wasser (bzw. Milch) mit einem hölzernen Löffel vermengen. Am besten eignet sich dazu eine gläserne oder irdene Schüssel (auf keinen Fall eine Schüssel aus Metall benutzen). Dann die Schüssel mit einem sauberen Tuch abdecken und je nach Jahreszeit 2 – 5 Tage stehenlassen. Wenn der Starter fertig ist, bildet er Blasen und riecht sauer. Beobachten Sie den Teig genau, um eine Übersäuerung zu vermeiden. Sauerteigansatz, der nicht sofort benötigt wird, läßt sich sehr gut einfrieren.

Auffrischung des Starters:

Der Starter sollte am Abend vor dem Tag, an dem Sie Brot backen wollen, aufgefrischt werden. Dazu benötigen Sie:

4 Tassen Weizenvollkornmehl
3-3 1/2 Tassen warmes Wasser
1 Tasse Starter

Den Starter in eine Schüssel geben und das Mehl darüberstreuen. Dann mit einem hölzernen Löffel vermengen. Das Wasser nach und nach dazugeben, bis ein zähflüssiger Teig entsteht. Gut durchrühren!

Der Backtag:

Am nächsten Morgen nehmen Sie zunächst eine Tasse des Teigansatzes und frieren ihn in einem geschlossenen Behälter ein. (Unsere Vorfahren haben vermutlich mindestens einmal am Tag Brot gebacken und hatten ohne Zweifel ständig mehrere Ansätze von Sauerteig-Starter im Haus.)

1/2 Tasse Sesam- oder Olivenöl
1 1/2 Teelöffel Salz
3-5 Tassen Weizenvollkornmehl
1 Teelöffel Kümmel oder Kreuzkümmel-
Samen (wenn gewünscht)

Alle Zutaten nach und nach zum restlichen Teigansatz geben und alles gut kneten, bis sich der Teig leicht von den Wänden der Schüssel löst, aber immer noch etwas klebrig ist. Dann auf ein flaches, mit Mehl bestäubtes Brett kippen und weiterkneten, bis er ganz elastisch ist. Das dauert etwa 5-10 Minuten. Sollte er zu fest sein, geben Sie noch etwas Mehl dazu. Entweder einen großen oder zwei kleine Laibe formen und an der Oberfläche leicht einritzen. Man kann den Teig auch wie einen Zopf flechten (Challah).
Dann alles auf ein gut gefettetes Blech legen, mit einem Tuch bedecken und etwa zwei Stunden gehen lassen.
Mit Butter, Milch oder Öl bestreichen und im vorgeheizten Ofen bei etwa 240° C 10 Minuten backen, dann auf 200° C reduzieren und weitere 40-60 Minuten backen, je nach Dicke. Das Brot ist fertig, wenn beim Klopfen auf die Unterseite ein hohler Klang entsteht. Vor dem Servieren mindestens 30 Minuten abkühlen lassen!

Sauerteig-Kekse mit Petersilie

Für 15 Kekse:

1 Tasse Sauerteig-Starter
3 Eßlöffel feingehackte Petersilie (glatte)
2 Eßlöffel Sesamöl
1 Eßlöffel Honig oder Apfeldicksaft
⅓ Tasse Sauerrahm
3 Tassen Weizenvollkornmehl

Mischen Sie den Starter in einer Schüssel mit Petersilie, Öl, Honig (bzw. Apfeldicksaft) und Sauerrahm. Dann das Salz und eine Tasse Mehl unterrühren.

Nach und nach die beiden anderen Tassen Mehl zugeben und den Teig mit einer Hand kneten, bis er sich leicht von den Seiten der Schüssel lösen läßt. Dann noch einmal auf einem mit Mehl bestreuten Brett oder Tisch mit beiden Händen ca. 5 bis 10 Minuten lang gut durchkneten. Den Teig zu einer Rolle von ungefähr 45 cm Länge formen, diese in 15 Scheiben schneiden. Die Kekse auf ein eingefettetes Backblech legen und sie mit einem feuchten Tuch bedecken. Der Teig muß an einem warmen Ort mindestens vier Stunden oder über Nacht gehen (ich selbst stelle ihn auf die Heizung, die ich allerdings nur ganz niedrig einstelle). Danach die Kekse mit Milch bestreichen.

Das Backblech in den kalten Ofen schieben und auf etwa 150 C erhitzen. Die Backzeit beträgt 20 bis 30 Minuten. Die Kekse sind fertig, wenn sie goldbraun sind und einen hohlen Klang haben, wenn man gegen sie klopft. Warm oder bei Zimmertemperatur mit Samneh oder einem Käseaufstrich servieren.

Ungesäuerte Waffeln

Für 14 bis 18 Waffeln:

3 Tassen Weizenvollkornmehl
1 Eßlöffel Samneh
1 Tasse Oliven- oder Sesamöl
1 ¼ Tassen warmes Wasser
½-1 Teelöffel Salz

Mehl, Samneh und Salz mischen und mit Wasser zu einem festen Teig kneten. 10 Minuten ruhen lassen.

14-18 Kugeln formen und auf einem bemehlten Brett dünn ausrollen. Öl in einer tiefen Pfanne erhitzen, und die Waffeln nacheinander bei mittlerer Hitze ausbacken. Sobald sie goldbraun sind, auf Küchenpapier abtropfen lassen und im Backofen warmhalten, bis alle Waffeln fertig sind.

Bulgur-Weizen-Salat

Für 4 bis 6 Personen:

2 Tassen groben Bulgur-Weizen*
2 Tassen Wasser
2 Eßlöffel Olivenöl
2 Eßlöffel roten Weinessig
4 Eßlöffel kleingehackte Senfblätter
3-4 Zehen Knoblauch, zerstoßen oder kleingehackt
6 Eßlöffel kleingehackte Mandeln oder Oliven
1 großes Blatt Chicoree, kleingehackt

Den Bulgur im Wasser aufweichen, bis alles Wasser aufgenommen ist. Dann die anderen Zutaten untermischen und möglichst sofort servieren. Sie können den Salat allerdings auch kaltstellen (zugedeckt), bis Sie ihn brauchen.

* Bulgur ist gekochter, getrockneter und geschälter Weizen. Er ist vor allem im Nahen und Fernen Osten weit verbreitet. Es gibt ihn sowohl fein, als auch grob gemahlen. In diesem Rezept ist grober Bulgur angegeben, es kann aber auch feiner verwendet werden.

Erdiges, ungesäuertes Brot

Ein wirklich herzhaftes »Erd-Brot«: einfach, eine gute Übung für die Zähne, voller und kräftiger als Sauerteig-Brot, und mit Kümmel als aromatischem Zusatz.

Ungesäuertes Brot, einer der Vorläufer der Matzen, wird nur aus Mehl und Wasser hergestellt. Die Zutaten werden miteinander vermischt, der Teig sehr gut durchgeknetet und dann 12 bis 35 Stunden beiseite gestellt, bis die Mikroorganismen der Luft eine Gärung in Gang gebracht haben.

Dieser Prozeß ist sehr zeitaufwendig, gehörte aber für die meisten Frauen im Altertum zu den täglichen Hausarbeiten. Wenn sie dabei jeden Tag genug Teig zum fermentieren stehen ließen, hatten sie ständig etwas zum Backen fertig. Ob der Matzen oder das ungesäuerte Brot des Passa aus solchem Teig bestand, den man zwar zum Gären hingestellt hatte, der aber aus Zeitgründen nicht wirklich fermentieren konnte?

2 Tassen warmes Wasser
1 Teelöffel Salz
2 Eßlöffel Oliven- oder Sesamöl
1 Teelöffel Kümmelsamen
6-8 Tassen Weizenvollkornmehl

Wasser, Salz und Öl in eine große Schüssel geben und das Ganze vermengen. 2 ½ Tassen Mehl und den Kümmel langsam untermischen und alles ungefähr fünf Minuten mit einem hölzernen Löffel schlagen. Soviel weiteres Mehl zugeben, bis die Mischung zu dick zum Rühren ist. Den Teig auf einer gemehlten Arbeitsplatte weiterkneten, bis er weich und geschmeidig ist.

Ungesäuerter Teig braucht sehr viel geduldiges Kneten – 15 bis 20 Minuten sollten es schon sein. Arbeiten Sie rhythmisch, und drehen Sie den Teig im Uhrzeigersinn, damit er gleichmäßig wird.

Dann etwas Öl auf die Hände geben und den Teig zu einer Kugel formen, die ebenfalls mit Öl bestrichen wird. Die Kugel in eine große Schüssel legen, und den Teig mit einem Tuch bedeckt etwa 30 – 35 Stunden an einem warmen zugfreien Ort stehenlassen.

Den gut gegangenen Teig aus der Schüssel nehmen, noch einmal durchkneten, und Kugeln etwa in der Größe eines Tennisballs daraus formen. Etwas Öl auf ein tiefes Backblech streichen, und die Kugeln eng aneinanderliegend hineinlegen. Danach sollte das Brot noch einmal 3-6 Stunden an einen warmen Ort gehen, bis es sich fast verdoppelt hat. Mit Milch oder Öl bestreichen.

Das Brot in den kalten Ofen schieben und auf 200° C erhitzen. Etwa eine Stunde backen (oder bis es hohl klingt, wenn man dagegen klopft). Warm und in dünne Scheiben geschnitten servieren.

Süßer Vollkorn-Weizen-Brei

Dieser Brei aus Vollkorn-Weizen, dick, süß und gut sättigend, war für das Volk Israel wie geschaffen, zumal er sich leicht aufwärmen ließ, ob man nun gerade zu Hause oder unterwegs war. Er ist ein köstliches, nahrhaftes Frühstück, eine wohltuende Mahlzeit an kalten Winterabenden, oder auch ein guter Nachtisch nach einem leichten Essen.

Für 4 bis 6 Personen
(als Frühstück oder Nachtisch):

450 Gramm Vollkorn-Weizen
3 Tassen Wasser
2 Tassen Milch
½ Tasse Rosinen
½ Tasse Mandeln oder Walnüsse
Zimt
Honig

Den Weizen waschen und mit dem Wasser zum Kochen bringen. Zudecken und bei milder Hitze ausquellen lassen. Nach ½ Stunde die Milch, Rosinen und Nüsse zugeben und noch einmal 15-20 Minuten quellen lassen, bis der Weizen weich, aber noch bissig ist. Zimt und Honig in kleinen Schälchen auf den Tisch stellen. Jeder kann sich so nach Geschmack bedienen.

Bulgur- und Kichererbsen-Salat

Für 4 Personen:

1 ½ Tassen Bulgur-Weizen
1 ½ Tassen Wasser (am besten warm)
1 Tasse gekochte Kichererbsen, grobgehackt
1 Tasse kleingehackte, grüne Zwiebeln
½ Tasse kleingeschnittene frische Petersilie
¼ Tasse kleingeschnittene frische Pfefferminze
⅓-½ Tasse fruchtiges Olivenöl
2 Eßlöffel Weinessig

Den Bulgur gut waschen und mit dem Wasser vermischen. Das Gemisch stehen lassen, bis das Wasser aufgesaugt ist. Die überschüssige Flüssigkeit auspressen. Dann die restlichen Zutaten beigeben und vor dem Servieren gut kühlen.

Bulgur-Rolle mit Rosinen und Zwiebeln

Für 24 mittelgroße Rollen:

2 Tassen feingemahlener Bulgur-Weizen
4 Tassen Wasser
1 Teelöffel Salz
2 Eßlöffel Kreuzkümmel
1-1½ Tassen Weizenvollkornmehl
½ Tasse Rosinen
1 mittelgroße Zwiebel, kleingeschnitten

Geben Sie den Bulgur, das Wasser, etwas Olivenöl und das Salz in einen Topf. Das Ganze zum Kochen bringen, und alle Teile abschöpfen, die obenauf schwimmen. Dann bei mittlerer Hitze weiterkochen, bis das Wasser aufgenommen ist. Das dauert ca. fünf bis acht Minuten. Rühren Sie dabei hin und wieder um, damit der Bulgur nicht am Boden des Topfes zusammenklumpt.

Dann den Topf von der Platte nehmen, und den Kreuzkümmel unterrühren. Lassen Sie nun die Mischung abkühlen, bis man sie gut anfassen kann. Dann das Mehl dazugeben, und den Teig mit den Händen kneten, indem Sie ihn gegen die Seitenwände des Topfes pressen, bis die Mischung gut genug zusammenhält, um Röllchen daraus formen zu können. Zur Seite stellen.

Etwas Olivenöl in eine kleine Pfanne gießen, bis der Boden bedeckt ist. Erhitzen und die Zwiebeln darin goldbraun schmoren. Dann die Rosinen zugeben, und das Ganze noch einmal eine Minute lang unter ständigem Rühren braten. Abkühlen lassen.

Formen Sie jetzt aus dem Bulgur-Teig 24 spitz zulaufende Röllchen. Zwischendurch sollten Sie Ihre Hände hin und wieder mit kaltem Wasser anfeuchten, damit der Teig nicht klebenbleibt. Eine Rolle in die Handfläche legen und mit dem Zeigefinger der anderen Hand eine längliche Kerbe drücken. Achten Sie darauf, daß sowohl am Anfang als auch am Ende der Rolle etwas Platz übrigbleibt. In diese Rille hinein geben Sie nun jeweils einen Teelöffel der Zwiebel-Rosinen-Mischung. Dann die beiden Seiten der Vertiefung wieder verschließen und wieder zu einer Rolle formen. Natürlich sind auch andere Formen möglich. Sie können z.B. eine Kugel machen, in die Sie ebenfalls eine Vertiefung drücken und die Mischung hineingeben.

Backen Sie die Rollen auf einem eingefetteten Backblech und in einem vorgeheizten Ofen bei 200° C etwa 35-45 Minuten, bis sie goldbraun sind. Sie können sie auch in Oliven- oder Sesamöl fritieren.

Klöße nach altem Rezept

Es war vielleicht gerade Jagdsaison. Ein junger Hirte war mit seiner Herde in den Bergen unterwegs. Er hatte nur wenig Nahrungsmittel bei sich: Mehl, Öl und Salz. Wasser bekam er aus einer nahen Oase. Als er auf ein Wachtelnest traf, nahm er die Eier daraus mit. Zurück in der Oase, erfand er dann dieses originelle Gericht.

Für den Hirten und drei seiner Begleiter:

2 Tassen Weizenvollkornmehl
3 Wachteleier oder 1 mittelgroßes
Hühnerei, geschlagen
½-1 Tasse Wasser
2 Teelöffel Salz
2 Teelöffel Olivenöl

Reichlich Wasser in einem großen Topf oder einer Saucenpfanne mit einem Teelöffel Salz zum Kochen bringen. In einer Schüssel das Mehl und die drei Wachtel- oder das Hühnerei mit dem Rest Salz und soviel Wasser mischen, daß Sie einen Teig erhalten, der etwas dicker ist, als ein Teig für Pfannkuchen.
Nun den Teig eßlöffelweise in das kochende Wasser geben, jeweils 3-4 Eßlöffel auf einmal, und diese 10 Minuten lang kochen. Dann mit einer Schöpfkelle (mit Löchern) herausnehmen und in eine Schüssel legen.

Anmerkung:
Man kann diese Klöße zu Haferbrei essen, oder sie in Samneh rösten, bis sie braun und knusprig sind. Dazu passen als Dessert »Kalte Wüstenfrucht-Suppe« oder »Buttermilch-Quark« (siehe dort).

2. Gerste

»Nimm dir aber Weizen, Gerste, Bohnen, Linsen, Hirse und Spelt und tu alles in ein Gefäß und mache dir Brot daraus ... Gerstenfladen sollst du essen.«
Hesekiel 4, 9.12

Heute gehört Gerste nicht mehr zu den häufig verwendeten Lebensmitteln in der modernen Küche. Früher dagegen war sie für Mensch und Tier eines der wichtigsten Grundnahrungsmittel überhaupt. Es kann daher nicht verwundern, daß Gerste in der Liste der sieben Arten direkt auf den Weizen folgt.

Die einfache Gerste, *hordeum vulgare* (auch als Frühlings-Gerste bekannt), wird nicht weniger als 32mal in der Bibel erwähnt. Zehnmal steht sie neben Weizen. Gerste war das Essen des einfachen Mannes, ein Lebensmittel der breiten Masse. Man verwendete sie für Kuchen, Brot, Getreide-Brei und -Schleim und Teige aller Art.

Gerste war ein Symbol für Wertlosigkeit und Armut (»Ihr entheiligt mich bei meinem Volk für eine Handvoll Gerste«, Hesekiel 13,19). Die Reichen zogen den Weizen und sein »feines Mehl« wenn irgend möglich vor. In 2. Könige 7,1 berichtet uns der Prophet Elisa, daß »ein Maß feinstes Mehl« für ein Silberstück verkauft wurde, während »zwei Maß Gerste« für den gleichen Preis zu haben waren! Zur Zeit Jesu galt ähnliches. Ein Maß Weizen und drei Maß Gerste wurden jeweils für ein Silberstück verkauft (Offenbarung 6,6).

Was die Gerste jedoch wiederum wertvoll machte, war die Tatsache, daß sie Hitze und Dürre besser als andere Getreidearten übersteht, und zwischen einer Woche und einem Monat früher als Weizen reif ist. Das erklärt, warum im Ägypten zur Zeit des Auszugs zwar die Gerste, nicht aber der Weizen vernichtet wurde (2. Mose 9, 31.32).

Ruth kam zu Beginn der Gerstenernte nach Jerusalem (Ruth 1, 22). Hier benutzt die Bibel ein landwirtschaftliches Ereignis, um den Beginn des Frühlings zu kennzeichnen.

Als David sich im Krieg befand, sorgte Barsillai, der Gileaditer, für die Vorräte der Armee und brachte unter anderem auch Gerste mit (2. Samuel 17, 28). Elisa, der Mann Gottes, erhielt zwanzig Laibe Gerstenbrot als Geschenk (2. Könige 4, 42). Und der Prophet Hesekiel lebte 390 Tage lang von Brot, das aus einer Mischung von Weizen, Gerste, Bohnen, Linsen, Hirse und Dinkel* hergestellt wurde.

* Kommentatoren meinen, daß »Brot mit einer so seltsamen Zusammenstellung ein Hinweis auf die große Lebensmittelknappheit während der Belagerung« sei.

Gerstenbrote waren ein Teil der üblichen Kost von Fischern während ihrer Arbeit. Dies erfahren wir aus Johannes 6, 9.13, wo Jesus bei Kapernaum, an den Ufern des Sees Genezareth, zwölf Körbe voll mit den Resten von fünf Gerstenbroten füllte.

Auch für das Vieh, für Zugochsen und Lasttiere der Bibel, war Gerste ein Hauptnahrungsmittel. Neben dem Stroh gehörte es zu dem täglichen Futter für die Pferde im Stall des Königs Salomo (1. Könige 5,8).

Bier wird gebraut

»Gebt starkes Getränk denen, die am Umkommen sind, und Wein den betrübten Seelen.« *Sprüche 31,6*

»Man trinkt keinen Wein mehr mit Gesang, bitter schmeckt der Rauschtrank denen, die ihn trinken.« *Jesaja 24,9 (Elberfelder Übers.)*

Das »starke Getränk«, der »Rauschtrank« aus diesen beiden Bibelstellen, wird von den meisten Auslegern für eine andere Bezeichnung für Wein gehalten. Das hebräische Wort »Sehar« bedeutet jedoch im Talmud ein alkoholisches Getränk, das aus Getreide und manchmal auch aus Datteln hergestellt wurde. Dieses Getreide ist mit Sicherheit die Gerste, und das Getränk, um das es geht, ist nichts anderes als – Bier!

Die Bier-Produktion war in jenen Zeiten im gesamten Nahen Osten weit verbreitet. Man schätzt, daß in der frühen sumerischen Periode Mesopotamiens (im dritten Jahrtausend vor Christus) etwa 40% der gesamten Getreideproduktion dazu benutzt wurde, um insgesamt zehn verschiedene Sorten von Bier zu brauen. Dokumente aus dem zweiten und dritten Jahrtausend vor unserer Zeitrechnung, die in Mesopotamien geschrieben wurden, und auch alte sumerische Siegel und einfache Reliefs zeigen uns, welche Methoden man dabei anwandte. Auch Grabwände und Statuen aus der Zeit der frühen Dynastien Ägyptens bezeugen, daß Bier zu den beliebtesten Getränken jener Zeit gehörte.

Die Herstellung von Bier erfordert (damals wie heute auch) zunächst den *Malzvorgang* – die Aufweichung der Gerste im Wasser, bis sie zu sprossen beginnt. Dadurch entsteht das Enzym Amylase, das in der Lage ist, die Stärke im Malz während der Gärung in Zucker umzuwandeln. Das Korn wurde *aufgeweicht*, und die entstehende dickflüssige Masse – ungefähr von der Konsistenz eines Getreide-Breis – zusammen mit aromatischen Kräutern wie Koriander oder Lorbeerblättern (letzteres enthält etwas von dem Öl, das auch im heute benutzten

Hopfen enthalten ist), mit Honig oder Datteln (zum Süßen und zur Steigerung des Alkoholgehaltes) *erhitzt*. Das Ganze ließ man dann im Wasser gären.

Sowohl in der frühen sumerischen Periode Mesopotamiens als auch in Ägypten, lagen die Produktion und der Verkauf von Bier größtenteils in der Hand von Frauen. Archäologen haben daraus die Schlußfolgerung gezogen, daß das erste Bier wohl als eine Art Zufallsprodukt beim Kochen und Brotbacken entstanden ist.

Irgendwann einmal im Laufe der Geschichte entdeckte man außerdem, daß Brot aus gekeimtem Korn, das man getrocknet und dann wieder eingeweicht hatte, sich besser als Brot aus dem üblichen Mehl aufheben ließ. Legte man so ein »Brot« in Wasser, ließ es gären und preßte es dann aus, so erhielt man ebenso eine alkoholische Flüssigkeit (Kwass).

Gegen Ende des dritten Jahrtausends v. Chr. gab es in Ägypten verschiedene Sorten solcher »Bier-Brote«, aus denen man eine ganze Reihe von Bierarten herstellen konnte. Durch die Erfindung der Hefe schließlich wurde es möglich, die Herstellung von Bier einheitlicher zu gestalten. Aus den industriellen »Hütten« wurden richtige Groß-Brauereien. Als die Brauereikunst so immer weiter fortschritt, wurde sie auch mehr und mehr von Männern übernommen.

Da die Kinder Israel Nachbarn der Ägypter waren und selbst lange dort wohnten, verwundert es nicht, daß auch sie lernten, das »starke Getränk« zu brauen. Zwar blieb Wein ihr eigentliches Getränk, aber Bier aus Gerste und/oder Datteln folgte auf der Beliebtheitsskala an zweiter Stelle und gab dem ansonsten recht einfachen Speiseplan der Israeliten etwas mehr Abwechslung und Spannung.

»Als nun Gideon kam, siehe, da erzählte einer einem andern einen Traum und sprach: Siehe, ich habe geträumt: ein Laib Gerstenbrot rollte zum Lager der Midianiter. Und er kam an das Zelt, stieß es um, daß es einfiel, und kehrte es um, das Oberste zu unterst, so daß das Zelt am Boden lag.«

Richter 7,13

Rezepte

Gerstenbrot-Kuchen

Gideon erscheint in dem Traum des Midianiters als »ein Laib Gerstenbrot«. Verschiedene Ausleger schreiben, daß es sich hier wohl um einen runden, flachen Kuchen, der auf Asche, heißen Steinen oder einem kleinen Ofen gebacken wurde, und der sehr hart war, handelt.

1 Tasse Gerstenmehl
6 Eßlöffel Sesamöl
2 Eßlöffel Wasser
etwas Salz

Öl, Wasser und Salz langsam unter das Mehl arbeiten und etwa 5 bis 10 Minuten kräftig kneten, bis der Teig elastisch ist. Falls nötig, geben Sie ruhig etwas mehr Wasser oder Öl zu – besser wird der Teig, wenn Sie Öl nehmen. Dann auf einem bemehlten Brett oder einer Arbeitsplatte ausrollen. Mit einer umgedrehten Tasse oder einem Glas runde Scheiben ausstechen. Oder mit den Händen kleine Kuchen formen. Die Kuchen oder Scheiben auf ein geöltes Backblech legen und bei mittelgroßer Hitze (etwa 200° C) im Backofen backen, bis die Ränder leicht braun werden.

Anmerkung:
Wenn gewünscht, können Sie die Kuchen mit Öl bestreichen und Sesam-Samen darüberstreuen, bevor Sie sie backen. Sie können auch das »Za'atar Brot-Gewürz« darüberstreuen (siehe Verzeichnis der Rezepte).

Gerstentee

Unsere Vorfahren gaben ihre geröstete Gerste in heißes Wasser und erhielten so ein erfrischendes und heilsames Getränk.

Für 4 Personen:

4 Eßlöffel Perlgraupen
4 Tassen kochendes Wasser

Rösten Sie die Gerstengraupen in einer Pfanne (ohne Öl), bis sie braun werden. Dabei hin und wieder umrühren, damit sie nicht anbrennen. Dann in jede Tasse einen Eßlöffel Graupen geben und kochendes Wasser darübergießen. Lassen Sie das Ganze ziehen, bis die Gerste auf den Boden gesunken ist. Falls gewünscht, mit Honig süßen.

»Aber es waren zehn Männer darunter, die sprachen zu Jsmael: Töte uns nicht; wir haben Vorrat im Acker verborgen liegen an Weizen, Gerste, Öl und Honig. Da ließ er ab und tötete sie nicht mit den anderen.«

Jeremia 41,8

Gersten-Kuchen

... aus Weizen, Gerste, Öl und Honig

Für 4 Personen:

1 Tasse Gerste
2 ½ Tassen Wasser
1 Teelöffel Salz
½ Tasse Weizenvollkornmehl
1-2 Zehen Knoblauch, gehackt oder gepreßt
2 Teelöffel Honig
1 mittelgroße Karotte, gerieben oder feingehackt
1 mittelgroße Zwiebel, gerieben oder feingehackt
2-4 Eßlöffel fruchtiges Olivenöl
1-2 Eßlöffel Butter oder Samneh

Die Gerste kurz unter kaltem Wasser waschen und in einem Topf mit Wasser zum Kochen bringen. Alles abschöpfen, was obenauf schwimmt. Dann zudecken und bei niedriger Hitze ausquellen lassen. Die Gerste sollte weich, aber nicht breiig sein. Abkühlen lassen.

Gerste in eine große Schüssel füllen und mit Salz, Mehl, Knoblauch, Karotte und Zwiebel vermengen. Kräftig kneten. Formen Sie nun kleine Bratlinge daraus, etwa in der Größe Ihres Handballens (ergibt ca. 10 Stück).

Öl in einer großen schweren Pfanne erhitzen, Butter dazugeben und so lange rühren, bis sie geschmolzen ist. Dann die Gersten-»Kuchen« einzeln hineinlegen und bei mittlerer Hitze backen, bis sie braun werden. Wenden nicht vergessen! Ausschalten und noch einige Minuten nachgaren. Warm servieren.

Anmerkung:
Man kann Gersten-Kuchen auch im Ofen (bei 175° C) 45 Minuten lang backen. Legen Sie die Kuchen auf ein gefettetes Backblech und wenden Sie sie in der Zeit einmal. Um eine braune Oberfläche zu erhalten, sollten Sie sie dann noch kurz unter einen Grill legen.

3. Wein

»... so daß Juda und Israel sicher wohnten, jeder unter seinem Weinstock und unter seinem Feigenbaum, von Dan bis Beerscheba, solange Salomo lebte.«
1. Könige 5,5

Zur Zeit der Bibel war der Weinstock ein Zeichen für Sicherheit, Wohlstand, Frieden, Ruhe und Überfluß. Er war so bestimmend und allgegenwärtig im Leben der Menschen, daß Propheten, Patriarchen, Psalmisten und Apostel ihn als Bild benutzten, an dem sie viele Dinge deutlich machen konnten. Heute gilt der Weinstock mit seinen köstlichen Trauben als ein Emblem des Staates Israel – er findet sich auf Münzen, Briefmarken und Dokumenten, sogar auf offiziellen Touristen-Bussen!

Noah war der erste Weinbauer. Auf dem Berg Ararat pflanzte er mit Zweigen, die er mit in die Arche genommen hatte, einen Weinstock. Irgendwann in der Zeit der Patriarchen hatte der Wein seinen Weg von Anatolien nach Syrien und in das Land Israel gefunden. Der Anbau begann wohl im frühen Bronze-Zeitalter. Archäologen haben bei Ausgrabungen in Jericho und Lachish Weingruben, Rosinen und sogar Weinpressen aus dieser Zeit gefunden.

Es gibt in der Bibel eine Fülle von Ortsnamen, in denen auf den Wein Bezug genommen wird: Abel Keramim – Feld des Weinstocks (Richter 11,33), Beit Hakerem – Haus des Weinstocks (Jeremia 6,1), Anav – die Traube (Josua 11, 21), Nahal Eshkol – Traubenbach (4. Mose 13,23) und Har Karmel – Hügel des Weinstockes des Herrn (1. Könige 18,19), um nur einige zu nennen. Kein Wunder, daß Jakob das Bild des Weinstocks benutzte, um den Überfluß des Landes in seinem Segen über Juda deutlich zu machen: »Er wird seinen Esel an den Weinstock binden und seiner Eselin Füllen an die edle Rebe. Er wird sein Kleid in Wein waschen und seinen Mantel in Traubenblut.« (1. Mose 49, 11)

Weintrauben – das bedeutete: köstliche frische Früchte, herrlicher Saft, ein Mittel zum Süßen, ähnlich wie Honig, Weinessig zum Würzen, zum Löschen des Durstes und als Tunke für Brot (Ruth 2, 14), und natürlich: Wein – das am weitesten verbreitete Getränk in Israel nach dem Wasser. Alle Nahrungsmittel, die man für den Winter aufheben konnte, waren besonders wertvoll – und Rosinen gehörten dazu. Sie waren klein und süß und konnten leicht transportiert werden. Ein Hochgenuß, der schnell Energie und (den alten Israeliten natürlich nicht bekannt) Vitamine und Mineralien lieferte. Man konnte sie essen, wie sie waren, oder im Müsli und für einfaches Gebäck verwenden. Abigail sorgte dafür, daß zu ihrem Bitt-Geschenk an David nicht nur Wein, sondern auch hundert Rosinenkuchen gehörten (1. Samuel 25, 18).

Saure Trauben und andere Bildwörter

»Die Väter haben saure Trauben gegessen, aber den Kindern sind die Zähne davon stumpf geworden.«
Hesekiel 18,2

Die gemeine Weintraube, *vitis vinifera*, war für die Hebräer damals so wertvoll, daß ihr Bild in der Bibel für Metaphern und Gleichnisse viel gebraucht wurde. Erfolg oder Mißerfolg des Weingartens konnten, je nach Zusammenhang, in dem sie erwähnt wurden, ohne weiteres als Bild für Leben oder Tod benutzt werden.

In 5. Mose 32, 32.33 lesen wir: »... ihre Trauben sind Gift, sie haben bittere Beeren, ihr Wein ist Drachengift und verderbliches Gift der Ottern.« Hier spricht die Bibel von Heiden, deren Früchte ein Bild für die bösen Gedanken sind, die aus ihrem Hochmut kommen. Jesaja droht: »... es wird keine Weinlese sein« (Jesaja 32, 10) – ein Bild des drohenden Unterganges. Denn nur wenn die Israeliten in den Wegen Gottes wandeln, wird die Wüste »zum fruchtbaren Land« (V. 15 – hebr.: »karmel«, d.h. Weinberg des Herrn).

Der Prophet Amos benutzt den Weinstock als ein Bild für Reichtum und Überfluß (Amos 9, 14.15), und Joel sagt voller Hoffnung eine Zeit voraus, in der »die Keltern Überfluß an Wein und Öl haben« (Joel 2, 24). Hesekiel benutzt das alte jerusalemische Sprichwort von den sauren Trauben, um zu zeigen, daß jeder für sein eigenes Verhalten verantwortlich ist, ob es nun gut oder böse ist, und daß der Mensch nicht der Sklave der Vorherbestimmung ist. Jeremia vergleicht die »Nachlese« beim Wein mit dem »Rest Israels« (Jeremia 6, 9).

Jesus benutzt in Johannes 15, 1-6 das wunderbare Bild von der Reinigung und Pflege des Weinstocks:

»Ich bin der wahre Weinstock, und mein Vater der Weingärtner. Eine jede Rebe an mir, die nicht Frucht bringt, wird er wegnehmen; und eine jede, die Frucht bringt, wird er reinigen, daß sie mehr Frucht bringe. Ihr seid schon rein um des Wortes willen, das ich zu euch geredet habe. Bleibt in mir und ich in euch. Wie die Rebe keine Frucht bringen kann aus sich selbst, wenn sie nicht am Weinstock bleibt, so auch ihr nicht, wenn ihr nicht in mir bleibt. Ich bin der Weinstock, ihr seid die Reben. Wer in mir bleibt und ich in ihm, der bringt viel Frucht; denn ohne mich könnt ihr nichts tun. Wer nicht in mir

bleibt, der wird weggeworfen wie eine Rebe und verdorrt, und man sammelt sie und wirft sie ins Feuer und sie müssen brennen.«

Ein Becher voll Wein ist in Matthäus 26, 27 Bild für das Blut Jesu, »das Blut des Bundes«. In Markus 12, 1; Lukas 20, 9-16 und Matthäus 21, 33 wird der Weinstock in Gleichnissen benutzt, und in Offenbarung 14, 17-20 geht ein Engel mit seinem »Winzermesser« über die Erde, sammelt »die Trauben der Erde« und wirft sie »in die große Kelter des Zornes Gottes«. Immer wieder also sehen wir, wie der Weinstock als Bild mit den verschiedensten Bedeutungen eingesetzt wird.

Ob als Bild Gottes für sein Volk Israel oder als Bild für Zerstörung oder Fruchtbarkeit, Traube, Rebe, Weinstock und Wein waren Vergleiche, die der Israelit direkt verstand. Schließlich gehörte der Weinstock zum täglichen Leben der Männer, Frauen und Kinder in Israel.

Die Herstellung von Wein

Heute werden in Israel rund 4 Liter Wein pro Person und Jahr getrunken (zum Vergleich: in Frankreich sind es 96 Liter!). Zur Zeit der Bibel jedoch war Wein neben Wasser das Hauptgetränk und gehörte, zusammen mit Korn und Öl, zu den Grundnahrungsmitteln. Während man in Mesopotamien und Ägypten hauptsächlich Bier trank, zogen die Hebräer eindeutig den Saft der Traube dem Gerstengebräu vor. Wen also wundert es, daß Wein in der Bibel 141mal erwähnt wird!

Jesaja zeigt uns in seinem Gleichnis vom Weinberg (Jesaja 5, 1-6), in dem er Gottes Gnade und Güte, sowie die Undankbarkeit und den Ungehorsam der Menschen verdeutlichen will, wie man damals diese so wichtige Frucht anbaute:

»... Mein Freund hatte einen Weinberg auf einer fetten Höhe. Und er grub ihn um und entsteinte ihn und pflanzte darin edle Reben. Er baute auch einen Turm darin und grub eine Kelter und wartete darauf, daß er gute Trauben brächte; aber er brachte schlechte. Nun richtet, ihr Bürger zu Jerusalem und ihr Männer Judas, zwischen mir und meinem Weinberg! Was sollte man noch mehr tun an meinem Weinberg, das ich nicht getan habe an ihm? Warum hat er denn schlechte Trauben gebracht, während ich darauf wartete, daß er gute brächte? Wohlan, ich will euch zeigen, was ich mit meinem Weinberg tun will! Sein Zaun soll weggenommen werden, daß er verwüstet werde, und seine Mauer soll eingerissen werden, daß er zertreten werde. Ich
will ihn wüst liegen lassen, daß er nicht beschnitten noch gehackt werde, sondern Disteln und Dornen darauf wachsen, und ich will den Wolken gebieten, daß sie nicht darauf regnen.«

Im Spätsommer und frühen Herbst, wenn Erntezeit war, mußten Männer, Frauen und Kinder die Trauben keltern. Diese Zeit war von großer Freude und Festlichkeit geprägt. Man sang, war fröhlich und hatte viel Spaß zusammen (Jeremia 48, 33; Jesaja 16, 9.10). Auch musikalische Begleitung fehlte nicht. Die Dörfer waren dann fast menschenleer; denn alle waren auf den Feldern, wo sie unter Bäumen und in Zelten wohnten.

Die Trauben wurden gelesen und in Körben, die man auf den Schultern trug, zur Weinpresse oder Kelter (hebr.: »gat« oder »yekev«) gebracht. Diese bestand aus zwei übereinander angeordneten, aus Stein gehauenen Behältern. Die besten Trauben wurden sofort gegessen oder für Rosinen ausgesondert, die anderen in den Trog gekippt. Der Saft, der durch das Eigengewicht der Trauben auslief, war eine besondere Spezialität und Köstlichkeit: der »süße Wein«, »neue Wein« oder »erste Wein« aus Hosea 4, 11; Amos 9, 13 und Apostelgeschichte 2, 13. Nun begann das eigentliche Keltern. Wer noch gut auf den Beinen war, sprang in die Kelter und begann zu trampeln. »Warum ist denn dein Gewand so rotfarben und dein Kleid wie das eines Keltertreters?« fragt Jesaja (Jesaja 63, 2). Denn natürlich wurden nicht nur die Füße, sondern auch die Kleider der Arbeiter kräftig eingefärbt.

Nach dem Keltern ließ man den Wein noch ein paar Tage lang in der Presse stehen, bis das Enzym *saccharomyces ellipsoides* (die Weinhefe) seine Arbeit der Gärung begann. Dann wurde der Wein in Krüge gefüllt, in denen sich der Prozeß fortsetzte. In späterer Zeit waren die Krüge mit Pech ausgekleidet, das hauptsächlich aus Pinienharz gewonnen wurde. Dadurch wurde der Wein besser haltbar und erhielt außerdem einen charakteristischen Geschmack.

Da bei der Gärung Kohlendioxyd-Gase entstehen, durfte man die Krüge nur zu zwei Drittel füllen und mußte außerdem ein Ventil-Loch in den Deckel bohren. Sonst hätten die Gase nicht entweichen können und der Krug wäre irgendwann explodiert. Wer schon einmal frischen Traubenmost in eine Schraubverschlußflasche gefüllt und dann vergessen hat, weiß um die Gewalt solcher Explosionen. Besonders wichtig war das richtige Verschließen der Krüge. Zunächst setzte man einen selbstgemachten Stopfen oder Deckel aus gebackenem oder ungebackenem Ton auf. Dann verschmierte man das Ganze an den Rändern gut mit leichtem Lehm oder Ton. Häufig finden Archäologen bei Ausgrabungen in Israel auch Siegel, die die Namen der Weinberg-Besitzer verraten oder Hinweise auf die Art des Weines im Krug geben. Solche Funde sind so etwas wie die Fußspuren einer längst vergangenen Zeit.

Wenn der Wein ausgereift war, verschloß man auch das Ventil-Loch, und der Krug wurde im Weinkeller des Hauses aufbewahrt. Einzelheiten dazu findet man im Katalog des *Ha'aretz* Museums in Tel Aviv. Wollte man nun Wein haben, dann wurde nur das Ventil-Loch angebohrt und der Wein herausgegossen. Wurde der Krug nur halb leer getrunken, dann steckte man einen hohlen Stengel in das Loch (etwa wie einen Strohhalm) und ließ den Wein durch diesen herauslaufen. Nur wenn man wirklich große Mengen wollte oder wenn der Boden des Kruges schon fast erreicht war, wurde das Siegel – der Verschluß – geöffnet.

Natürlich gab es auch damals schon so etwas wie Recycling. Alte Weinkrüge wurden nicht weggeworfen, sondern wiederverwendet. Das geschah jedoch nicht etwa aus Umweltbewußtsein, sondern schlicht und einfach, weil alte Krüge weniger Flüssigkeit aufsaugten und zudem noch den Bodensatz, die »Hefe« des alten Weines, enthielten, was Geschmack und Stärke des neuen Ansatzes verbesserte. Allerdings mußte der Wein aus diesem Grund auch gefiltert werden, bevor man ihn servieren konnte (Jesaja 25, 6).

Der israelische Wein war so berühmt, daß die Ägypter schon seit der späten Bronzezeit (1500 – 1200 v. Chr.) und dann auch während der hellenistischen (332-37 v. Chr.) und byzantinischen Periode (324 – 640 n. Chr.) Wein aus Kanaan importierten. In der Bronzezeit, als Israel fast so etwas wie eine ägyptische Provinz war, dienten seine Weine als unfreiwillige »Einkommensteuer« und Kriegsbeute.

Obwohl es seltsam klingen mag: Während der hellenistischen Zeit wurden auch Weine *in* das Heilige Land importiert. Das zeigt eine Sammlung von Weinkrügen mit griechischen Siegeln, die bei Ausgrabungen gefunden wurden. Ob avantgardistische Griechen in jener Zeit auf der Suche nach einem neuen Lebenssinn nach Israel kamen und ihr Lieblingsgetränk gleich mitbrachten? Oder wurde der Wein gegen israelische Landwirtschaftsgüter eingetauscht? Die Antwort werden wir wohl nie sicher erfahren.

Weinsorten

Das meiste, was wir über den Wein in der frühen Geschichte des Heiligen Landes wissen, stammt aus der talmudischen Literatur. Hier werden uns mindestens 60 verschiedene Weinsorten aufgezählt. Nach Alter, Farbe und Geschmack geordnet, lassen sie sich aufteilen in die Hauptkategorien Rotwein, Weißwein, klarer Wein, neuer Wein, alter Wein, süßer Wein, bitterer Wein, saurer Wein und gekochter Wein.

Wein wurde auch manchmal aus Rosinen, Granatäpfeln (Hoheslied 8,2), Äpfeln (*Mishnah Trumot 11,2*) oder Datteln (*Tosephta Ma'asar Sheni 2,4*) hergestellt. Daneben gab es geräucherten Wein mit seinem ganz eigenen Geschmack, schwarzen oder dunklen Wein, »Elonatit« (alter Wein mit klarem Wasser und Dattelpflaumen), »Enomelin« (Wein mit Honig und Gewürzen), »Enomyrnes« (Wein mit Myrrhe – *die* Delikatesse unter den Würz-Weinen), gekochten Wein, »Caphrisin« (von manchen mit »Wein aus Cypern« übersetzt, andere meinen, es sei Wein mit Kapern gewesen), »Psintiton« (bitterer Wein mit Wermut gewürzt) und »Conditon« (scharf gewürzter Wein).

Etwa ab dem 5. Jahrhundert v. Chr. wurden Weinkrüge innen mit Teer oder Harz verschmiert. Historische Berichte zeigen uns, daß das Harz aus Juda von den Römern besonders bevorzugt wurde und gegen 100 v. Chr. in der gesamten römischen Welt bekannt und berühmt war.

Fehler am Wein versuchte man schon damals durch verschiedene Zusätze zu vertuschen. Man gab Terpentinöl, Kalk, Gips, Mörtel, Harz, Vogelleim, zerstoßenen Marmor, Muscheln, Pech, Salzwasser oder duftende Kräuter zu, um die Fehler der Natur oder des Menschen zu überdecken und den Wein als Wein besserer Qualität anzupreisen.

Kochwein, also Wein, den man längere Zeit bei geringer Hitze gekocht hatte, galt als Mittel zur Verlängerung der Lebenserwartung. Die Römer allerdings kochten ihren Wein in Bleikrügen – und erreichten so leider genau das Gegenteil. Nach einer vor kurzem angestellten Berechnung gelangten auf diese Weise etwa 20 Milligramm Blei in einen Liter Wein – eine systematische Vergiftung, die zu Unfruchtbarkeit, Rückgang in der Entwicklung und vorzeitigem Tod führte. Eine neue Erklärung für den Untergang Roms?

Mixgetränke

Wenn Sie in biblischen Zeiten gelebt hätten und ein Besucher wäre zu ihnen gekommen, dann hätte er mit Sicherheit erwartet, daß Sie ihm Wein servieren. Die Gesetze der Gastfreundschaft bestimmten dies so (siehe 1. Mose 14, 18). Bei Hochzeiten, Feiertagen und anderen festlichen Anlässen war Wein ein absolutes Muß (Johannes 2, 1-11), denn »der Wein erfreue des Menschen Herz« (Psalm 104, 15).

Aber auch in den religiösen Riten spielte Wein eine große Rolle. Sowohl für das tägliche (2. Mose 29, 40) als auch das monatliche Opfer (4. Mose 28, 14) wurde er gebraucht. Wer ein Gelübde auf sich genommen hatte, durfte keinen Wein trinken (4. Mose 6, 3). Das gleiche galt auch für Priester, die im Heiligtum dienten. Manche

Kommentatoren vertreten die Ansicht, daß die Israeliten während ihrer 40-jährigen Wanderschaft in der Wüste als Strafe für das Goldene Kalb, das sie gemacht hatten, weder Wein noch Dattelbier trinken durften (5. Mose 29, 5). Dann könnte man verstehen, warum die Kundschafter so sehr darauf bedacht waren, Trauben mitzubringen, um so die Freuden zu vermitteln, die im Land auf das Volk warteten!

Salomo gab »den Holzhauern..., die das Holz behauen«, das er für den Bau des Tempels brauchte, Wein als Belohnung für ihre harte Arbeit (2. Chronik 2, 9). Und wenn man reisen wollte, gehörte Wein zu den Vorräten, die man mitnahm (Josua 9, 13; Richter 19, 19). In Sprüche 31, 6.7 lesen wir: »Gebt starkes Getränk denen, die am Umkommen sind, und Wein den betrübten Seelen, daß sie trinken und ihres Elends vergessen und ihres Unglücks nicht mehr gedenken.« Schon damals kannte man offensichtlich die aufmunternden Kräfte von in Maßen getrunkenem Wein.

Könige zechten gerne, aber sie wurden ermahnt, sich nicht zu betrinken (Sprüche 31, 4). Das gleiche galt für Richter. Die Könige Israels und Judas besaßen alle große Weinberge und hatten besondere Diener, die für die Wein-Produktion verantwortlich waren (1. Chronik 27, 27).

Und doch trank man Wein fast nie »pur«, sondern mischte oder »mixte« ihn mit heißem oder kaltem Wasser. »Kommt, esset von meinem Brot und trinkt von dem Wein, den ich gemischt habe!« (Sprüche 9, 5). Unverdünnten Wein zu trinken galt als ein Ärgernis, es sei denn, er war leichter als üblich. Zwei bis drei Teile Wasser nahm man gewöhnlich auf einen Teil Wein, wenn der Wein gut war. Die Römer und Griechen tranken ihren Wein meistens stärker: zwei Teile Wein auf drei Teile Wasser. Selbst die Sklaven Roms und die Soldaten des byzantinischen Ägypten tranken ihren Wein (der natürlich längst nicht so gut war) auf diese Art.

Zum Trinken wurden außer Bechern auch kleine Schalen oder Krüge benutzt, die man aus Holz, Stein, Metall, Ton und, ab etwa dem 2. Jahrhundert v. Chr., auch aus Glas herstellte. Lange Zeit war die kleine Trinkschale das beliebteste Teil unter dem Küchengeschirr. Dies sieht man auf der Eisenplatte, die in Megiddo entdeckt wurde, ebenso, wie auf vielen anderen Zeichnungen und Skulpturen jener Zeit. Der Becher war zwar älter, aber erst als man Glasbecher erfand, wurden die Schalen langsam in den Hintergrund gedrängt. Bis zum Ende der hellenistischen Periode und in die frühe Zeit der Römer hinein jedoch waren Schalen, die man mit beiden Händen hielt, durchaus üblich.

Betrunkenheit

»Wo ist Weh? Wo ist Leid? Wo ist Zank? Wo ist Klagen? Wo sind Wunden ohne jeden Grund? Wo sind trübe Augen? Wo man lange beim Wein sitzt und kommt, auszusaufen, was eingeschenkt ist. ... Da werden deine Augen seltsame Dinge sehen, und dein Herz wird Verkehrtes reden ... ›Sie schlugen mich, aber es tat mir nicht weh; sie prügelten mich, aber ich fühlte es nicht. Wann werde ich aufwachen? Dann will ich's wieder so treiben!‹«

Sprüche 23, 29-35

Diese Verse aus den Sprüchen Salomos warnen uns vor der Trunkenheit. Mit lebendigen Worten wird beschrieben, wie ein Mensch jede Ähnlichkeit mit dem verliert, was einmal als Bild Gottes geschaffen worden war. In der Geschichte Noahs, der sich in seinem Zelt entblößte, sehen wir eine andere dieser den Menschen anregenden und dabei entstellenden Folgen des Alkohols (1. Mose 9, 21). Das Gleiche gilt für Lot, den seine Töchter betrunken machten, um mit ihm zu schlafen (1. Mose 19, 32). Eine Legende berichtet, die Söhne Aarons seien gestorben, weil sie als Betrunkene Tempeldienst verrichtet hätten. Dies sei der Grund, weshalb das Verbot des Alkohols für Aaroniten direkt auf den Bericht ihres Todes folgt.

Ein altes Sprichwort, das in Israel noch immer weit verbreitet ist, sagt, daß man den Charakter eines Menschen an drei Dingen erkennen kann: an seinem Becher »koso« (wieviel er trinkt), seiner Tasche »kiso« (wieviel er spendet) und »ka'aso« – seiner Wut. Wein wurde als nützlich und gut angesehen, aber nur, solange er in kleinen Mengen getrunken wurde. Der Talmud weist sogar darauf hin, daß man ihn während des Essens trinken solle und nicht hinterher, wenn er zu stark wirke.

Die talmudische Literatur warnt außerdem, man solle einer Frau nicht mehr als einen Becher voll Wein geben (!). Zwei Becher, so wird weiter ausgeführt, würden entehrend wirken, während drei oder mehr Becher zur Unmoral führten (!!). Eine schwangere Frau dagegen sollte weniger arbeiten, mehr essen und mehr trinken. Ob das vielleicht ein gewisser Anreiz sein sollte, schwanger zu werden?

Wein als Medizin

»Trinke nicht mehr nur Wasser, sondern nimm ein wenig Wein dazu um des Magens willen, und weil du oft krank bist.«   1. Timotheus 5, 23

Sowohl zur Zeit der Bibel als auch der des Talmud wurde Wein für fast jede Art von Krankheit empfohlen. Wein oder Weinessig sollte man bei Kopfschmerzen nehmen. Wurzeln in Wein getaucht, wenn man sie regelmäßig einnahm, sprach man eine Heilwirkung auf Magen, Herz, Augen und Darm zu. Wer »unbedecktes Wasser« getrunken hatte (vielleicht Wasser, das mit dem Gift einer Schlange in Berührung gekommen war?), sollte schnell einen Becher starken Weins trinken ...

Wein mit Öl gemischt wurde benutzt, um Verletzungen oder Wunden auszuwaschen, hauptsächlich bei Beschneidungen. Wurde ein Mensch zu seiner Hinrichtung geführt, dann gab man ihm mit Weihrauch gewürzten Wein, um seine Sinne zu betäuben. Viele Ausleger meinen, daß man auch Jesus nichts anderes als Wein mit Myrrhe gemischt angeboten habe, um seine Schmerzen bei der Kreuzigung zu lindern. Durch alle Generationen der Bibel hindurch war »das Blut der Traube« in Freude wie in Leid eng verbunden mit dem Leben der Menschen.

Rezepte

Weinblätter (Vorbereitung)

Die Traube hatte im Leben eines Hebräers einen hohen Stellenwert. Sie war geliebt und begehrt wegen ihrer Frucht und ihres Weines. Die Hebräer waren ein kluges Volk. Sie wußten, wie man aus den einfachsten Dingen köstliches Essen zubereiten konnte – so auch aus den Blättern, die die begehrte Frucht umgaben.

Heute kann man eingelegte Weinblätter in vielen Spezialitäten-Geschäften kaufen. Aber man kann sie auch in kürzester Zeit und recht einfach selbst zubereiten. Jeder Weinstock mit großen, fleckenlosen Blättern eignet sich dafür (natürlich nur zur richtigen Jahreszeit!).

Traubenblätter
Kochendes Wasser
Salz

Die Blätter gut waschen, um Schmutz und Rückstände von Insektengiften zu entfernen. Die langen Stengel abschneiden und die Blätter in einen Topf mit kochendem Wasser legen, das kräftig gesalzen ist. Nur solange kochen, bis die helle Farbe der Blätter sich in ein dunkles Grün verwandelt hat.

Werden die Blätter nicht sofort verwendet, legt man sie aufeinander, steckt sie in einen Plastikbeutel und friert sie ein.

»Unreife Trauben kann man, sobald sie Saft enthalten, mit Brot auf dem Feld essen.«

Mishnah Shevi'it 4, 8

Wein mit Honig und Nüssen

Für 8 Personen:

4 Tassen roter, trockener Wein
2 Eßlöffel Honig
8 kleine Datteln, entkernt
¼ Tasse fein gehackte Mandeln
½ Teelöffel Koriander-Samen, ganz

Den Wein auf kleiner Flamme erhitzen und den Honig unterrühren. (Vorsicht! Nicht kochen). Dann die anderen Zutaten ebenfalls unterrühren und bei kleinster Hitze 30 Minuten ziehen lassen. Durch ein Sieb abgießen, dabei die Datteln mit einem Löffel zermusen und ebenfalls durch das Sieb streichen. Warm und mindestens zur Hälfte mit kochendem Wasser verdünnt servieren. Schmeckt aber auch kalt bei Zimmertemperatur.

Weinblätter mit Hirsefüllung

Hirse (hebr.: »dohan«) wird zwar in der Bibel erwähnt, aber sowohl Botaniker als auch Bibelausleger erklären, daß es unmöglich sei zu sagen, ob die Hirse der Bibel mit der identisch ist, die wir heute kennen. Wenn es dieselbe gewesen ist, dann könnte man sich gut vorstellen, daß auch die alten Israeliten sie auf diese ungewöhnlich köstliche Art und Weise genossen haben.

Für 20 eingelegte Weinblätter:

½ Tasse Hirse
2 Teelöffel Olivenöl
1 Tasse Wasser
eine Prise Salz
1 Teelöffel frische Pfefferminze
1 Teelöffel frische, glatte Petersilie
1 Teelöffel zerkleinerter frischer Koriander
1-2 Teelöffel Honig
1 grüne Zwiebel, kleingeschnitten
1 Eßlöffel Sesam-Körner
1 Teelöffel Sesamöl
1 Teelöffel gehackte Kapern

Für die Sauce:

¼-½ Tasse Wasser
¼ Tasse Olivenöl
⅓ Tasse Weinessig

Die in Salz eingelegten Weinblätter mehrmals mit jeweils frischem Wasser waschen, um soviel Salz wie möglich zu entfernen. Sie können sie auch ein bis zwei Stunden lang in kaltem Wasser einweichen. Dann die Blätter zur Seite legen.
Das Olivenöl in einer kleinen Saucenpfanne erhitzen. Die Hirse etwa zwei Minuten lang darin schwenken, dabei ständig umrühren. Das Wasser dazugeben und zum Kochen bringen. Dann einen Deckel auf die Pfanne legen und bei kleiner Hitze köcheln, bis das Wasser nach etwa 10 bis 15 Minuten aufgesogen ist. Nun mit einer Gabel die Hirse, die im übrigen nicht ganz weich zu sein braucht, etwas auflockern.
Die frischen Kräuter, Honig, Zwiebel, Sesam und Sesamöl dazugeben und alles gut vermengen.
Die Weinblätter mit der Außenseite nach unten nebeneinander auf eine Arbeitsplatte legen und alle Stengelreste abschneiden. Einen gehäuften Teelöffel Füllung daraufgeben (möglichst in der Nähe des Stengelansatzes). Die Seiten des Blattes zur Mitte einschlagen und das Ganze von unten her aufrollen.
Etwas Öl in einer Bratpfanne verteilen, die gefüllten Weinblätter hineinlegen und mit je ¼ Tasse Wasser, Olivenöl und Essig übergießen. Den Deckel auf die Pfanne legen, erhitzen und bei niedriger Temperatur etwa 30 Minuten kochen, bis die Blätter weich sind. Falls nötig, etwas Flüssigkeit zugeben.

Würz- und Duft-Wein

Für jeweils 2 ½ Tassen trockenen roten Weins brauchen Sie:

1 Eßlöffel getrockete Lavendel-Blüten
2 Teelöffel Honig (den Honig können Sie
auch weglassen)
1 kleine Zimtstange (etwa 1 ½ bis 2 cm lang)
1 Eßlöffel getrocknete Melisse
(Zitronen-Melisse)
1 Teelöffel getrocknete Zitronen- oder
Limonenschale

Wein und Zutaten gemeinsam in einer Saucenpfanne erwärmen (aber nicht kochen!). Dann alles durch ein Nesseltuch pressen, eventuell mit Wasser verdünnen und heiß oder bei Zimmertemperatur servieren.

Variation:
Legen Sie die Zutaten mehrere Stunden oder über Nacht in den Wein. Dann durch ein Nesseltuch sieben und servieren.

Scharf-gewürzter Wein

Für jeweils 2 ½ Tassen trockenen weißen
Weins brauchen Sie:

¼ Teelöffel getrocknetes Bohnenkraut
1 kleiner Zweig frischer Majoran
1 Eßlöffel zerkleinerte Walnüsse

Wein und Bohnenkraut etwa fünf Minuten lang erwärmen. Dann durch ein Nesseltuch sieben und die restlichen Zutaten beigeben. Auf Zimmertemperatur abkühlen lassen (wenn Sie wollen auch kühl stellen) und servieren. Majoran und Nüsse werden oben auf dem Wein schwimmen und verleihen diesem köstlichen Gebräu eine ganz besondere Note.

Variation:
Lassen Sie das Bohnenkraut etwa eine Stunde lang im Wein einweichen, dann das Ganze sieben und die restlichen Zutaten beigeben. Falls gewünscht, kühl stellen.

4. Der Feigenbaum

»Wer seinen Feigenbaum pflegt, der ißt Früchte davon, und wer seinem Herrn treu dient, wird geehrt.«   *Sprüche 27, 18*

Der Feigenbaum wird in der Bibel nicht weniger als 57mal erwähnt. Das beginnt schon bei der Schöpfungsgeschichte, wo mit den Blättern eines Feigenbaumes die endlose Geschichte der Mode und ihrer Zwänge beginnt (1. Mose 3, 7). Der Feigenbaum, *ficus carica*, ist also die erste Pflanze, die in der Bibel namentlich genannt wird. Manche Ausleger meinen, dies sei auch der Baum der Unterscheidung zwischen Gut und Böse, der Baum der Erkenntnis, gewesen. Schließlich machten sich Adam und Eva ja aus dem Feigenbaum ihre ersten Kleider, nachdem sie von der verbotenen Frucht gegessen hatten.

Der Feigenbaum ist aber auch einer der ältesten Bäume im Heiligen Land. Seit Menschengedenken wird er als Kulturpflanze angebaut, wächst aber daneben bis heute auch wild, besonders in den kühleren und feuchteren Teilen das Landes. In Gezer hat man Überreste von Feigen gefunden, die bis in die neolithische Periode zurückdatiert werden können. Wandernde Nomaden sorgten dafür, daß der Feigenbaum sich weit verbreitete, indem sie die Samenkörner der Feigen, die sie aßen, einfach zu Boden fallen ließen.

Feigen gehörten auch zu jenen Früchten, die die Spione aus Kanaan zu Mose zurückbrachten (4. Mose 13, 23). Die Feige spielte im Leben der Orientalen jener Zeit eine so große Rolle, daß sie in der Aufzählung der sieben Arten gleich auf die Trauben folgt.

Viele Orte sind nach diesem schattenspendenden Baum voller Köstlichkeiten benannt. Te'enat Shiloh – Die Feige von Shiloh (Josua 16, 6), Beit Dilataim – Haus getrockneter Feigen (Jeremia 48, 22), Beit Te'enah (auch als Bethanien bekannt) – Haus der Feige (*Tosephta Shevi't* 7, 14), Beit Pagi (auch: Bethpage) – Haus der grünen Feigen (*Tosephta Menahot* 8, 18) und viele andere Orte in den Texten jener Zeit zeigen, wie verbreitet der Feigenbaum war.

Metapher, Symbol, Analogie

Wenn die Propheten die Hebräer vor der kommenden Zerstörung und dem Gericht warnen wollten, dann nahmen sie gerne Bilder und Symbole aus der Natur, die auch der einfache Mann aus dem Volk verstehen konnte. Vögel und andere Tiere waren beliebt, aber auch Bilder aus der Landwirtschaft. Da Weinstock und Feigenbaum von so außergewöhnlicher Bedeutung für das tägliche Leben waren, hatte ihre Verwendung in Metaphern und Analogien hohe Aussagekraft.

Hosea warnt in seiner Beschreibung des Gerichtstages: »Ich will ihre Weinstöcke und Feigenbäume verwildern lassen« (Hosea 2, 14). Joel klagt: »Er verwüstet meinen Weinstock und frißt meinen Feigenbaum kahl« (Joel 1, 7). Jesaja kündigt Gottes Gericht über alle Völker und das Ende der Erde an: »... und all sein Heer wird hinwelken, wie ein Blatt verwelkt am Weinstock und wie ein dürres Blatt am Feigenbaum« (Jesaja 34, 4). Der Prophet Nahum benutzt die Feige als Bild, wenn er davon spricht, daß die angeblich unbesiegbaren Armeen Ninives den Angreifern als leichte Beute in die Hände fallen werden, so wie neue, reife Feigen, wenn man den Baum schüttelt (Nahum 3, 12).

In einer Vision Jeremias dienen zwei Körbe voller Feigen als Bild für die Juden, die ins Exil geführt wurden, bzw. im Heiligen Land geblieben waren:

»In dem einen Korbe waren sehr gute Feigen, ... im andern Korbe waren sehr schlechte Feigen, so daß man sie nicht essen konnte, so schlecht waren sie. ... Und der Herr sprach zu mir: ... Wie auf diese guten Feigen, so will ich blicken auf die Weggeführten aus Juda, die ich von dieser Stätte habe fortziehen lassen ... Ich will ... sie wieder in dies Land bringen, ... ich will sie pflanzen und nicht ausreißen. ... Aber wie die schlechten Feigen, ... so will ich dahingeben Zedekia, den König von Juda, samt seinen Großen und allen, die übriggeblieben sind in Jerusalem und in diesem Lande ... Ich will sie zum Bild des Entsetzens, ja des Unglücks machen für alle Königreiche auf Erden ...«
Jeremia 24, 2-9

Aber auch für die, die in den Augen Gottes gerecht leben wollten, konnte der Feigenbaum ein Bild sein – für Frieden und Ruhe. So schreibt der Prophet Micha: »Ein jeder wird unter seinem Weinstock und Feigenbaum wohnen, und niemand wird sie schrecken« (Micha 4, 4).

Als Jesus auf dem Weg nach Jerusalem war, traf er auf einen Feigenbaum, der zwar Blätter, aber keine Früchte trug. Er verfluchte den Baum: »Nun wachse auf dir hinfort nimmermehr Frucht!« Sofort verdorrte der Baum und starb ab. Als die Jünger sich über diesen plötzlichen Verfall wunderten, benutzte Jesus dies für eine Lektion: »Alles, was ihr bittet im Gebet, wenn ihr glaubt, so werdet ihr's empfangen« (Matthäus 21,18-22). Auch in Lukas 13,6-9 dient der Feigenbaum als Bild in einem Gleichnis Jesu.

Warum werden die Worte des Gesetzes mit einem Feigenbaum verglichen? Je mehr ein Mensch darin sucht, um so mehr findet er darin. Je mehr ein Mensch in den Worten des Gesetzes sucht, um so mehr Weisheit findet er (*BT Erubin 54a*). Und noch mehr: Alle Teile einer

Feige sind eßbar, und genauso sind auch alle Teile des Gesetzes wertvoll (*Yalkut Shimoni Yehoshua 4, 2*).

Die Feige als Lebensmittel

Feigen gehörten nicht nur untrennbar zum täglichen Speiseplan, sie waren auch als Handelsprodukt und Einkommensquelle wichtig. Die verschiedenen Arten der Feige reiften im frühen Sommer, in der Mitte der Saison und noch einmal gegen deren Ende. Sie wurden frisch gegessen oder unter Bäumen bzw. Hausdächern auf besonderen Trockengestellen getrocknet. Manchmal bestrich man sie mit Olivenöl, um sie besser vor dem Verderben zu schützen.

Große, besonders schöne Feigen trocknete man einzeln (hebr.: »grogeret«), mittelgroße Feigen wurden an Fäden aufgezogen (hebr.: »develah«). Der Rest wurde zu runden, quadratischen oder rechteckigen Kuchen gepreßt (hebr.: »keziah«). Einzelne Feigen (»grogeret«) wurden, ähnlich wie Johannisbrot oder Senf-Körner, als Maßeinheit verwendet.

Der Talmud erwähnt, daß man getrocknete Feigen auch als Gewürz verwendete, sogar für einen Fisch-Eintopf! Den Saft unreifer Feigen konnte man verwenden, um Käse gerinnen zu lassen (*Mishnah Orla 1, 7*). Auch die Milch reifer Feigen wurde dafür benutzt (*Orla 1, 6*). Und schließlich braute man aus getrockneten Feigen sogar Bier.*

Die Feige in der Medizin

»Und Jesaja sprach: ›Bringt her ein Pflaster von Feigen.‹ Und als sie das brachten, legten sie es auf das Geschwür, und er wurde gesund.« 2. Könige 20, 7

Die bekannteste Geschichte, die vom Gebrauch der Feige in der Medizin erzählt, ist wohl die Geschichte von der Krankheit des Königs Hiskia, der »eine Krankheit zum Tode« hatte. Der Prophet Jesaja legte eine Kompresse mit Feigen auf seinen Abszeß, und er wurde geheilt. Vielleicht war es aufgrund dieser Geschichte, daß Heilkundige immer wieder die Feige für ähnliche Krankheiten als Medizin benutzten. Auch das Essen von Feigen galt als heilsam – bei Schlaflosigkeit und Magenschmerzen.

* Goor, Asaph: *The Fruits of the Holy Land*, S. 62 f.

Rezepte

Gebratene Feigen, in Wein getaucht

Ein echte Delikatesse für Gourmets! Eine saisonbedingte Köstlichkeit!

Für 4 Personen:

8 frische Feigen
1 Tasse Weißwein
⅓ Tasse Weizenvollkornmehl
½ Tasse Wasser
je eine Prise Salz und Kreuzkümmel
Olivenöl
Honig

Feigen in einer flachen Schüssel etwa eine Stunde lang im Wein ziehen lassen. In einer zweiten Schüssel Mehl, Wasser und Gewürze mischen. Öl in einer Pfanne erhitzen (1 cm dick sollte die Ölschicht dazu mindestens sein). Die Feigen in der Mehlmischung wenden und im heißen Öl ausbacken. Wenden. Heiß und mit Honig beträufelt als Beilage oder Dessert reichen.

Anmerkung:
Wenn man keine frischen Feigen bekommen kann, lassen sich (im Notfall, wohlgemerkt) auch getrocknete Feigen verwenden, die man vorher mehrere Stunden lang in heißes Wasser eingelegt hat.

Feigen-Kompott

Köstlich zum Frühstück, als Dessert oder Snack.

Für 2 bis 4 Personen:

450 g getrocknete Feigen
¼ Tasse Rosinen
1 ½ Tassen Wasser
½ Tasse roter, trockener Wein
1 kleines Stück (gut 1 cm) getrockneter Ingwer
1 kleines Stück (etwa 2,5 cm) Zimtstange

Die harten Stielenden entfernen und die Feigen in Viertel schneiden. Zusammen mit den anderen Zutaten in einen Topf geben und bei schwacher Hitze leicht kochen, bis die Feigen weich sind. Warm servieren.

5. Granatäpfel

»Saul aber saß ... unter dem Granatapfelbaum.«
1. Samuel 14, 2

Wenn ich einen Granatapfel sehe, steigt in mir immer eine Erinnerung aus meiner Kindheit empor: Wie ich da sitze, gebeugt über einen »chinesischen Apfel«, wie wir den Granatapfel nannten. Ich bin dabei, seine leckeren, saftigen Körner zu suchen und zu genießen. Sowohl die Aufgabe als auch das Ergebnis waren für mich etwas Wunderbares. Immer wieder entdeckte ich neue Körner, tief im höhlenartigen Inneren. Und die durchsichtigen, rötlichen und symmetrischen Formen erstaunten mich jedesmal neu – ein Wunder an Schönheit.

Obwohl der Granatapfel unter den sieben Arten erwähnt wird, gehörte er doch, im Gegensatz zu Olive, Traube und Feige, nicht zu den Hauptnahrungsmitteln der Hebräer. Es war wohl die Schönheit der Form – von Blüte und Frucht –, die ihn in ihrem Leben so ungeheuer wichtig machte.

Die glockenförmigen Blüten und die Rundungen seiner Frucht umsäumten die Kleider der Priester: »Und sie machten an seinen Saum Granatäpfel aus blauem und rotem Purpur, Scharlach und gezwirnter feiner Leinwand und machten Schellen aus feinem Golde; die taten sie zwischen die Granatäpfel ringsherum am Saum des Obergewandes, je einen Granatapfel und eine Schelle ringsherum am Saum, für den Dienst, wie der Herr es Mose geboten hatte« (2. Mose 39, 24-26). Die Zusammenstellung von Schelle und Frucht war für den Orientalen jener Zeit von besonderer Bedeutung: Schellen waren Symbol für die männliche Granatapfelblüte, die Frucht stand für den befruchteten weiblichen Teil.*

Salomo ließ die Säulen des Tempels in Jerusalem mit Granatapfel-Motiven verzieren (1. Könige 7, 18; Jeremia 52, 22.23). Und auch auf den Münzen, die damals in Israel im Umlauf waren, fand man den Granatapfel. Die Legende behauptet sogar, der Granatapfel-Baum sei der »Baum des Lebens« gewesen. Vielleicht ist dies der Grund für die Verwendung des Granatapfels in der frühen christlichen Kunst? Und könnte es nicht sogar sein, daß die Hauben-Krone dieser besonderen Frucht das erste Vorbild für die Königskronen wurde?!

Viele Ortsnamen in der Bibel erinnern an den Granatapfel. Rimmon-parez (4. Mose 33, 19), Rimmon (Josua 19, 7), Ejn Rimmon – Quelle des Granatapfels (Nehemia 11, 29), Gat-Rimmon – Granatapfel-Presse (Josua 21, 25), Sela Rimmon – Fels des Granatapfels (Richter 20, 45) und Beit Rimmon – Haus des Granatapfels (2. Könige 5, 18). Auch Familien benutzten den Granatapfel in ihren Familiennamen. Ein Beispiel dafür ist Bnei Rimmon – Söhne des Granatapfels, 2. Samuel 4, 2).

Bei archäologischen Ausgrabungen in Gezer hat man Granatapfel-Schalen gefunden, die bis ins Bronze-Zeitalter zurückreichen. Botaniker glauben, daß es die Hebräer waren, die diese Frucht schon während der achtzehnten Dynastie (etwa 1800 v. Chr.) nach Ägypten brachten. Mehrere Wandgemälde aus Ägypten zeigen uns, daß der Granatapfel dort bald so bekannt und beliebt war, daß er in der Zeit von Ramses III. neben Johannisbrot, Rosinen und Äpfeln importiert wurde.

Besonders in heißen Sommertagen war der süße Saft dieser Frucht eine Wohltat, und genau für diese Zeit hatte Gott seine Reifung beschlossen. Es ist daher auch kein Wunder, daß der Granatapfel zu jenen Früchten gehörte, nach denen sich die Kinder Israel in der Wüste so sehr sehnten (4. Mose 20, 5). Vielleicht war es gerade diese Sehnsucht, die die Spione dazu brachte, von ihrer Erkundung des Landes Kanaan auch Granatäpfel als Beweis für die Fruchtbarkeit und Schönheit dieses Landes mitzubringen (4. Mose 13, 23).

Granatapfel-Saft ist gut und erfrischend, aber Granatapfel-Wein ist noch besser. Im Hohenlied möchte die Braut ihren Geliebten »mit gewürztem Wein und dem Most meiner Granatäpfel« erfreuen (Hoheslied 8, 2). Und weil er offensichtlich diese Frucht besonders liebte, benutzt Salomo sie auch als Bild für die Schönheit seiner Geliebten: »Deine Schläfen sind hinter deinem Schleier wie eine Scheibe vom Granatapfel« (Hoheslied 4, 3;6, 7) und »Du bist gewachsen wie ein Lustgarten von Granatäpfeln mit edlen Früchten« (Hoheslied 4, 13).

Man wußte aber auch, daß Granatäpfel sich noch für andere Zwecke eigneten. Die Samenkörner wurden als Gewürz getrocknet. Die Schale ließ sich zu gelber Farbe verarbeiten, mit der man Leder färben konnte, die sich aber auch als Tinte eignete. Tee aus Granatapfel-Schalen war von unschätzbarem Wert, wenn es galt, innere Würmer zu bekämpfen. Die roten Blüten gaben ihre herrliche Farbe für Kleider. Fruchtfleisch und Schale wurden benutzt als Medizin gegen Atem- und Verdauungsbeschwerden. Letztere behandelte man auch mit einem Gebräu aus Blüten, die man in Wein eingelegt hatte.

Später benutzte man Granatäpfel als Schmuck beim Tempelfest (*Tosephta Sukka 1, 7*) und als Fastenbrecher am großen Versöhnungstag (*BT Shabbat 143b*). Das Holz des Baumes schließlich sollte man für das Braten des Passaopfers verwenden (*Mishnah Pesachim 7, 1*). Es ist daher kein Wunder, daß die Schreiber des Jerusalemer Talmud sagen: »Jedes Granatapfel-Korn muß gesegnet sein« (*Berachoth 6, 2*)!

*Goor, Asaph, *The Fruits of the Holy Land*, S. 73 f.

Gewürz aus Granatapfel-Samen

Die leicht süßliche Schärfe der Granatapfel-Samen gibt Gemüse-, Lamm- und Rindfleischgerichten (und auch manchen anderen Speisen) einen ganz eigenen, köstlichen Geschmack.

Körner von einem oder mehreren Granatäpfeln
Aluminium-Folie

Ein Backblech mit Alu-Folie auslegen. Die Samenkörner vorsichtig aus der Frucht lösen. Sollte sich ein Stück Fruchtfleisch hoffnungsvoll an einem Körnchen festklammern, entfernen Sie es bitte sorgfältig. Die Körner nebeneinander auf die Folie legen und bei etwa 60° C im Backofen trocknen. Ein klein wenig Saft darf zurückbleiben, er trocknet nach dem Backen noch aus. Im ausgeschalteten, offenen Ofen noch etwa 1-2 Stunden stehen lassen, bis die Körner nicht mehr klebrig sind. In einem luftdichten Behälter verschließen und je nach Bedarf mahlen.

Anmerkung:
Ohne Zweifel haben unsere Vorfahren ihre Granatapfelsamen in der Sonne getrocknet. Wenn Sie dies an einem heißen Sommertag auch einmal versuchen wollen, dann sollten Sie darauf achten, das Blech mit den Körnern mit einem leichten Nesseltuch abzudecken, um Fliegen keine Chance zu geben. Wenden Sie das Tuch hin und wieder, damit sich darunter keine Feuchtigkeit sammelt.

6. Der Olivenbaum

»Wenn aber nun etliche von den Zweigen ausgebrochen wurden, und du, der du ein wilder Ölzweig warst, in den Ölbaum eingepfropft worden bist und teilbekommen hast an der Wurzel und dem Saft des Ölbaums, so rühme dich nicht gegenüber den Zweigen. Rühmst du dich aber, so sollst du wissen, daß nicht du die Wurzel trägst, sondern die Wurzel trägt dich.«   *Römer 11, 17.18*

Der Olivenbaum gehörte ohne Zweifel zu den wichtigsten und größten Schätzen des Heiligen Landes. Seine Frucht wurde gegessen und war in biblischer Zeit die wichtigste Grundlage für die Gewinnung von Öl. Aus seinem wunderschön gemaserten Holz schuf man die Türen und Pfosten des Tempels.

Der Olivenbaum wächst sehr langsam, wird aber auch sehr alt. Viele Bäume, die heute noch in Israel gesund und munter Früchte tragen, besitzen ihre dicken, ineinandergeflochtenen Äste schon seit einigen hundert (Legenden behaupten sogar tausend) Jahren. Seit jenem Tag, als die Taube Noah einen Olivenzweig als Zeichen für das Ende der Sintflut in seine Arche brachte und damit zeigte, daß der Zorn Gottes zu Ende war (1. Mose 8, 11), ist der Olivenbaum mit seinen Zweigen zu einem Symbol für Frieden und Freundschaft geworden.

Für die Menschen im Mittelmeerraum ist der Baum ein Bild für Stärke, Schönheit und Reichtum. Wenn man einen Olivenbaum absägt, dann tötet ihn das nicht, sondern bringt im Gegenteil mehrere neue Stämme aus der einen Wurzel hervor. Die Aussage »... deine Kinder sind wie junge Ölbäume um deinen Tisch her« (Psalm 128, 3) trägt also eine tiefe Bedeutung.

Olea europaea wuchs in den Hügeln des Karmel, in Samarien, in Galiläa und Gilead – hier überall hat man Steinzeit-Siedlungen gefunden. Bei Ausgrabungen in Bnei Brak, Megid Gezer, Lachish, Beit She'an, Beit Yarah und Afula hat man Vertiefungen gefunden, die von kultivierten Ölbäumen stammen und aus der chalcolithischen und Bronze-Zeit datieren. Auch Ölgefäße und Ölpressen wurden gefunden, sowohl in Gegenden, in denen heute noch Ölbäume zu finden sind, als auch da, wo schon jahrhundertelang keine mehr wachsen.

Es waren das majestätische Aussehen des Baumes und der Nährwert seiner Frucht, die den Olivenbaum zu einem der beliebtesten Bäume der Menschen damals machten. Er war für sie ein Bild der Fruchtbarkeit, Reinheit und Gnade: »Ich werde bleiben wie ein grünender Ölbaum im Hause Gottes« (Psalm 52, 10). Er war so eng mit ihrem alltäglichen Leben verknüpft, daß er noch heute als ein Symbol für den Staat Israel dienen kann: ineinandergeschlungene Zweige eines Ölbaumes um-

kreisen den heiligen Leuchter des Judentums – so sieht das offizielle Banner des Landes aus.

Die Frucht des Olivenbaumes war, ob reif oder noch unreif, eine sehr nahrhafte Speise. Aber was den wirklichen Wert dieses Baumes ausmachte, war sein Öl. David »machte die Festungen stark ... und legte Vorrat von Speise, Öl und Wein« an (2. Chronik 11, 11). Joel richtet das Volk auf mit der Zusage, daß Gott einmal Gnadenzeit schenken werde, »daß die Tennen voll Korn werden und die Keltern Überfluß an Wein und Öl haben sollen« (Joel 2, 24). »Siehe, ich will euch Getreide, Wein und Öl die Fülle schicken, daß ihr genug davon haben sollt ...« (Joel 2, 19). Wenn Israel jedoch ihrem Gott ungehorsam würde, so verkündet Amos, dann würden die Heuschrecken ihre Olivenbäume zerstören (Amos 4, 9). Die Stadt Jerusalem sollte zwar ihre Oliven keltern, aber »dich damit nicht salben« (Micha 6, 15).

Die Israeliten waren Meister in der Entwicklung sehr ölreicher Olivenbäume. Zu den Zeiten des Königs Salomo wurden Oliven und Olivenöl nach Ägypten, Sidon und Syrien exportiert und gehörten auch zur Abgabe des Königs an Hiram (20 Maß reines Öl jährlich, 1. Könige 5, 25).

Olivenöl im zeremoniellen Gebrauch

»Gebiete den Kindern Israel, daß sie zu dir bringen das allerreinste Öl aus zerstoßenen Oliven für den Leuchter, daß man ständig Lampen aufsetzen könne.«   *2. Mose 27, 20*

Olivenöl spielte sowohl in der Stiftshütte als auch später im Tempel eine große Rolle bei vielen Zeremonien. Nur das reinste Öl war erlaubt. Der Gelehrte Nachmanides meint, daß zur Zeit der Wüstenwanderung nur die Fürsten in der Lage waren, es zu besorgen. Im Heiligen Land, wo es Olivenbäume in Hülle und Fülle gab, stand es dagegen allen zur Verfügung, die geduldig genug waren, es herzustellen. »Geschlagenes« Olivenöl wurde aus Oliven gemacht, die man in einem Mörser zerrieb. Das erste Öl, das dabei ausfloß, war von besonderer Reinheit und wurde als Lampenöl benutzt.

Auch die Speisopfer wurden im Tempel mit Öl geopfert: »Wenn jemand dem Herrn ein Speisopfer darbringen will, ... er soll Öl darauf gießen« (3. Mose 2, 1). Dies galt für Opfer, die im Feuer gebacken (und mit Öl vermengt oder besprengt wurden), auf einem Blech gegrillt (und vorher mit Öl übergossen) oder in einer Pfanne (mit Mehl und Öl vermengt) gebraten wurden. Das Olivenöl für diesen Zweck konnte aber, nach Meinung des Gelehrten Rashi, auf gewöhnliche Art und Weise gepreßt werden – in einer Mühle.

Mose heiligte die Stiftshütte, den Altar mit allen seinen Geräten und seinen Bruder Aaron, indem er sie mit Olivenöl salbte (3. Mose 8, 10-12). Später wurde dies zur allgemeinen Regel, wenn es galt, Könige in ihr Amt einzusetzen. Das Wort »Messias« ist hergeleitet von dem hebräischen Wort »mashiah«, das übersetzt »der Gesalbte« bedeutet.

Oliven gehörten zu den ersten Früchten, die von den Israeliten zum Tempel gebracht wurden, und das Holz der Olivenbäume, auch wenn es nicht als Feuerholz für Brandopfer benutzt wurde, war überall im Tempel zu sehen. Zweige des Olivenbaumes wurden beim Laubhüttenfest benutzt, und die Blätter dienten als eine Art Papier: Man konnte auf ihnen schreiben.

Das Pressen der Oliven

In frühester Zeit zerstieß man die Oliven in einem Mörser oder einem natürlichen Felsenspalt. Auch später noch war dies in abgelegenen Gegenden die gebräuchlichste Methode. Die zerstoßene Masse kam dann in ein Tuch oder eine Tasche aus Ziegenfell, auf die man Steine legte, um das kostbare Öl herauszupressen. Langsam tropfte es so in eine Schüssel, die darunter aufgestellt war. Natürlich gelangten auch der eine oder andere Olivenrest in dieses Gefäß, aber das leichtere Öl schwamm obenauf und konnte mit den Händen oder einem hölzernen Löffel abgeschöpft werden. Die restliche Masse wurde dann zu Kuchen gepreßt und zur Feuerung verwendet.

Als die Menschen technisch immer einfallsreicher wurden, entstanden kommerzielle Ölpressen an Orten wie »Gethsemane« (von »gat« = »Presse« und »shemen« = »Öl«), mit denen sich größere Mengen Öl gewinnen ließen. Sie bestanden aus großen Bottichen und Gewichten. Solche einfachen Pressen haben Archäologen bei Debir, Beit-Shemesh und Gezer gefunden. Sie stammen aus der Zeit zwischen dem zehnten und dem sechsten Jahrhundert vor Christus. Die Mühlsteinpresse erfand man während der Zeit des zweiten Tempels, der hellenistischen Periode.

Die Olive als Lebensmittel

Die meisten Israelis heute beginnen, wenn sie mittelöstlich kochen, jedes Essen mit eingelegtem Gemüse und Oliven. Die wenigsten von ihnen wissen jedoch, daß sie damit eine Sitte fortsetzen, die ihre Vorfahren vor Jahrtausenden begonnen haben. Brot, Käse und Oliven sind auch heute noch bei vielen wohlhabenden und ärmeren Menschen in Israel ein beliebtes Essen.

Reife (schwarze) und unreife (grüne) Oliven genoß man auf viele verschiedene Arten: »Es ist Mode, frische, getrocknete oder gesalzene Oliven zu genießen. Manche Oliven werden auch zerstoßen, so daß der scharfe Geschmack verschwindet« (JT Pesachim 2, 5).

Um die Oliven zu ernten, schlugen unsere Vorfahren mit einem Stock gegen die Zweige des Baumes. Es war jedoch verboten, alle Oliven eines Baumes abzuernten. Immer sollte ein Rest »dem Fremdling, der Waise und der Witwe zufallen« (5. Mose 24, 20). Das Gleiche galt übrigens auch für andere Obstbäume und für Kornfelder, von denen eine Ecke für die Armen bestimmt war (siehe Ruth 2, 3).

Die besten Oliven wurden in Essig- oder Salzlösung eingelegt, oder getrocknet und in Salz konserviert. Zerstoßene Oliven, oder auch die restliche Masse der zu Öl verarbeiteten Oliven konnten mit Salz, Olivenöl und ein wenig Essig als Gewürz für verschiedene Speisen dienen. Oliven waren, weil sie klein, leicht zu transportieren, wohlschmeckend und nahrhaft waren, für Nomaden, Reisende, Hirten auf dem Feld und ebenso für den durchschnittlichen Israeli das ganze Jahr über ein ideales Lebensmittel. Sie dienten als Appetitanreger vor dem Essen, waren aber oft auch grundlegender Bestandteil einer Mahlzeit. Vielen Korn- und Fleischspeisen dienten sie als köstliche und schmackhafte Beilage und Würze.

Oliven zu kosmetischen und medizinischen Zwecken

Einen Spitzenplatz unter den Körperpflegemitteln nahm von jeher das Olivenöl ein. Es wurde in Seifen benutzt und diente als Haarpflegemittel oder Körperlotion nach dem Baden.

Im Neuen Testament lesen wir, daß die Apostel Kranke heilten und sie mit (Oliven-)Öl salbten (Markus 6, 13). Jesus erzählt, wie der barmherzige Samariter die Wunden des überfallenen und beraubten Mannes mit (Oliven-) Öl und Wein pflegte (Lukas 10, 34). Auch außerbiblischen Quellen zufolge erfreute sich das Öl des Olivenbaumes in biblischer Zeit einer weiten Verbreitung. Es war Medizin für Wunden, Verletzungen, Erkältungen, Halsschmerzen, Ohrenschmerzen und Muskelschmerzen. Olivenöl war eine Wohltat für die aufgesprungenen Hände eines Hirten oder Schuhmachers, ein Schutz für die sanfte Haut von Babys (Chullin 24b) und eine Erlösung für die Füße müder Wanderer. Wen also wundert es, daß der Dichter meint: »Öl und Parfüm erfreuen das Herz!«?

Rezepte

Oliven in Ysop

2 Tassen schwarze oder grüne Oliven
1 große, zerstoßene Zehe Knoblauch
½ Teelöffel Ysop, Thymian, Majoran oder
Oregano (oder eine Mischung aus diesen)
¼ Tasse dunkles, fruchtiges Olivenöl

Eine einfache Art, die schlichte Olive aufzuwerten. Köstlich!

Alle Zutaten in einer kleinen Kanne oder einer Schüssel mit Deckel verrühren. Dann gut schütteln. Vor dem Servieren einige Stunden (oder über Nacht) kalt stellen.

Reife-Oliven-Butter

etwa 450 g schwarze, entkernte Oliven
1 ½ Teelöffel Olivenöl
2 große, zerstoßene Zehen Knoblauch
1 Eßlöffel Zitronen- oder Limonensaft
Eine Prise Majoran
etwas frische, zerkleinerte Petersilie oder
Koriander nach Geschmack

Zerstoßen Sie die Oliven in einem Mörser (oder einer Küchenmaschine) zu einer feinen Masse. Dann die restlichen Zutaten beigeben und gut mischen. Mit heißem Brot, Käse und einem Salat servieren.

7. Honig

»Freundliche Reden sind Honigseim, trösten die Seele und erfrischen die Gebeine.« Sprüche 16, 24

Es scheint, als habe der Mensch schon immer versucht, sich sein bitteres Los auf dem Weg über die Geschmacksnerven zu »versüßen«. Schon unsere Sprache kennt ja dieses Bild. Vielleicht wird deshalb in der Bibel das Land Kanaan ein Land genannt, »in dem Milch und Honig fließt« – Milch war ein Bild für alle grundlegend lebensnotwendigen Dinge, während Honig für Freude und Vergnügen stand.

Zu biblischen Zeiten war Honig das einzige bekannte Mittel zum Süßen. Zucker wurde erst sehr viel später entdeckt. Allerdings stimmen die meisten Ausleger darin überein, daß der »Honig« der »sieben Sorten« nicht Bienenhonig war, sondern daß sich dahinter ein süßer Sirup aus Datteln, Feigen, Johannisbrot oder Trauben verbirgt.

Die Bienenzucht wird in der Bibel nicht erwähnt. Vermutlich ist der Grund dafür in dem nomadischen Leben zu sehen, das diese ortsgebundene Kunst unmöglich machte. Natürlicher Honig von wilden Bienen war recht selten. Man fand ihn gewöhnlich in Felsspalten (5. Mose 32, 13), hohlen Bäumen (1. Samuel 14, 25-29) und sogar im Leichnam eines toten Tieres (Samson – Richter 14, 9).

Um Datteln, Feigen oder Johannisbrot zu Honig zu verarbeiten, legte man die jeweilige Frucht so lange in Wasser, bis sie ganz weich oder gar aufgelöst war. Dann kochte man sie zu einem dicken Sirup. Am weitesten verbreitet war Dattelhonig, dann folgte Feigenhonig und schließlich folgte Honig aus Johannisbrot mit seinem ganz eigenen Geschmack.

Um Traubenhonig zu erhalten, wurde die Frucht genau wie bei der Weingewinnung ausgepreßt. Anstatt nun aber den Saft fermentieren zu lassen, kochte man ihn, bis er dick wurde. Dabei wurde immer wieder der Schaum oben auf der Flüssigkeit abgeschöpft. Man erhielt am Schluß etwa ein viertel oder ein fünftel der Menge an Sirup, die man an Saft dafür benutzt hatte. Auch die Abfallprodukte (die Haut und Kerne der Trauben und Feigen) wurden zur Honigherstellung benutzt. Man kochte sie mit Wasser und preßte sie erneut aus. Das Ergebnis war ein süßer Honig, der jedoch in der Qualität deutlich schlechter war. Manchmal, besonders in Zeiten der Hungersnot oder Dürre, wurde sogar noch ein dritter Durchgang gemacht.

Kochte man saure Trauben mit Salz auf eben diese Weise, dann erhielt man eine Würzflüssigkeit. Übriggebliebene kleingeschnittene Rosinen wurden genauso verwertet: süße für Honig und saure für die Würzflüssigkeit. Man süßte viele Lebensmittel, darunter auch Weine, Getreidespeisen und Eingemachtes. Dattelhonig wurde besonders gerne für Fleisch und Kuchen benutzt.

Im Buch der Sprüche werden die wohltuenden und heilsamen Eigenschaften des Honigs mit denen der Weisheit verglichen (Sprüche 24, 13.14). Aber man warnte auch vor einem Übermaß an Honig: »Zuviel Honig essen ist nicht gut« (Sprüche 25, 27). Es ist eben schon immer so gewesen: Selbst das Beste wird, im Übermaß genossen, zum Übel!

Der Prophet Jesaja hielt Honig und Milch für besonders nahrhaft für kleine Kinder (Jesaja 7, 15). Johannes der Täufer lebte von Honig und Heuschrecken (Matthäus 3, 4). Als Jonathan hungerte, fand er Honig und »da strahlten seine Augen« (1. Samuel 14, 25-29). Der Talmud schließt aus dieser Bibelstelle, daß Honig gut für die Augen ist. Einige meinen, daß Honig den Appetit anregt, andere dagegen sind der Meinung, daß man ihn nur nach den Mahlzeiten essen solle (*BT Yoma 83b*).

Der Talmud berichtet uns, daß Honig auch zur Konservierung benutzt wurde, und das nicht nur für Lebensmittel! König Herodes konservierte den Körper eines geliebten Menschen sieben Jahre lang in Honig (*Baba Batra 3b*). Honig mit Gerstenmehl soll bei Magenschmerzen helfen (*BT Yoma 83b*), ebenso bei einem »schwachen« Magen oder »schwachem« Herzen (*Gittein 69b*). Daneben wurde ranziger Honig für die Sattelwunden von Kamelen benutzt (*Shabbat 154b*), und Honigwachs nahm man, wenn es galt, bestimmte Verletzungen zu bedecken.

»Rabbi Yehuda sagte zu seinem Sohn von Sikhnin: Geh und hol getrocknete Feigen aus den Fässern. So ging der Sohn hin, streckte seine Hand aus und fand, daß sie voll Honig waren. Er sagte zu seinem Vater: Vater, es ist Honig! Der Vater erwiderte: Strecke deine Hand tief hinein, dann wirst du auch die getrockneten Feigen hervorholen.«

JT Peah 7, 4

Rezepte

Dattel-Honig

Unter all den Honigsorten, die man damals herstellte, ist Dattelhonig einer der dickflüssigsten und reichhaltigsten.

etwa 450 g Datteln
5 Tassen Wasser

Datteln waschen und entkernen und in einem Topf mit Wasser über Nacht zugedeckt stehenlassen. Das Ganze zum Kochen bringen und bei mittlerer Hitze etwa 15 Minuten sanft köcheln. Gelegentlich umrühren! Danach werden die Datteln mit einem hölzernen Löffel zerdrückt, bis ein dickflüssiger Brei entsteht. Den Schaum auf der Oberfläche sollten Sie abschöpfen. Dann die Mischung durch ein Sieb in einen zweiten Topf gießen, dabei mit dem Löffelrücken soviel wie möglich durchpressen. Den Rest bitte nicht wegwerfen, er läßt sich gut beim Kuchenbacken oder in süßen Getreidespeisen verwenden.
Die Dattelflüssigkeit im Topf unter gelegentlichem Rühren noch einmal etwa 20 Minuten kochen, bis die Masse gut eingedickt ist (aus den obengenannten Zutaten ergeben sich etwa 2 Tassen Dattelsirup oder 1½ Tassen Dattelhonig).
In einem gut verschließbaren Gefäß, dunkel aufbewahrt, halten sich Sirup und Honig monatelang.

Trauben-Honig

Für etwa 1 bis 1 ½ Tassen:

etwa 900 g rote Trauben (oder eine
Mischung aus roten und weißen)
1 Tasse Wasser

Trauben und Wasser in einem Topf bei mittlerer Hitze kochen, bis die Trauben weich sind und beginnen, sich aufzulösen.
Ein Sieb mit einem großen Stück Nesseltuch auslegen, die Trauben-masse hineinschütten und die Tuchenden verknoten. An einem Löffel-stiel über ein weites Gefäß hängen und abtropfen lassen, nicht aus-pressen. Danach das Tuch öffnen, 1-2 Tassen Wasser nachgießen und erneut wieder abtropfen lassen. Die gesammelte Flüssigkeit in einer Saucenpfanne erhitzen und bei mittlerer Hitze so lange kochen, bis das Ganze eine zähflüssige Konsistenz angenommen hat (ergibt etwa 1 bis 1 ½ Tassen).

Feigen-Honig

Für ⅓ bis ½ Tasse:

Etwa 450 g getrocknete Feigen
Wasser

Stengelansätze entfernen und die Feigen in einen Topf legen. So viel Wasser zugeben, daß die Feigen gerade bedeckt sind. Mehrere Stunden, am besten über Nacht, stehenlassen. Am nächsten Morgen bei schwacher Hitze (!) kochen, bis die Feigen weich sind. Das Wasser abgießen (aber nicht wegschütten). Die Feigen in einen Mixer geben und zermusen (die alten Israeliten hatten dazu leider keine Küchenmaschine zur Verfügung). Ein Sieb mit Nesseltuch auslegen, die Feigenmasse hineinschütten und auspressen. Zusammen mit dem abgegossenen Wasser in einen Topf geben und bei kleiner Hitze und unter gelegentlichem Rühren kochen, bis die Masse dick und zähflüssig ist.

Anmerkung:
Falls gewünscht, kann man noch etwas mehr Wasser zu den gemahlenen Feigen in das Nesseltuch geben. Allerdings führt dies zu einem dünneren Honig. Der Rest der gemahlenen Feigen kann als Marmelade oder als Füllung für Frucht-Pasteten benutzt werden.

Kapitel IV

Der Überfluß an Milch

»... und er wird soviel zu melken haben, daß er Butter essen wird; denn Butter und Honig wird essen, wer übrigbleiben wird im Lande.«   *Jesaja 7, 22*

1. Milch

Es war ein wunderbares Land, in das Gott die Kinder Israel führte – ein Land, das an natürlichen Schätzen so reich war, daß es von »Milch und Honig« überfloß. Diese Beschreibung wird in der Bibel oft wiederholt. Einerseits wurde damit deutlich gemacht, daß die Israeliten mit ökonomischem Wohlstand rechnen durften, wenn sie den Wegen des Herrn folgten. Andererseits ist die »Milch« in der jüdischen Tradition ein Bild für die Nahrung des Körpers, während das Gesetz Gottes (»Honig«) die Seele nährt (vgl. Psalm 19, 11).

Milchprodukte gewann man in biblischen Zeiten hauptsächlich von Schafen und Ziegen, die es in großen Mengen in Israel gab. Sie ließen sich weit einfacher halten als Kühe, brauchten weniger Futter und waren leichter zu transportieren. Es gab natürlich auch viele Kamele, die ebenfalls keine großen Ansprüche an die Haltung stellten. Ihre Milch war den Juden jedoch verboten, denn auch die eßbaren Produkte der unreinen Tiere galten als unrein.

Als der Hauptmann Sisera um Wasser bat, gab ihm die kenitische Nomadin Jael stattdessen Milch (Richter 4, 19). Wollte sie ihn müde machen, da Milch – wie der Ausleger Rashi meint – »den Körper beschwert und zum Schlaf bringt«, oder gab es einfach manchmal mehr Milch als Wasser, das ja immer knapp war?

Milch genoß man frisch oder gekocht in Speisen. Auch wurde sie in medizinischen Produkten und Salben benutzt. In der Zeit des Talmuds hielten die Rabbis Milch für sexuell anregend. Sie waren der Ansicht, daß junge Mädchen, die während ihrer Pubertät Milch trinken und Geflügel essen, ein anziehendes Aussehen und ein angenehmes Wesen bekommen (*Ketubot 59b*). Bei Brustschmerzen empfahlen sie erwärmte Milch (*BT Yabamot 114a*).

Milch gehörte als nahrhaftes Lebensmittel zu den wichtigsten Nahrungsmitteln der damaligen Zeit. Die vielleicht größte Bedeutung der Milch liegt jedoch in ihrer Vielseitigkeit. Süß oder mit Hilfe von Bakterienkulturen gesäuert dient sie als Grundlage für den weitgefächerten Bereich der Milcherzeugnisse.

2. Butter, Quark und Käse

Stellen Sie sich doch einmal die Enttäuschung jener Nomaden vor, die zum erstenmal feststellten, daß die frische, süße Flüssigkeit, die sie so mühsam ihrer Herde entlockt hatten, im heißen Klima der orientalischen Länder ganz schnell anfing sauer zu werden. Es gab nur zwei Möglichkeiten: Entweder man schüttete alles weg, oder lernte es, sich auch daran zu freuen. Die Lösung war genial, aber nicht überraschend: Man erfand Milchprodukte und Käsesorten, die auf Sauermilch basieren!

Quark-Produkte gab es wahrscheinlich schon in der Steinzeit. Die Bibel erwähnt sie schon im 1. Buch Mose, wo Abraham den Engeln bei Mamre »hem'ah« (zu übersetzen als »Butter« oder »Quark«) und »halav« (Milch) vorsetzte (1. Mose 18, 8).

Besonders köstlich und begehrt war Ziegenmilch (Sprüche 27, 27). Sie konnte, ebenso wie die Schafsmilch, zu »leben« verarbeitet werden, einem Sauermilch-Produkt ähnlich unserem Joghurt. Frische Milch trank man entweder sofort, oder man erhitzte sie und säuerte sie mit ein wenig altem »leben«. Zusammen mit Wasser goß man sie dann in ein Butterfaß. Die Erfindung des Butterfasses gehört zu jenen großartigen Erfindungen, die den Verlauf der kulinarischen Geschichte radikal veränderten, bedeutete sie doch den ersten Schritt zur Gewinnung von Butter und Käse.

Einfache Butterfässer wurden aus Ziegenleder, Kürbissen oder Ton hergestellt. Sie hatten die unterschiedlichsten Formen. Alle aber besaßen eine Ausgußöffnung, die zugleich für den Luftaustausch sorgte. Butterfässer aus Ziegenleder oder aus Kürbissen sind uns aus jener Zeit leider nicht erhalten geblieben. Tönerne Butterfässer aus der Kreidezeit wurden dagegen bei Ausgrabungen gefunden. In Megiddo haben Archäologen in jenen Schichten, die zu israelitischen Ansiedlungen gehören, krugähnliche Butterfässer gefunden, die den noch heute von arabischen Beduinen in Israel benutzten gleichen.

Butterfässer hängte man an Baumäste oder hölzerne Dreifüße. Manchmal, bei Nomaden, hingen sie auch am Sattel der Kamele oder Esel. Das ständige Schütteln trennte die Sahne (das Butterfett) von der Milch. Die restliche Mischung goß man durch ein Tuch und erhielt so »Quark« und »Molke«.

Leider konnte man diese süße Köstlichkeit nicht lange aufheben. Man mußte sie entweder sofort essen oder weiterverarbeiten. Wenn man sie in einen Topf gab und über niedriger Hitze lange Zeit kochte, erhielt man ein der Butter ähnliches Konzentrat (etwa wie das indische *ghee*). Diese »Kochbutter« hielt sich unter optimalen Bedingungen etwa ein Jahr oder länger. Zum Backen und Braten war sie hervorragend geeignet.

Die Buttermilch, die sich dabei abtrennte, ergab ein erfrischendes Getränk. Wenn man dieses eindickte und weiter austrocknen ließ (manchmal in einem Beutel, den man an einer Zeltstange aufhängte), dann erhielt man magere Käse-Stücke … nicht nur für Leute mit Figurproblemen zu empfehlen.

3. Vollmilch-Käse

»Denn wenn man Milch stößt, so wird Butter daraus.« Dies berichtet uns das Buch der Sprüche (30, 33), und so war es auch. Käse erhielt man, indem man frische Milch mit Lab versetzte oder sie direkt in den Magen eines neugeborenen Kalbes, eines Schafes oder einer Ziege goß, der das Enzym Rennin enthält, das wiederum Lab produziert. Die Mischung wurde gesalzen und in einem Kupfertopf erhitzt, bis die Milch geronnen war. Dann goß man sie in eine Tasche aus Tuch, bis sie trocken und fest wurde. In einem runden oder eckigen Weidenkorb erhielt der Käse schließlich seine Form. Noch heute gibt es in Israel Käse (»Safatit« und »Hevronit«), der diesem Käse der Hebräer ähnlich ist.

Mittlerweile haben wir begriffen, daß Recycling die Methode der Zukunft ist. Damals war dies selbstverständlich. Es war nichts übrig, um es zu verschwenden. Daher nahm man auch die Molke, die bei diesem Prozeß der Käseherstellung abfiel, ließ sie trocknen und formte kleine Käseballen daraus, die man zur Konservierung in Olivenöl einlegte. In vielen arabischen Dörfern des modernen Israel liegen auch heute solche »leben«-Bällchen (Joghurt-Käse-Bällchen) in Olivenöl, so wie damals bei ihren Vorfahren.

4. Das Geheimnis der Milch

Wir wissen heute, daß die »gevina« (Hiob 10, 10) und »shephot bakar« (2. Samuel 17, 28.29) sich auf Käse und Quark beziehen. Was jedoch die »hem'ah« der Bibel ist, bleibt ein Geheimnis. Das moderne Hebräisch würde uns auf Butter weisen, es könnte, so haben Übersetzer und Archäologen uns versichert, aber auch Quark oder Buttermilch sein ....

Vielleicht sind alle diese Übersetzungen richtig, und »hem'ah« bezieht sich auf eine Vielzahl von Milchprodukten, flüssig und fest. Barsillai, der Gileaditer von Roglim, sorgte dafür, daß unter den Vorräten zur Stärkung des Volkes auch »Honig, 'hem'ah', Kuh- und Schafkäse« war (2. Samuel 17, 28.29). Diese Stelle und auch Sprüche 30, 33 machen uns glauben, daß es sich um eine feste Masse, also Butter oder Quark, gehandelt haben muß. Aber als Sisera Durst hatte, »da öffnete sie den Schlauch mit 'hem'ah' und gab ihm zu trinken«. Diese Stelle deutet eher auf Buttermilch hin.

Biblische Butter für das ganze Jahr (Samneh)

Geklärtes Butterfett, das bei unseren Vorfahren sehr beliebt war. Man konnte sie über längere Zeit aufheben, ohne daß sie ranzig wurde. Sie läßt sich ohne Probleme auf noch höhere Temperatur erhitzen als Olivenöl und ist im Geschmack voller als gewöhnliche Butter.

1 kg Butter

Butter in einer schweren Saucenpfanne bei möglichst geringer Hitze schmelzen lassen. Eine Stunde schwach köcheln. Dann durch mehrere Lagen Nesseltuch sieben und in einen irdenen oder gläsernen Krug füllen. An einem kühlen Ort aufbewahren.

Biblischer Streichkäse – Grundrezept

Streichkäse gehörte schon zum Speiseplan der Hebräer, als man in Europa noch nicht einmal daran denken konnte. Weich und cremig zubereitet, konnte man ihn als Brotaufstrich verwenden. Ließ man ihn längere Zeit trocknen, wurde er auch fest genug, um in Olivenöl und Kräuter eingelegt zu werden.

4 Tassen Sauerrahm
½ Teelöffel Salz (kann auch weggelassen werden)

Ein Sieb mit einer doppelten Lage Nesseltuch oder Musselin auslegen. Das Sieb über eine Schüssel hängen und den Sauerrahm hineingießen. Das Ganze etwa eine Stunde stehen – und abtropfen lassen. Dann die Enden des Tuchs aufnehmen und soviel Flüssigkeit wie möglich herauspressen. Das Tuch über dem Spülbecken aufhängen und mehrere Stunden, am besten über Nacht, austropfen lassen. Sobald die gewünschte Konsistenz erreicht ist, den Käse in eine Schüssel füllen und in den Kühlschrank stellen.

Mit Lorbeer und Kräutern marinierter Käse

Für 2 kleine Käse:

½ Tasse fester Ziegenkäse (Streich- oder Preßkäse)
¼ Tasse Olivenöl
1 große Zehe Knoblauch, gedrittelt
¼ Teelöffel Oregano
¼ Teelöffel Thymian oder Majoran
1 mittelgroßes Lorbeerblatt

Den Käse in zwei flache runde Stücke teilen und in einen kleinen Behälter legen. Die Zutaten für die Marinade mischen und über den Käse gießen. Mehrere Stunden stehenlassen, dabei immer wieder drehen.

Man rechnet einen Käse pro Person für eine kleine Mahlzeit. Mit frischgebackenem Brot servieren.

Gepreßter Käse

Ein leichter, proteinreicher Käse, den der Hausherr im alten Israel frisch oder gebraten und mit Gemüse servieren konnte.

6 Tassen Vollmilch
3 Eßlöffel Zitronen- oder Limonensaft
½ Teelöffel Salz (kann weggelassen werden)

Die Milch in einem schweren Topf zum Kochen bringen und den Zitronensaft zugeben. Kurz umrühren. Von der Platte nehmen und etwa 15 Minuten stehenlassen, bis sich der Quark von der Molke getrennt hat.
Ein Sieb mit mehreren Lagen Nessel auslegen und den Topfinhalt langsam hineingießen. Die Enden des Tuches verknoten und soviel Flüssigkeit wie mit leichtem Druck möglich herauspressen. Den Beutel über Nacht übers Spülbecken hängen und trocknen lassen. Am nächsten Tag den gewonnenen Käse zu einem flachen Kuchen formen. Auf eine Platte legen und einen schweren, mit Wasser gefüllten Topf (oder ein anderes Gewicht) daraufstellen. Nach vier bis sechs Stunden ist der Käse fest genug und kann in kleine Stücke geschnitten werden.

Buttermilch-Quark

Ein wunderbar leichter Quark, der eine Vielzahl von Verwendungsmöglichkeiten bietet.

Für etwa 2 Tassen:

16 Tassen Vollmilch
4 Tassen Buttermilch

Milch und Buttermilch in einer schweren Saucenpfanne mischen. Das Ganze dann bei mittlerer Hitze erwärmen, bis Blasen erscheinen und die Milch fast kocht. Einmal umrühren und bei minimaler Hitze ganz leicht aufkochen.
Ein Sieb mit mehreren Lagen Nessel auslegen, der vorher in kaltes Wasser getaucht wurde. Das Sieb über eine Schüssel hängen und direkt neben den Milchtopf stellen. Nach und nach erscheinen in der Milch dicke weiße Klumpen, die auf der Oberfläche schwimmen. Diese mit einem Schaumlöffel aus dem Topf nehmen und in das Sieb legen. Zum Schluß die restliche Milch ebenfalls durch das Sieb gießen. Manchmal hängen hartnäckige Quarkklumpen nämlich am Topfboden fest.
Die Molke, die sich in der Schüssel sammelt, läßt sich gut zur Zubereitung von Brot, Gemüse oder Suppen verwenden.
Den Quark nun zwei bis drei Stunden trocknen lassen, dann in eine Schüssel schaben. Etwas Salz, Kräuter oder Gewürze zugeben, oder für süßen Quark (s. übernächstes Rezept) aufheben.

Süßer Quark

Für 4 Personen:

2 Tassen Buttermilch-Quark
1 ½ Eßlöffel Samneh oder Butter
1 Teelöffel Zimt oder ½ Teelöffel gemahlenen Koriander-Samen
2 Eßlöffel Honig
½ Tasse geraspelte Mandeln

Samneh in einer Bratpfanne erhitzen und den Quark darin braten, bis er braun und knusprig ist. Dabei ständig rühren, da er sonst leicht anbrennt. Auf einen Teller geben und mit Zimt und Mandeln bestreuen. Dann den flüssigen Honig darüberfließen lassen und zum Frühstück oder als Dessert servieren.

Joghurt-Käsebällchen

Früher stellte man sie aus *leben*, gesäuerter Milch, her. Heute werden sie in arabischen Dörfern und in den Häusern sephardischer Juden aus Joghurt gemacht. Mit ihrem pikanten Geschmack und der einfachen Zubereitung schmecken sie besonders gut zu Brot und Salat. Sie können Appetitanreger oder eine einfache Mahlzeit sein.

2 Tassen Joghurt (etwa 500 g)
½-1 Teelöffel Salz
Olivenöl

Das Salz unter den Joghurt mengen und das Ganze in ein mit Nessel ausgelegtes Sieb schütten. Etwa eine Stunde trocknen lassen, dann die Enden des Tuchs verknoten und über dem Spülbecken aufhängen. Über Nacht abtropfen lassen.
Dann mit feuchten Händen walnußgroße Kugeln aus der Käsemasse formen. Etwas Olivenöl in eine Keramikschüssel gießen und die Käseballen hineinlegen. Wenn nötig, noch etwas Öl zugießen, bis der Käse bedeckt ist. Den Topf schließen und im Kühlschrank mindestens zwei Stunden stehen lassen. Zum Servieren werden die Käsebällchen auf einen kleinen Teller gelegt und mit Za'atar Brotgewürz oder ein wenig Thymian oder Majoran bestreut.

Anmerkung:
Die Joghurt-Käsebällchen halten sich, wenn sie gut mit Öl bedeckt sind, an einem kühlen Ort mehrere Monate lang.

Variation:
Wenn Sie statt Käsebällchen einen Käse-Dip wollen, so geben Sie den Joghurt-Käse auf einen Teller und garnieren ihn mit ein wenig Olivenöl und kleingeschnittener frischer Pfefferminze, Za'atar oder schwarzen Oliven.

Käseplatte mit Oliven und Kapern

Für 2 bis 4 Personen als Appetithäppchen
oder als Snack mit Brot oder Gemüse:

1 Tasse Biblischer Streichkäse
6 grüne Oliven, halbiert oder
kleingeschnitten
6 schwarze Oliven, halbiert oder
kleingeschnitten
1 Eßlöffel geraspelte, rohe Pistazien
1 Eßlöffel kleingeschnittene glatte Petersilie
1 Eßlöffel kleingehackte Kapern
Weitere Pistazien und Petersilie zum
Garnieren

Alle Zutaten mischen (außer denen zum Garnieren natürlich) und das Ganze in eine flache Schüssel geben. Mit geraspelten Pistazien und Petersilie garnieren.

Kalte Wüstenfrucht-Suppe

2 Tassen einfacher Joghurt (oder leben)
½ Teelöffel Salz
¼ Tasse kleingeschnittene, frische
Pfefferminzblätter
¼ Tasse Rosinen, in heißes Wasser
eingelegt und abgetrocknet
4 Datteln, in kleine Stücke geschnitten
2 Eßlöffel Walnüsse
2 Eßlöffel frische Granatapfel-Samen
eine Prise frischgemahlener schwarzer
Pfeffer (falls gewünscht)

Schlagen Sie den Joghurt mit einer Gabel oder einem Schneebesen, bis er weich und cremig ist. Dann mischen Sie die andern Zutaten bei und servieren sofort oder stellen es kalt. Eignet sich als Appetitanreger, leichtes Dessert oder Sauce für die »Klöße nach altem Rezept« (siehe dort).

Milch mit Anisgeschmack

Ein herrliches, wohltuendes Getränk, das sowohl heiß als auch kalt schmeckt. Sie können es auch »unbiblisch« benutzen, indem Sie es schaumig schlagen und zu Kaffee servieren.

1 gehäufter Teelöffel Anis-Samen
1 Tasse Milch
1 Teelöffel Honig

Lassen Sie die Anis-Samen etwa ½ Stunde lang in der Milch einweichen (das ist zwar nicht unbedingt nötig, verstärkt aber den Geschmack). Dann die Mischung langsam erhitzen, bis die Milch heiß ist. Dabei hin und wieder umrühren und darauf achten, daß die Milch nicht kocht. Dann den Anis heraussieben und den Honig zugeben.

Pistazien-Sesam-Käsebällchen

Für 15 Käsebällchen:

1 Tasse fester »Biblischer Streichkäse«
1 Eßlöffel Sesam-Salz
2 Eßlöffel feingeraspelte oder gemahlene Pistazien

Wenn Sie selbstgemachten Streichkäse verwenden (wie oben vorge-schlagen), dann sollten Sie darauf achten, daß der Sauerrahm lange genug im Nesseltuch bleibt, damit er fest wird. Benutzen Sie dagegen gekauften Streichkäse, dann ist es vielleicht nötig, ihn vorher anzu-wärmen, damit er etwas weicher wird. Formen Sie 15 kleine Kugeln daraus.

Sesam-Salz und Pistazien in einer kleinen Schüssel mischen. Die Käse-bällchen darin wenden und sofort servieren. Mit Brot oder Crackern zum Frühstück, Abendessen oder als Partysnack.

Kapitel V

Eine Mahlzeit aus Gemüse

»Besser ein Gericht Gemüse, wo Liebe herrscht, als ein
gemästeter Ochse und Haß dabei.«
Sprüche 15, 17 (Einheitsübersetzung)

1. Gemüse und Hülsenfrüchte

»Und Ahab redete mit Nabot und sprach: Gib mir deinen Weinberg; ich will mir einen Kohlgarten daraus machen, weil er so nahe an meinem Haus liegt.«   *1. Könige 21, 2*

Ernährungswissenschaftler raten heute dazu, möglichst viel und verschiedenartige Gemüse und Hülsenfrüchte zu essen, da sie sehr reich sind an Vitaminen, Mineralien und Ballaststoffen. Es ist für uns relativ problemlos, diesem Ratschlag zu folgen, da uns ständig eine große Auswahl an frischen Produkten zur Verfügung steht. Rund ums Jahr finden wir in den Geschäften eine Vielzahl von Obst- und Gemüsesorten, die aus anderen Ländern der Erde importiert worden sind und eigentlich gar nicht zur jeweiligen Jahreszeit gehören.

Früher war das natürlich völlig anders. Ob Gemüse oder Hülsenfrüchte den Speiseplan bereicherten, war mehr oder weniger dem Zufall unterworfen. Die alten Hebräer sammelten nur das, was sie in ihrer Umgebung wildwachsend vorfanden. Erst viele Generationen später kam man auf den Gedanken, Wurzelgemüse wie Rettich und Rüben oder Zwiebeln, Knoblauch und Lauch auch anzubauen. Dasselbe gilt für Kohl, Erbsen und verschiedene Kürbissorten. Zum Gemüse zählten auch Gräser, Blätter und andere »bittere Kräuter«, die heute vom sogenannten »modernen« Menschen übersehen werden und die höchstens noch bei der Landbevölkerung bekannt sind.

In dem Maße, wie der Ackerbau immer mehr verbessert wurde, wuchs auch das Verlangen der Israeliten nach Gemüse. Wer draußen auf dem Land wohnte, hatte Gemüsegärten vor dem Haus (1. Könige 21, 2), wer in den Städten und Kleinstädten wohnte, kaufte sein Gemüse auf dem Markt. Dem, der es sich finanziell leisten konnte, standen das ganze Jahr über viele verschiedene Gemüsesorten zur Verfügung. Die Überlieferung berichtet uns zum Beispiel, daß König Salomo darauf achtete, täglich mehrere Arten Gemüse auf seinem Tisch zu haben (*Midrash Deuteronomy Rabbah 1*). Zur Zeit der Mischna war Gemüse bereits ein fester Bestandteil des täglichen Speiseplans, und selbst die Armen bemühten sich darum, jeden Freitag auf dem Markt Gemüse für den Sabbat zu kaufen. »Ein Weiser würde nicht wohnen in einer Stadt, in der es kein Gemüse zu kaufen gibt«, berichtet uns der Talmud, »denn Gemüse ist gesund und nicht teuer. So kann ein Gelehrter sich seinen Studien widmen, ohne daß er durch finanzielle Sorgen wegen seiner Verpflegung gestört wird« (*Erubin 55b*).

Frisches Gemüse war eine angenehme Bereicherung des gewöhnlichen Speiseplans, der aus Brot, Käse und Oliven bestand, ließ sich aber auch hervorragend in kulinarische Spezialitäten integrieren. Störend wirkte nur die leichte Verderblichkeit des Gemüses, besonders in dem heißen Klima des Heiligen Landes.

Ob es wohl die Nähe der Salzpfannen des Toten Meeres und das reichhaltige Weinangebot war, das unsere Vorfahren auf die Idee brachte, Gemüse in Salz, Salzlauge und Weinessig einzulegen?

Eingelegtes Gemüse ließ sich an den kühleren Orten des Hauses lange Zeit aufbewahren und war gleichzeitig eine pikante Beigabe zu vielerlei Speisen. Zusammen mit einfachen Kräutern und Gewürzen aus dem Garten oder der freien Natur konnte man mit ihnen jeden Gourmet zufriedenstellen.

Das heiße trockene Klima des Landes legte es nahe, daß man Gemüse auch in der Sonne trocknete. Dazu wurde das Gemüse einfach auf Kleidern ausgelegt oder an Schnüren vor dem Zelt oder Haus aufgehängt. Das hatte zugleich den Vorteil, daß Vorübergehende die reiche, farbenprächtige Zusammenstellung bewundern konnten, für die tüchtige Hände und der reiche Boden gesorgt hatten.

2. Gemüse aus archäologischer Sicht

»Daß wir sie nicht gefunden haben, bedeutet ja nicht, daß es sie nicht gab«, sagte Nili Liphschitz, Professor für Botanik an der Universität Tel Aviv, eines Tages bei einer Tasse Kaffee in ihrer Küche in Ramat Aviv, Israel. »Metall und Knochen halten lange Zeit, Scherben aus Ton gibt es in Hülle und Fülle, aber Gemüse und pflanzliche Materialien verschwinden eben innerhalb sehr kurzer Zeit.«

Für die Kinder Israel war das Verheißene Land ein Land des Reichtums und der Fülle. Für die Horden von Eroberern und Plünderern, die immer wieder einfielen, war es ein Land der Verheißung. Die Gewürzhändler brauchten es zur Auffrischung ihrer Wasservorräte. Es lag strategisch günstig, hatte ungeheure Vorräte an Salz, Öl und Wein, nach denen sich die ganze Welt damals sehnte, und es hatte Häfen zum Mittelmeer hin, was ausdehnte Handelsbeziehungen zu anderen Ländern erst möglich machte.

Als heiliges Land für Juden und Christen zugleich hatte es jahrhundertelang unter inneren und äußeren

Konflikten zu leiden. Zahllose Dörfer und Städte wurden in Schutt und Asche gelegt und nichts blieb, außer den feuerfesten Überresten einer vergangenen Kultur.

Im heißen trockenen Klima des Südens hat die Wüste für die Erfüllung so manches Archäologentraums gesorgt. Dazu zählen die Schätze, die man in der Festung Masada gefunden hat ebenso wie die Rollen vom Toten Meer aus den Höhlen von Qumran. Für den feuchten Norden des Landes gilt eher das Gegenteil. Das zeigt sich besonders deutlich bei Gegenständen aus Holz.

Der Mangel an sicherem »Beweismaterial« macht die Identifizierung biblischer Begriffe für die Botaniker besonders schwer. Um ein Beispiel zu nennen: »dohan« und »afarsemon« werden zwar überall in der biblischen oder talmudischen Literatur erwähnt, aber wir haben – wie Prof. Liphschitz erklärt, keinerlei schlüssige Beweise dafür, daß die vorgenommene Identifizierung richtig ist, daß also »dohan« Hirse und »afarsemon« eine Dattelpflaume war.

Die Aubergine, die wesentlicher Bestandteil der modernen mittelöstlichen Küche ist, gab es ursprünglich wohl nur in Indien. Die gerösteten Maiskolben, die bei jedem Basketballspiel im heutigen Israel feilgeboten werden, kamen vom amerikanischen Kontinent. Aber genauso wie heute Gemüse importiert, angenommen und in Israel heimisch gemacht wird, geschah dies auch damals. Wann und wie die einzelnen Sorten ins Land kamen, bleibt reine Spekulation. Die Erde hat es verstanden, dieses Geheimnis gut zu verbergen.

In der Bibel werden Gurken, Zwiebeln, Knoblauch, Lauch, Kürbisse, Kohl, »bittere Kräuter«, Linsen und Saubohnen erwähnt. Aber mit Sicherheit gab es noch andere Gemüsesorten und Hülsenfrüchte im Israel jener Zeit. Der Talmud erwähnt etliche davon, deren wahre Identität allerdings für immer fraglich bleiben wird.

Eine völlig unzureichende Auflistung von seiten der Bibel also. Keine »handfesten« archäologischen Beweise. Es scheint, daß wir nur durch allgemeine botanische Untersuchungen jenen Geheimnissen auf die Spur kommen können, die wir suchen.

3. Gemüsesorten in der Bibel

3.1 Lauch, Zwiebeln und Knoblauch

»Wir denken an die Fische, die wir in Ägypten umsonst aßen, und an die Kürbisse, die Melonen, den Lauch, die Zwiebeln und den Knoblauch.«
4. Mose 11, 5

Die bekanntesten Glieder der großen Gemüse-Familie sind zweifellos die Zwiebel-Gewächse: Lauch, Zwiebeln und Knoblauch. Sie gehörten nicht nur im Heiligen Land zum täglichen Leben der Hebräer, sondern waren auch in Ägypten ein wesentlicher Bestandteil des Alltagsessens. Der antike Historiker Herodot beschreibt eine Inschrift auf der Großen Pyramide, in der die Summe an Geld genannt wird, die für die Versorgung der Arbeiter mit Zwiebeln, Knoblauch und Rettich während der Bauzeit benötigt wurde.

Viel Streit gibt es um die Frage, ob der *Lauch* der Bibel mit unserem heutigen Lauch identisch ist. »Hatzir« wird in der hebräischen Bibel 20mal erwähnt. Dazu gehören auch Stellen wie 1. Könige 18, 5; Hiob 40, 15; Psalm 37, 2 und Sprüche 27, 25. All diese Stellen gibt die Luther-Übersetzung jedoch mit »Gras« wieder. »Lauch« finden wir in der deutschen Bibel (Luther-Übers.) nur in der Stelle in 4. Mose 11, 5.

Manche Quellenforscher meinen, unter »hatzir« sei »Griechisches Heu« zu verstehen, eine dreiblättrige, der Gewürznelke ähnliche Pflanze, deren Samen klebrig und aromatisch sind. Andere halten »hatzir« für ein schnittlauchähnliches Gras. Aufgrund der Tatsache jedoch, daß dieses Wort in 4. Mose 11, 5 direkt zwischen den eindeutig identifzierbaren Pflanzen »Zwiebel« und »Knoblauch« steht und da alle drei in Ägypten heimisch waren, vertreten die meisten Forscher die Ansicht, daß es sich um *allium porrum* handelt, jenes Gemüse, das wir Lauch oder Porree nennen.

In den Schriften der Gelehrten wird der Lauch wegen seiner Heilkräfte gepriesen. Um chronisches Fieber zu behandeln, soll man zum Beispiel eine Stange Lauch essen und sich in einen Fluß stellen, wo einem das Wasser bis zum Hals steht. Wenn man anfängt schwach zu werden, soll man zum Ufer schwimmen und sich dort hinsetzen. Eine andere Quelle meint, Lauch sei zwar gut bei Darmbeschwerden, aber schlecht für die Zähne. Daher solle man zerstoßenen Lauch essen, ohne ihn zu kauen (*Berachoth 44b*). Lauch wurde außerdem zur oralen Behandlung bei Schlangenbissen und als Heilmittel bei Verstopfung oder Blasensteinen angewandt.

Lauch wuchs sowohl wild als auch kultiviert im Heiligen Land. Trotz seiner medizinischen Bedeutung wurde er aber in erster Linie als würzendes Kraut benutzt, um die Schärfe von Rettich zu mildern und das

Aroma verschiedener Fisch-Gerichte zu bereichern. Wen also wundert es, daß die Kinder Israel sich bei ihrer einfachen Wüstennahrung nach dem pikanten Geschmack des Lauchs sehnten?

In der Mischna erfahren wir, daß Speisen aus Hülsenfrüchten, wie z.B. Linsen, fast immer mit *Zwiebeln* zubereitet wurden (*Trumot 10, 1*). Auch heute noch gibt es in Israel ein bekanntes Gericht aus Linsen, Zwiebeln und Reis (»magadarra« genannt). Zwiebeln wurden eingelegt und frisch in Salaten, Getreidespeisen und Eintöpfen verwendet. Aus Berichten über den Handel mit Zwiebeln wissen wir, daß man auf fast allen Märkten, die in Israel unter freiem Himmel stattfanden, mehrere Arten von Zwiebeln kaufen konnte (*Pe'ah 3, 4*). Weise Köche sorgten natürlich dafür, daß auch einige in ihrem Kräutergarten hinter dem Haus zu finden waren, von wo der Weg in den Kochtopf nicht mehr weit war.

Auch die Zwiebel hatte für unsere Ahnen große medizinische Bedeutung. Knoblauch- und Zwiebelschalen benutzte man zur Behandlung von Wunden (*Tosephta Shabbat 5, 3.4*). Allerdings gab es unter den Weisen auch Differenzen über die Bedeutung und den Einsatz der Zwiebel. Einige meinten, alle Zwiebelgewächse würden den Magen oder das Herz stärken, andere hielten nur die wildwachsende Zwiebel für wirksam. Und schließlich dachte man, die Zwiebel würde die Speichelsekretion zu stark anregen.

Es ist nicht ganz einfach, zu entscheiden, ob man *Knoblauch* nun als Gewürz oder als Gemüse einordnen soll. Damals wie heute wurde er in beiden Funktionen verwendet. Es gibt im Heiligen Land mehr als 50 Arten von Zwiebeln und Knoblauch, die jeweils auch unterschiedlich intensiv im Geschmack sind.

Knoblauch (hebr.: »shum«) wurde in biblischen Zeiten sehr viel benutzt. Der Talmud erwähnt ihn nicht nur als Delikatesse, sondern auch als Speise der Armen (*Pe'ah 6, 2*). Besonders begehrt war frischgepflückter Knoblauch – bevor die Zwiebel und das dazugehörige Grünzeug getrocknet war. Aber der pikante Geschmack hielt sich auch in der getrockneten Knolle den ganzen Winter hindurch.

Neben seinem besonderen Geschmack als Brotbelag oder in den verschiedensten Speisen hatte Knoblauch ebenfalls medizinische Bedeutung für die Orientalen jener Zeit. Man hielt ihn für ein Mittel, das die Verdauung und den Harnfluß anregt und krampflösend wirkt.

Im Talmud erfahren wir, daß man in der Volksmedizin aus verbrannten Knoblauchblättern eine Medizin gegen Ohrenschmerzen herstellte. Bei Zahnschmerzen empfahl man, einen Knoblauchstengel auf den Daumennagel zu legen und diesen auf den schmerzenden Zahn zu pressen (*Gittin 69a*). Viel Knoblauch zu essen, hält »den Körper warm, macht ein freundliches Gesicht, steigert

die Samenproduktion und tötet Würmer im Bauch« (*Baba kamma 82a*). Außerdem hielten die Gelehrten Knoblauch für ein Mittel, das den Geschlechtstrieb anregt – er brachte »Liebe hinein« und »Verlangen heraus«, wenn man ihn regelmäßig am Sabbat aß (an dem die geschlechtliche Vereinigung einen besonderen Stellenwert hatte).

3.2 Gurken

»Übriggeblieben ist allein die Tochter Zion, ... wie eine Nachthütte im Gurkenfeld.«   *Jesaja 1, 8*

In dieser Weissagung der kommenden Zerstörung, die Jerusalem und Juda erfassen würde, benutzt der Prophet Jesaja das Bild der »Nachthütte«, in der der Wächter ein Gurkenfeld vor Eindringlingen, wie Tieren oder Dieben, schützte. Schon zur Zeit der Gurkenernte war diese Nachthütte ein einsamer Platz. Wenn die Ernte vorbei war, war der Ort völlig verwaist.

Hebräische Bibelleser bringt das beispielsweise in 1. Mose 11, 5 erwähnte Wort »kishu« etwas in Verwirrung. Denn dasselbe Wort wird im modernen Hebräisch für die gurkenähnliche Kürbisfrucht Zucchini verwendet. Welche Frucht ist in der Bibel gemeint?

Es ist anzunehmen, daß die Vertreter des modernen Hebräisch falsch liegen. Beinahe einhellig identifizieren Botaniker die »kishu« der Bibel als *cucumis sativus l.* – die gemeine und allseits beliebte Garten-Gurke. Nach einer Legende genoß König Salomo die Gurke sogar außerhalb der Saison. Man brachte ihm »... Rüben im Sommer und Gurken im Winter« (*Deut. Rabbah 1, 5*). Im Talmud wird die Gurke außerdem oft als ein Mittel bei Verdauungs-Beschwerden genannt.

Auch verschiedene andere Mitglieder der Kürbis-Familie gab es zu biblischer Zeit (allerdings nicht die Zucchini, die erst viel später aus Amerika nach Israel kam). Auch nichteßbare Kürbisarten (z.B. die »pekuot sadeh« aus 2. Könige 4, 39) spielten eine große Rolle. Aus ihnen wurden einfache Krüge und andere Haushaltsgegenstände hergestellt. Andere Arten wurden in heißer Asche geröstet oder fanden ihren Weg in Getreidegerichte, Eintöpfe und andere Lieblingsspeisen unserer Vorfahren.

Sogar ein Ortsname, der vom Kürbis (»delaat«) abgeleitet sein dürfte, taucht in der Bibel auf: das »Dilan« aus Josua 15, 38. Und obwohl es sich seltsam anhört, talmudische Quellen hielten den Kürbis für schwer verdaulich. Rabbi Huna lehrte: »Vor seinem Lehrer darf man nicht ausspucken, es sei denn, man habe zuvor Kürbisse gegessen, denn sie liegen wie Bleikugeln im Körper« (*Nedarim 49b*).

3.3 Hülsenfrüchte

»Laß uns nur pflanzliche Nahrung (Hülsenfrüchte) zu essen und Wasser zu trinken geben! ... Am Ende der zehn Tage sahen sie besser und wohlgenährter aus als all die jungen Leute, die von den Speisen des Königs aßen.« Daniel 1, 12.15 (Einheitsübers.)

Der Reichtum an Hülsenfrüchten, den das Land hervorbrachte, war eine besonders wichtige Quelle der Ernährung in biblischen Tagen. Saubohnen, Mungbohnen, Wolfsbohnen (Lupinen), rote und braune Linsen, Kichererbsen und grüne Erbsen konnte man frisch genießen oder trocken und für den Gebrauch im Winter lagern. Sie waren so köstlich (oder er war so hungrig), daß Esau für einen Topf davon sogar sein Erstgeburtsrecht verkaufte (1. Mose 25, 29-34).

Hülsenfrüchte konnten sehr vielfältig und variabel verarbeitet werden. Ließ man sie mehrere Stunden oder über Nacht im Wasser liegen, dann ergaben sie beim Kochen einen dicken, sättigenden und sehr nahrhaften Eintopf, der sich mit den damals vorhandenen Mitteln (d.h. mit den Händen und einem Stück Brot!) einfach essen ließ. Oder man konnte einen dickflüssigen Brei daraus herstellen, der ebenfalls leicht zu handhaben war. Die größeren Sorten wie Saubohnen oder Kichererbsen konnten auch Stück für Stück gegessen werden, sogar von kleinen Kindern.

Bestimmt legten schlaue Köche Hülsenfrüchte auch in Öl und Essig ein, um sie längere Zeit aufbewahren zu können. Und einfallsreiche kulinarische Experten zauberten wahrscheinlich zusammen mit Gemüse oder anderem Grünzeug kalte Salate daraus. Besonders schmackhaft schließlich waren Kombinationen aus Getreide und Hülsenfrüchten (Bulgur und Kichererbsen, Gerste und Linsen usw.), die sowohl warm als auch kalt gegessen werden konnten.

Im einzelnen:

Saubohnen (Dicke Bohnen) / vicia faba / ful

Als ich nach Israel kam, dauerte es noch recht lange, bis ich entdeckte, welche Rolle die Saubohnen in der Ernährung besonders der sephardischen Juden und der Araber spielten. Ich kannte zwar »Humus«, gemahlene Kichererbsen als Brotaufstrich, den es traditionell vor oder nach dem Essen gab. Aber Saubohnen waren neu für mich.

Es war wohl in Kairo, wo ich sie zum ersten Mal probierte, nachdem ich zu meinem Erstaunen festgestellt hatte, daß es »humus« hier – jedenfalls in den Restaurants, in denen ich verkehrte – nicht gab. Stattdessen nahmen Dicke Bohnen diesen Platz ein. Sie wurden gemahlen und zu einem Brei verarbeitet, den man mit Tahina servierte. An jenem Abend, als ich zum ersten Mal diese Bohnen aß, da waren es jedoch ganze Bohnen, mit Petersilie garniert – das einzige, was jenes winzige Restaurant, in dem ich war, anbot.

Zurück in Israel, sah ich frische Saubohnen auf dem Markt am Karmel. Hier gab es Dicke Bohnen in Brühe mit hartgekochten Eiern auf »humus«. Daneben, an dem Stand mit Nüssen und getrockneten Früchten, konnte man gebratene und getrocknete Dicke Bohnen kaufen. Und – sie schmeckten mir.

Die Hebräer nannten sie die »ägyptische Bohne«. Es ist sehr wahrscheinlich, daß sie wirklich aus Ägypten stammt und schon sehr früh von den Bewohnern Kanaans übernommen wurde. Auch Barsillai, der Gileaditer von Roglim, nahm neben Weizen, Gerste, Linsen und Milchprodukten Dicke Bohnen mit, als er Lebensmittel zu König David in die Wüste brachte (2. Samuel 17, 28.29). Der Prophet Hesekiel spricht von einem Brot aus Getreide und Hülsenfrüchten, zu denen auch Dicke Bohnen gehörten (Hesekiel 4, 9).

Auch in der Zeit des zweiten Tempels waren Dicke Bohnen ein Hauptnahrungsmittel für Mensch und Tier. Wenn sie noch frisch waren, konnte man diese Bohnen essen, ohne sie kochen zu müssen. Getrocknet und gemahlen ließ sich daraus eine Art »Hafer«-Schleim herstellen. Getrocknete Bohnen, die man nicht hatte keimen lassen, waren schwer zu verdauen. Vielleicht liegt hierin der Grund, daß spätere Generationen der Saubohne nachsagten, daß sie für Krankheit und Alpträume verantwortlich sei!

Linsen / lens esculenta m. / adashim

Linseneintopf ist wohl das bekannteste Gericht der Bibel. Ein Topf davon genügte, um Esau zum Verkauf seines Erstgeburtsrechts zu bewegen (1. Mose 25, 29-34). Das Buch Samuel erwähnt sie unter den Lebensmitteln, die zu König David gebracht wurden (2. Samuel 17, 28.29), und von dem Ort, an dem sich die Philister sammelten heißt es: »Es war dort ein Stück Acker mit Linsen« (2. Samuel 23, 11). Der Prophet Hesekiel ließ sie sogar dem Brot beigeben (Hesekiel 4, 9).

Man baute zur Zeit der Bibel rote und braune Linsen überall im Land an. Mischna und Talmud berichten an mehreren Stellen davon. Ein klassisches Essen jener Zeit waren geröstete (oder auch nur einfach gemahlene) Linsen mit Mehl und Honig vermischt und in Olivenöl gebraten.

Kichererbsen / cicer arietinum / himtzah

Auch die kleine, runde Kichererbse, die heute noch in Israel so beliebt ist, stammt aus diesem Land. Obwohl die Bibel sie nicht ausdrücklich erwähnt, meinen manche Ausleger, daß sich das »hamitz« aus Jesaja 30, 24 (Luther übersetzt mit »gesalzenes, gemengtes Futter«) eigentlich auf die Kichererbse (»himtzah«) bezieht. Kichererbsen gehörten, wie andere Hülsenfrüchte auch, zum Essen der breiten Masse und waren Nahrung für das Vieh.

Heute finden wir in Israel getrocknete Kichererbsen beim Nuß-Händler, ganze und gewürzte Kichererbsen in Pubs und privaten Haushalten und gemahlene als »humus« eigentlich überall.

Erbsen / pisum sativum l. / afuna

Manche Ausleger sind der Meinung, daß die »afuna« oder »afun« des Talmud in Wirklichkeit die Kichererbse, oder aber die Saubohne sei. So ist es zweifelhaft, ob die heute bekannte Erbse damals in Israel vorkam. Einige erbsenartige Gemüsesorten waren jedoch im Lande Kanaan mit Sicherheit anzutreffen.

Mungbohne / phaseolus aureus / bikia mash (modernes Hebr.)

Obwohl es uns seltsam erscheinen mag, ist eine Art der Mungbohne, die wir gewöhnlich mit dem Orient verbinden, in Wirklichkeit in Israel heimisch. Archäologen haben Überreste der kleinen grünen Bohne, die schwarze Flecken hat und absolut rund ist, bei Ausgrabungen gefunden, die bis in biblische Zeiten zurückreichen. Auch Ausleger des Talmud beziehen sich auf sie (*Tosephta Oktzin 2, 14*).

Lupine* / lupinus sp. / turmus (Wolfsbohne)

Häufig bin ich bei meinen Nachforschungen zu diesem Buch auf den Namen »Lupinen« gestoßen. Die Verwendung dieser »Wolfsbohne« reicht bis in biblische Zeiten zurück. Funde bei archäologischen Ausgrabungen bestätigten diese Vermutungen. Aber, da ich in Amerika aufgewachsen bin, kannte ich sie nicht und dachte, sie sei ausgestorben, oder zumindest sehr selten.

---

* Vorsicht! Die Wolfsbohne ist nur entfernt mit unserer Gartenlupine verwandt, deren Schoten ein giftiges Alkaloid enthalten.

Eines Abends besuchte mich dann meine türkische Nachbarin Esther und brachte ein ganzes Bündel »interessanter Dinge« (wie sie es nannte) mit. Eines davon war eine kleine Schüssel, deren Inhalt sie als gekochten »turmus« bezeichnete. Ich mußte zugeben, daß ich so etwas noch nie gesehen hatte. Erst am nächsten Tag, als ich ein Buch über biblische Gemüsesorten durchblätterte, begriff ich, was »turmus« war: ein Gericht aus Wolfsbohnen!

Die Lupine (Wolfsbohne) ist eine flache, runde Bohne. Sie wuchs damals wild, wurde aber auch angebaut. Offensichtlich liebten unsere Vorfahren sie sehr, denn sie legten sie in Salz oder Essig ein. Sie ist reich an Proteinen (37-45%) und dadurch eine echte Bereicherung für den täglichen Speiseplan.

3.4 »Bittere Kräuter« und wilde Gräser (»Merorim«)

»... und sollen das Fleisch essen in derselben Nacht, am Feuer gebraten, und ungesäuertes Brot dazu und sollen es mit bitteren Kräutern essen.«
2. Mose 12, 8 (vgl. 4. Mose 9, 11)

Über die Frage, was unter den »bitteren Kräutern« zu verstehen sei, hat es schon immer viele Meinungsverschiedenheiten gegeben. Selbst in den Tagen des Talmud waren sich die Gelehrten darüber nicht einig. Nach Rashi sollte das Essen bitterer Kräuter die Israeliten an ihr bitteres Leben erinnern, das sie in Ägypten führen mußten. Ibn Ezra meint, daß die Kinder Israel hier etwas von den Ägyptern übernommen hätten. Die nämlich aßen zu jedem Mahl etwas Scharfes, um sich dadurch gegen die krankmachenden Begleiterscheinungen des feuchten Klimas ihres Landes zu schützen. Das Wort »merorim« findet sich auch in Klagelieder 3, 15: »Er hat mich mit Bitterkeit (merorim) gesättigt und mit Wermut getränkt.«

Nach der Mischna war die entscheidende Frage, wenn es um die Auswahl von »bitteren Kräutern« ging, ob sie silbergraue Blätter hatten und eine milchige Flüssigkeit oder Substanz enthielten (*Pesachim 82, 29*). In einem anderen Kapitel (*Pesachim 2, 6*) werden dagegen Pflanzen wie Lattich, Chicorée, Pfefferminz und Löwenzahn als »bittere Kräuter« bezeichnet.

Wilden Lattich findet man auch heute noch im ganzen Land Israel. Er wächst an Straßenrändern, in Gräben und auf Schutthalden. Seine Blätter, die beim jungen Lattich noch weich und süß sind, werden dornig und bitter, wenn die Pflanze älter wird. Ähnlich ging es ja auch den Kindern Israel in Ägypten. Ihr Aufenthalt dort begann leicht und angenehm und endete dornig und bitter. Unser heutiger Kopfsalat, *lactuca sativa (var. longifolia oder var. capitata)* wurde durch Kreuzung und Züchtung verschiedener Lattich-Sorten gewonnen.

Andere Arten des wilden Lattichs in Israel sind *lactuca scariola* und *lactuca saligna*. Letztere wird von den Samaritern als bitteres Kraut bei ihren Festmahlen benutzt. Auch die Endivie (*cichorium endivia*) wird manchmal den bitteren Kräutern zugerechnet, aber da Botanik-Experten ihren Ursprung in Indien sehen, scheint dies eher unwahrscheinlich.

Yehuda Feliks vertritt in seinem Buch *Plant World of the Bible* die Meinung, daß unter den »bitteren Kräutern« eigentlich die Pflanze *sonchus oleraceus* (die Gänsedistel) zu verstehen sei – ein wildes Kraut, das man in Gärten und auf Feldern findet. Diese Pflanze paßt auf eine Beschreibung im Jerusalemer Talmud. Sowohl die Blätter als auch die fruchtige Wurzel eignen sich für Salate.

Ob bitter oder nicht, wilde Gräser und Kräuter spielten im Leben und auf dem Speiseplan der Männer und Frauen zur Zeit der Bibel eine große Rolle. Dies galt besonders für jene Gegenden des Landes, die sich für einen Gemüseanbau nicht eigneten. Aber auch wer in den fruchtbareren Teilen des Landes wohnte, nutzte die Möglichkeit, seine Speisen auf einfache Weise mit wilden Kräutern und Gräsern zu aromatisieren.

Bei einem Besuch in dem arabischen Dorf Turaan, im nördlichen, zentralen Teil des heutigen Israel, erfuhr ich, daß man dort das Sammeln wilder Kräuter (Gemüsesorten) als unterhaltsame Familienbeschäftigung betrachtet. Wilder Senf, Aronstab (Elephanten-Ohr) und die Gemeine Malve gehören dabei zu jenen Kräutern, die in der Saison beinahe täglich auf dem Tisch zu finden sind. Nimir Nasser, ein Bewohner dieses Dorfes, war dankbarerweise bereit, mir seine kulinarischen Kenntnisse wilder Kräuter weiterzugeben. Blätter von Senfpflanzen, so erklärte er, würden wie Salat gegessen – mit Olivenöl und Essig oder Zitronensaft.

Um mir zu zeigen, wie Aronstab und Malve zubereitet werden, holte Nimirs Mutter einen Gaskocher hervor, den sie immer bereithielt, stellte ihn auf die Strohmatte in der Mitte des Zimmers und fing an, Olivenöl zu erhitzen. »Diese Grünpflanzen sind wahrscheinlich seit Tausenden von Jahren auf diese Art und Weise zubereitet worden«, meinte Nimir. Seine Mutter, eine ältere Frau mit einem erstaunlich mädchenhaften Ausdruck in den Augen, lächelte still dazu.

Die wilden Pflanzen wurden abgebraust, geschnitten und noch einmal einzeln in kleinen Schüsseln mit Wasser gewaschen. Mit ihren Händen knetete die Frau die Blätter fast in das Wasser, um auch den letzten Rest Dreck zu beseitigen. Dann drückte sie sie fest aus, um auch das Wasser zu entfernen. Nun gab sie zuerst eine kleingeschnittene Zwiebel in die Pfanne, und als diese goldbraun war, die Blätter. So briet sie das Gemüse unter gelegentlichem Rühren, bis es gar war. Mit etwas Salz gewürzt – und fertig war das Essen. So einfach, und doch so gut. Beide Gemüsesorten wurden auf diese Weise zubereitet, waren jedoch völlig verschieden im Geschmack.

Die Gemeine Malve wächst in ganz Israel wild – genau wie zur Zeit der Bibel. Wenn man heute durch die Straßen der modernen und geschäftigen Stadt Tel Aviv geht, findet man überall ihre Geranien-ähnlichen Blätter.

Das Buch Hiob (30, 4) erwähnt eine »maluah«, die je nach Übersetzung mit Melde (Luther), Salzmelde (Einheitsübersetzung) oder Salzkraut (Elberfelder) wiedergegeben wird. Im Ausland haben verschiedene Übersetzer dasselbe Wort auch als »Malve« verstanden. Manche Bibelforscher glauben, daß sich »maluah« auf die *malva silvestris*, die Wilde Malve, bezieht. Andere halten sie für *atriplex halimus*, ein Salzkraut, da das hebräische Wort »maluah« auch »salzig« bedeutet. In Kapitel 6, 6 dagegen fragt Hiob, ob denn der Schleim von »halmoot« irgendeinen Geschmack habe. Während die meisten deutschen Übersetzungen dies als Dotter oder Eiweiß wiedergeben, meinen auch hier viele Ausleger und Forscher, daß es sich eigentlich um die Wilde Malve handelte, eine jener Pflanzen, die Nimirs Mutter für mich zubereitete.

Sogar eine Distelart (*gundelia tournefortii l.*) wurde von unseren Vorfahren gegessen. Man entfernte die Stacheln und aß die Blütenköpfe entweder solo oder in verschiedenen Eintöpfen. Allerdings waren nur die jungen Pflanzen eßbar – sowohl die Blütenköpfe, als auch die köstlichen Blätter.

Auch die wilde Artischocke, *cynara syrica*, gehört zu jenen Pflanzen, die man unter den wilden Gräsern oder Gemüsesorten aus biblischer Zeit verstehen kann. Der antike Schriftsteller Theophrastus erwähnt in seinem Buch *Untersuchungen über Pflanzen* zwei Varianten. Manche Botaniker haben daraus geschlossen, daß man die Artischocke schon etwa ab dem vierten Jahrhundert v. Chr. anbaute. Das Wort »kinras« findet sich in der Bibel nicht, taucht aber in der Mischna öfter auf.

In 2. Könige lesen wir, daß der Prophet Elisa seinen Diener anwies: »Setze einen großen Topf auf und koche ein Gemüse für die Prophetenjünger!« (2. Könige 4, 38). Der Diener tat, was wohl die meisten Israeliten seiner Zeit getan hätten. Er ging auf das Feld und suchte wilde Kräuter und wildes Gemüse. Neben Kürbissen brachte er »orot« mit, was die Luther-Übersetzung mit »Rankengewächse« wiedergibt. Botaniker haben es als *eruca sativa* identifziert – eine Form des wilden Senfs.[*] Es

---

[*] Senf war damals auch ein Ersatz für den teuren Pfeffer (*Mishnah Erubin 28b*).

scheint, daß Nimirs Familie tatsächlich eine Tradition fortführt, die ihren Ursprung in den antiken Kochgewohnheiten des Heiligen Landes hat!

Wegwarte (*cichorium intybus l.*), oder Zichorie, gehört ebenfalls zu den Kandidaten für die »bitteren Kräuter« der Bibel. Sie wächst wild und wird in Israel nur selten angebaut. Nur wenige Israelis würden Sie erkennen. Ihre Vorfahren jedoch kannten das Kraut sehr wohl und benutzten es als »wildes Kraut« und als Gemüse.

4. Weitere Gemüsesorten des Landes

Nicht alle Gemüsesorten des Heiligen Landes werden in der Bibel erwähnt. Wahrscheinlich finden wir dort nur die bekanntesten und wichtigsten Vertreter, jene, die den meisten Menschen im Land bekannt waren. Soweit Botaniker erkennen können, gehören aber Rettich, Sellerie, Kohl, Spinat, Rüben und weiße Rüben ebenfalls zu den Sorten, die ihren Weg in die Kochtöpfe der Menschen zur Zeit der Bibel fanden.

Der scharfe Geschmack des *Rettichs* war bei allen Klassen und Schichten der Bevölkerung beliebt. Er wuchs wild, wurde aber auch angebaut. Man betrachtete ihn als eine Art Gewürz, das den Appetit anregte, aber dabei leicht verdaulich war. Der Rettich, der von den üblichen Parasiten, die das Wachstum anderer Pflanzen stören, nicht befallen wird, wuchs in der warmen Erde Kanaans besonders gut. Sowohl der große und kleine rote Rettich (Radieschen) als auch der weiße Rettich waren bekannt. Letzteren findet man leider heute in Israel nicht mehr. Auch die Rettich-Samen konnte man gebrauchen. Man stellte Lampenöl aus ihnen her.

Für einige von uns birgt der Begriff *Sellerie* den Gedanken an einen festen, grünen Stengel, der so unverwechselbar zu einem Waldorfsalat gehört. In biblischer Zeit jedoch verstand man unter demselben Begriff (»carpas«) eine völlig andere Pflanze.

Der »carpas« der Bibel (Ester 1, 6) war *gossypium herbaceum l.*, ein sehr wichtiges Mitglied der Baumwoll-Familie, aus dem man besonders gute Wollstoffe herstellen konnte, der aber keineswegs eßbar war. Der »carpas« der Mischna dagegen wird oft als Petersilie identifiziert, oder eben als *apium graveolens* – Sellerie. Ob nun der Sellerie des Waldorfsalates oder sein ähnlich schmeckender Cousin, der Knollensellerie, muß dabei offen bleiben.

Der *Kohl* gehört zu den ältesten Bewohnern des Heiligen Landes. Auch im Talmud wird er erwähnt als Heilmittel für die Krankheit eines Mannes, die er (neben fünf anderen Mitteln) vollständig heile (*Berachoth 57b*). Kohl, ein Wintergemüse, war während der kalten und ungemütlichen Monate des Jahres besonders wertvoll. Er hält sich gut frisch und kann auch sehr einfach eingelegt werden. Und noch einen Vorteil hat Kohl – auch wenn unsere Vorfahren davon nichts wußten: Das Vitamin C, das er enthält, stärkt gleichzeitig die Abwehrkräfte und beugt Erkältungen vor.

Spinatrüben, auch als »Mangold« bekannt, gehören zur Familie der Rüben. Wie heute auch, genoß man seine großen, grünen Blätter auf viele Arten – frisch geschnitten in Salaten, wie Kohl zubereitet und gekocht, oder kleingehackt in Getreidespeisen und Eintöpfen. Wenn die Blätter noch jung und frisch waren, konnte man sogar die mittleren weißen Rippen verwenden – gekocht, in Öl geschwenkt oder eingelegt. In der Mischna wird auch von der medizinischen Bedeutung des Mangold in der Antike berichtet. Als Bouillon zubereitet hielt man ihn für heilsam für den Magen, das Herz, die Augen und die inneren Organe. Seinen Saft konnte man bei »kaltem Fieber« benutzen, oder, gemischt mit Öl, gegen einen entzündeten Hals. Wer eine aufgesprungene, trockene Haut hatte, weil er »sein Gesicht nach dem Waschen nicht trocknete«, erhielt die Empfehlung, es sorgfältig mit Mangold-Wasser zu waschen (*Talmud Shabbat 134b*).

Rote Rüben waren, besonders in der Zeit des zweiten Tempels, ein sehr bekanntes und weit verbreitetes Gemüse. Sowohl die grünen Blätter, als auch die bauchige, rote Wurzel gelten als kulinarisch besonders wertvoll. Die Blätter konnte man frisch essen oder auch in verschiedenen Eintöpfen mitverwenden. Die flammendrote Wurzel eignete sich ausgezeichnet für farbenfrohe Klöße, Salate und eingelegtes Gemüse. Und vielleicht benutzten die Damen jener Zeit, lange bevor man das Rouge erfand, dünne Scheiben der »selek«, um ihren Wangen einen rosigen Glanz zu verleihen?

Weißrüben sind eng mit der Kohlfamilie verwandt. Sie waren in biblischer Zeit sehr beliebt und wurden nahezu überall angebaut. *Brassica rapa l.* wurde wegen seiner grünen Blätter und auch der purpurroten oder weißen Wurzeln, die man frisch, gekocht oder eingelegt aß, geschätzt. Im Talmud werden Rüben-Gerichte als vollständige Mahlzeit oder auch als Beilage für Fleischspeisen erwähnt.

In besonders guten Jahren, wenn es Spitzenerträge gab, dann vergruben die Israelis Wurzelgemüse für Notfälle in der Erde. Die Mischna spricht vom Vergraben von weißen Rüben und Rettich unter Weinstöcken (*Kelim 9, 1*).

Einige Gelehrte warnten jedoch auch vor der weißen Rübe. Sie hielten sie für schädlich: »Wehe dem Haus (Magen), durch das weiße Rüben gegangen sind!« (*Talmud Berachoth 44b*). Andere dagegen meinten, sie sei wohltuend, wenn sie gut gekocht oder zusammen mit Fleisch serviert würde. Und wieder andere meinten, sie sei nur dann gut, wenn man nach einem Rübenmahl Wein zu sich nehme.

5. Die Entdeckung des Keimens

Irgendwann im Laufe der Jahrhunderte entdeckten die Köche jener Zeit das Keimen. Vielleicht war es an einem feuchten Tag, als die Dienerin des Hauses ihre Hand in einen irdenen Krug steckte, in den beim letzten Regen Feuchtigkeit gekommen war. Was war das? Ihre Bohnen hatten kleine Keime entwickelt. Aber was nun? Wegwerfen konnte man sie nicht. Dafür waren Lebensmittel einfach zu kostbar und zu aufwendig zu sammeln.

Also kochte sie die Bohnen trotzdem und fand zu ihrem Erstaunen heraus, daß sie viel schneller gar waren als ihre getrockneten Verwandten. Am Abend wunderte sich natürlich die ganze Familie über diesen seltsamen Eintopf. Die Bohnen sahen komisch aus. Aber, schlecht schmeckten sie nicht. Und schließlich brauchte man für ihre Zubereitung weniger Brennmaterial (und natürlich auch weniger Arbeit).

Vielleicht entdeckte man das Keimen aber auch an einem heißen Sommertag, an dem man Getreide oder Hülsenfrüchte zu lange in Wasser oder einer anderen Flüssigkeit quellen ließ, die dann verdunstete. Jedenfalls war das Keimen etwas, das Sinn machte. Manche Keime konnte man essen, ohne sie kochen zu müssen. Andere ließen sich leicht mahlen und zu Brot backen. Fermentierte Gerstensprossen wurden für die Bierherstellung wichtig. Und – last but not least – diese kleinen, grünen Wunderdinger waren einfacher zu verdauen.

Gebackene Zwiebeln mit Honig und Nüssen

Für 4 Personen:

4 große Zwiebeln
1 Tasse Wasser
1 Teelöffel Salz
1 ½-2 Teelöffel Honig
1 Teelöffel kleingeschnittene Limonen-
oder Zitronenschale
1 Eßlöffel Samneh oder Butter
½ Tasse geraspelte Walnüsse

Zwiebeln horizontal in Hälften schneiden und in eine Auflaufform legen.
Wasser, Salz, Honig, Zitronenschale und Samneh in einer Saucenpfanne erhitzen. Sobald die Mischung kocht, über die Zwiebeln gießen. Im vorgeheizten Ofen (175° C) zugedeckt etwa 50 Minuten stehen lassen, bis die Zwiebeln gar sind. Den Deckel entfernen, mit Walnüssen bestreuen und noch einmal etwa 10 Minuten backen.
Gebackene Zwiebeln mit Honig und Nüssen eignen sich als Beilage zu Fisch oder auch als Hauptgericht mit gekochter Gerste oder Weizen. Wer will, kann mit Sauerrahm oder Joghurt garnieren.

Rettich in grünem Salat

Für 4 Personen:

5 große Rettiche (etwa 5 Zentimeter
Durchmesser)
1 große Zwiebel
5 mittelgroße (etwa 12 Zentimeter lange)
ungewachste Gurken
1 Eßlöffel kleingeschnittener Dill
½-1 Tasse Joghurt oder »leben«
Olivenöl und Salz zum Abschmecken

Am besten geeignet sind scharfe Freilandrettiche. Alle Gemüsesorten fein hacken und mischen. Nach Geschmack mit Olivenöl und Salz würzen. Joghurt und Dill verrühren und unter das Gemüse heben. Mindestens eine Stunde durchziehen lassen, damit sich der Geschmack voll entfalten kann.

Kohlsalat mit Senfsamen

Für 4 bis 6 Personen:

1 mittelgroßer Kohlkopf
1 Eßlöffel grobkörniges Salz
2 kleine Schalotten, fein gehackt
1 Tasse Linsensprossen (kann auch
weggelassen werden)
1 Eßlöffel Sesamöl
1 Eßlöffel Weinessig
½ Teelöffel Senfkörner (am besten
schwarze)

Den gewaschenen Kohlkopf in kleine Stücke schneiden und Salz darüberstreuen. Zehn Minuten lang stehenlassen, dann gut ausdrücken. Kurz spülen, dann noch einmal auspressen. Die Kohlstücke zusammen mit den andern Zutaten in einen Topf geben, gut mischen und servieren.

Milchsaures Sonnengemüse

Der Reichtum Israels an Sonne und an Gütern der Erde führte zur Entdeckung des ersten eingelegten Gemüses.

8-12 kleine, ungewachste Gurken
4 Tassen Wasser
4 Teelöffel grobes Salz
1 Zweig Dill
4 Eßlöffel Weinessig
2 Zehen Knoblauch (können weggelassen werden)

Gurken waschen und aufrecht in einen Krug stellen. Wasser darübergießen, bis die Gurken bedeckt sind. Dabei die benötigten Tassen zählen! Pro Tasse Wasser einen Teelöffel grobes Salz, den Dill, Weinessig und Knoblauch zugeben. Das Ganze dicht verschließen und zwei bis drei Tage in die pralle Sonne stellen, je nach Geschmack. Evtl. nach zwei Tagen noch etwas Salz zugeben. Wenn die Sonne (wie in einem durchschnittlichen deutschen Sommer) nicht heiß genug ist, die Essigmenge auf eine halbe Tasse erhöhen und die Gurken eine Woche lang an einem dunklen Platz stehenlassen.

Gebackener Knoblauch

Zur damaligen Zeit war nicht immer frisches Gemüse zu bekommen. Die Kälte des Winters und die Dürre des Sommers rissen große Löcher in den täglichen Speiseplan. Knoblauch allerdings war beinahe immer in großen Mengen vorhanden, ob wildwachsend oder kultiviert. Gebackener Knoblauch ist eine Delikatesse. Während des Backens verliert er etwas von seiner Schärfe. Allerdings ist dieses Rezept nur für Knoblauch-Liebhaber geeignet.

2-4 Zwiebeln Knoblauch
Samneh oder weiche Butter

Man rechnet eine Zwiebel pro Person, als Gemüse oder als würzige Beilage zu einem warmen Essen.
Knoblauch waschen und abtrocknen. Mit Samneh oder Butter einreiben und in eine kleine Auflaufform geben. Diese etwa einen Zentimeter hoch mit kochendem Wasser füllen und etwa 20 Minuten bei 175° C im Backofen garen, bis der Knoblauch weich ist.
Vor dem Servieren wird jede Zwiebel horizontal in zwei Hälften geschnitten. Man kann dann mit einer Gabel oder den Fingern das Knoblauchfleisch aus der Schale lösen.
Übriggebliebener gebackener Knoblauch läßt sich wie unbehandelter Knoblauch weiterverwenden.

Gewürzte Kürbispfanne

Als Hauptmahlzeit verdoppeln Sie die Zutaten und servieren das Gemüse mit einem Getreidegericht.

Für 4 Personen (als Beilage):

ca. 450 g frischer Kürbis
1 Eßlöffel Sesamöl
2 »Gewürzkuchen mit getrockneten Linsen« (siehe S. 112)
½ Tasse Wasser
Salz zum Abschmecken

Kürbisse schälen und in große Stücke schneiden. Öl in einer Bratpfanne erhitzen und Linsenkuchen zugeben. Schmoren lassen, dabei einmal wenden. Wasser zugeben und die Kuchen mit einem Kochlöffel vorsichtig zerdrücken. Nun die Kürbisstücke zugeben, umrühren und zudecken. Nach etwa zehn Minuten abschmecken, noch einmal umrühren und servieren.

Rüben in Tahina-Sauce

ca. 225 g mittelgroße, rote Rüben
½ Tasse schwarze Tahina (Butter mit
Sesam, s. Kap. X)
1 Knoblauchzehe
2 Teelöffel frischer Zitronen- oder
Limonensaft
¼ Teelöffel Kreuzkümmel
kleingehackte frische Petersilie zum
Garnieren

Rüben gut waschen und in einen Topf legen. Mit etwas Wasser so lange kochen, bis die Rüben weich sind. Das dauert etwa 40 Minuten. Die Rüben sollten weich sein aber noch nicht zerfallen. Dann die Rüben aus dem Topf nehmen und unter kaltem Wasser schälen. Vierteln.
Für die Sauce Tahina, Knoblauch, Kreuzkümmel, Wasser und Zitronensaft mischen und schlagen bis die Mischung sämig wird. Die Sauce unter die Rübenviertel ziehen. Mit Petersilie garnieren.
Wer lieber Gemüse mag, kann die Rüben auch warmstellen, die Sauce mit etwas mehr Wasser erhitzen und heiß über die Rüben gießen.

Salat aus wildem Lattich

Für 4 bis 6 Personen:

3-4 Mangold-Blätter
1 Handvoll Lattichblätter
½ kleiner Kopf Chicorée
2 Teelöffel Sesamöl
1 Eßlöffel Weinessig
2 Teelöffel Kapern
Sesam-Salz (laut Rezept, s. Kap. II)

Mangoldblätter, Lattich und Chicorée gut waschen und trocknen, anschließend in mundgerechte Stücke teilen. Alles mit den restlichen Zutaten vermengen und sofort servieren.
Wer vorarbeiten möchte, kann den Lattich und die anderen Salatsorten gewaschen und zerkleinert in einem trockenen Tuch im Kühlschrank aufbewahren und kurz vor dem Servieren mit Öl, Essig und Sesam-Salz vermengen.

Geschmorte Bitterkräuter und Pistazien

Für 4 Personen:

2 Teelöffel Oliven- oder Sesamöl
1 kleiner Bund frischer Koriander, fein
geschnitten
1 kleiner Kopf Radieschen
2 Zehen Knoblauch, kleingehackt
1 kleiner Kopf Chicorée
1-2 Eßlöffel geröstete ganze Pistazien,
geschält

Öl, Koriander und Knoblauch in einem kleinen Topf schmoren, bis das Öl aufgesogen ist und der Koriander zu welken beginnt. Dann in einen größeren Topf umfüllen.
Salat und Chicorée in mundgerechte Stücke teilen und vorsichtig zu der heißen Knoblauch-Mischung geben. Bei mittlerer Hitze schmoren lassen, bis der Salat zusammenfällt. Wenn nötig, noch etwas Öl oder Wasser zugeben. Zum Schluß mit Pistazien garnieren und als Beilage servieren.

Rüben in Sesamöl mit Chicorée

Ca. 450 g gekochte, mittelgroße Rüben
3 Teelöffel Weinessig
2 Teelöffel Sesamöl
2 kleine, grüne Zwiebeln (mit Spitzen)
1 großes Blatt Chicorée, kleingeschnitten
Salz zum Abschmecken

Rüben längs und horizontal durchschneiden, die restlichen Zutaten beigeben. Fertig.

Weiße Rüben in Weißwein-Marinade

ca. 450 g Weißrüben oder Mairüben
1 eingelegtes Traubenblatt
1 ½ Tassen Weißwein
ein paar Sellerie-Blätter
1 Eßlöffel grobes Salz
1-3 große Zehen Knoblauch, in Scheiben
geschnitten

Rüben schälen und in Stücke schneiden. Zusammen mit den übrigen Zutaten in einen großen Krug schichten. Dann den Krug mit Wasser füllen, bis die Rüben bedeckt sind. Verschlossen zwei bis drei Tage in die Sonne stellen, abschmecken und evtl. noch etwas Salz zugeben. Sobald die Rüben den gewünschten Geschmack erreicht haben, im Kühlschrank aufbewahren.

»Raba sagte zu seinem Diener: Wenn du weiße Rüben auf dem Markt siehst, dann brauchst du mich nicht zu fragen, was ich Leckeres zu meinem Brot essen möchte.«   *JT Berachoth 44b*

Rezepte Hülsenfrüchte

Aromatisierte Kichererbsen

Für 4 bis 6 Personen
(wirklich zum Sattwerden):

2 Tassen ganze, ungekochte Kichererbsen
4 große Zehen Knoblauch, gepreßt
3 mittelgroße Zwiebeln, kleingeschnitten
1-2 Eßlöffel Samneh oder Butter
1 Teelöffel gemahlenes Griechisches Heu
1 ½ Teelöffel Kreuzkümmel
1 ½ Teelöffel Koriandersamen
1 Teelöffel Schwarzkümmel
Salz zum Abschmecken

Kichererbsen waschen und über Nacht einweichen (sollte Ihr Wasser zu kalkhaltig sein, bitte etwas Essig zugeben, die Erbsen werden sonst nicht weich). Am nächsten Tag zusammen mit dem Knoblauch etwa eine Stunde garen. Dabei sollte das Wasser immer etwa 7 cm über den Erbsen stehen. Danach abgießen. Wasser aufbewahren! Samneh in einer Pfanne erhitzen. Zwiebeln darin goldgelb braten.
Griechisches Heu, Kreuzkümmel, Koriandersamen und Schwarzkümmel im Mörser fein zerstoßen und unter die Zwiebeln mischen. Etwas Kochflüssigkeit zugeben und das Ganze bei geringer Hitze etwa eine Minute kochen. Kichererbsen zufügen und noch einmal 5 bis 10 Minuten kochen. Zum Schluß die restliche Flüssigkeit unterrühren und servieren.

Anmerkung:
Dieses Essen ist sehr vielseitig. Man könnte es z.B. mit mehr Wasser zubereiten (etwa 10 Zentimeter Wasser über den Kichererbsen lassen) und als eine Art Suppe servieren. So wie oben zubereitet kann man es mit Brot, Oliven und Salat zu einem sättigenden, rustikalen Essen machen. Aromatisierte Kichererbsen schmecken aber auch herrlich mit Getreidespeisen (z.B. Gerste oder Bulgur). Und schließlich kann man die Flüssigkeit auch verkochen lassen und kleine Portionen davon als Würze benutzen.

Gewürzte Linsenkuchen mit Joghurtsauce

Ein köstliches kaltes Gericht, das herrlich nach Gewürzen duftet. Durch den Kardamom erinnert es an Speisen aus der Zeit der Mischna.

Für etwa 12 bis 15 Kuchen:

1 Tasse braune Linsen
½ Teelöffel Kümmelkörner
3 Kardamom-Samen, gemahlen
½ Teelöffel gemahlener Koriander
½ Teelöffel Weizenvollkornmehl
Salz zum Abschmecken
2 Tassen Joghurt oder »leben«
2 Eßlöffel frische Pfefferminze oder
Zwiebeln, kleingehackt
Olivenöl oder Samneh

Linsen gut waschen. In einen Topf geben, mit Wasser auffüllen, bis die Linsen bedeckt sind, und weichkochen. Das Ganze durch ein Sieb schütten und gut ausdrücken. Koriander, Kümmel, Kardamon und Mehl unter den Brei mischen. Mit Salz abschmecken.
Aus der Masse nun 12 bis 15 »Kuchen« formen. Öl in einer Pfanne erhitzen und die Kuchen auf beiden Seiten braten, bis sie etwa so braun wie Hamburger sind.
Während des Bratens Joghurt, Salz und Zwiebeln (oder Minze) mischen und vor dem Servieren über die Linsenkuchen gießen. Im Kühlschrank durchziehen lassen oder sofort servieren.

Anmerkung:
Wenn die Kuchen in Samneh (oder Butter) gebraten werden, bekommen sie einen delikateren Geschmack. Aber auch mit Olivenöl schmecken sie gut.

Rote-Linsen-Suppe

»... und sprach zu Jakob: Laß mich essen das rote Gericht, denn ich bin müde.«
1. Mose 25, 30

Die Bibel berichtet uns, daß Esau, müde und erschöpft, sein Erstgeburtsrecht für eine Schüssel Linsen-Eintopf eintauschte.

1 Tasse rote Linsen
3 Tassen Wasser
1 mittelgroße Karotte, fein geraspelt
1 mittelgroße Zwiebel, kleingeschnitten
2 Tassen gewürfelte Kürbisstücke
1 Teelöffel Salz
1 Teelöffel gemahlener Kreuzkümmel
1-2 Zehen Knoblauch, kleingeschnitten
oder gepreßt
frische, glatte Petersilie oder Koriander,
kleingeschnitten, zum Garnieren (kann
weggelassen werden)

Linsen gut waschen und in einem Topf mit Wasser zum Kochen bringen.
Zurückschalten und Gemüse und Gewürze zugeben. Das Ganze bei niedriger Hitze etwa 45 bis 60 Minuten köcheln lassen, dabei hin und wieder umrühren.
Zum Schluß (obwohl Jakob dies wahrscheinlich nicht getan hat) den Eintopf mit Petersilie und frischem Koriander garnieren.

Gedünstete Linsensprossen mit Kräutern

2 ½ Tassen Linsensprossen
1 Eßlöffel Wasser
¼ Tasse kleingeschnittene frische Petersilie,
Dill oder Koriander
¼ Teelöffel gemahlener Kreuzkümmel
1 kleingeschnittene Knoblauchzehe (kann
weggelassen werden)
Salz zum Abschmecken

Alle Zutaten in einen Topf mit Deckel geben. Bei niedriger Hitze kochen, bis die Linsen weich sind (etwa 10 bis 15 Minuten).

Getrocknete und gewürzte Dicke Bohnen

Für 4 Personen:

1 ½ Tassen Dicke Bohnen
1 Tasse (etwa) Sesamöl
gemahlener Koriander oder Lorbeerblätter

Bohnen über Nacht mit weichem Wasser bedeckt einweichen (evtl. etwas Essig zugeben). Die Bohnen sollten dann fast doppelt so groß sein. Die harte braune Schale falls nötig abziehen. Öl in einer schweren Bratpfanne erhitzen und die weißen Bohnen darin braten, bis sie goldbraun sind (etwa 3 Minuten). Nach Wunsch würzen und warm oder kalt servieren.

Saubohnensprossen in Tahina

Für 2 bis 4 Personen:

1 große Zwiebel, gewürfelt
½ Teelöffel Honig
½ Eßlöffel Oliven- oder Sesamöl
2 ½ Tassen Saubohnensprossen
2 Eßlöffel Wasser
¼-½ Teelöffel Kreuzkümmel
¼ Teelöffel Koriander
Salz zum Abschmecken

½ Tasse Tahina-Paste (möglichst dunkle)
½ Tasse Wasser
1 kleingeschnittene Zehe Knoblauch
Zitronen-, Limonensaft oder Sumach-
Wasser zum Abschmecken
frische, gehackte Petersilie oder Koriander
zum Garnieren

Zwiebeln in heißem Öl und Honig schwenken, bis sie rundum goldbraun sind. Saubohnensprossen, Wasser, Koriander, Kreuzkümmel und Salz zugeben, zudecken und bei niedriger Hitze etwa 20 Minuten kochen lassen, bis die Bohnen gar sind. Währenddessen die Tahina-Paste mit Wasser verrühren, mit Knoblauch und Zitronensaft abschmecken. Wenn die Bohnen gar sind, alles in eine Schüssel geben, oder direkt auf Teller verteilen und die Sauce darübergießen.
Als Beilage eignen sich gebratene Zwiebelwürfel.

Gewürzkuchen mit getrockneten Linsen

Man kann Kräuter und Gewürze auf viele Arten genießen: frisch gepflückt, einzeln getrocknet oder auf mancherlei Weise gemischt. Eine solche Mischung sind die »Gewürzkuchen mit getrockneten Linsen« – kleine Kuchen voller Gewürz, die in der Sonne getrocknet, und dann wieder gebacken und mit Wasser versetzt werden, wenn man sie mit Gemüse oder Fleisch essen will.

Für 18 Kuchen:

1 Tasse rote Linsen
2 Eßlöffel Weizenvollkornmehl
1 Teelöffel Kümmel
1 Eßlöffel Koriander
2-3 Kardamom-Samen
¾ Teelöffel Salz

Linsen waschen, und etwa 36 Stunden in Wasser einweichen. Danach trocknen und in kleinen Portionen mit dem Mörser zerstampfen. (Eine weniger authentische, dafür weitaus einfachere Methode ist natürlich die Benutzung der Küchenmaschine.) Mehl und Gewürze zugeben und das Ganze mehrere Minuten gut durchkneten. Vier bis sechs Stunden an einem warmen Ort stehen lassen. Ein großes Backblech mit Mehl bestäuben. Dann den Teig noch einmal durchkneten und etwa 18 kleine Kuchen daraus formen. Dazu die Hände immer wieder in kaltes Wasser tauchen.

Die Kuchen dann zum Trocknen in die Sonne stellen. Sollte gerade »Regenzeit« sein, können die Kuchen auch auf der Heizung getrocknet werden (oder bei niedrigster Temperatur im Backofen). Ein Gewürzkuchen reicht, um etwa ½ l Wasser zu würzen (ähnlich einem Brühwürfel) und verleiht Gemüse, Fleisch oder Hülsenfrüchten ein herrliches Aroma.

Eintopf mit Erbsen und Wein

Für 4 Personen:

1 ½ Eßlöffel Olivenöl
1 mittelgroße Zwiebel, grob geschnitten
1 mittelgroßer Lauch, grob geschnitten
2 mittelgroße Karotten, halbiert und grob
zerkleinert
1 Tasse Erbsen
¼ Tasse Perlgraupen
5 Tassen Wasser
2 Teelöffel Salz
1 Lorbeerblatt (kann weggelassen werden)
2 Stangen Sellerie, kleingeschnitten
½-¾ Tasse trockenen Weißwein
½ Tasse fein gehackte, frische Petersilie

Öl in einem Topf erhitzen. Zwiebeln, Lauch und Karotten zugeben. Bei mittlerer Hitze und unter ständigem Rühren so lange schwenken, bis die Zwiebel anfängt, zu zerfallen.
Erbsen, Perlgraupen, Wasser, Salz und Lorbeerblatt zugeben und das Ganze zum Kochen bringen. Zugedeckt bei niedriger Hitze 30 bis 45 Minuten lang kochen, bis die Erbsen gar sind. Dann Sellerie, Wein und Petersilie unterrühren und noch einmal 5 Minuten lang schwach kochen. Heiß servieren!

Anmerkung:
Mit mehr Wasser kann man, wenn gewünscht, auch eine dünnere Suppe daraus machen.

Sabbat-Bohnen-Gericht

Die Kinder Israel durften am Sabbat kein Feuer entzünden, konnten also auch nicht kochen. Dies galt seit der Zeit ihrer Wüstenwanderung. Dieses »Sabbat-Bohnen-Gericht« – der Vorläufer des heute gängigen »cholent« – konnte am Freitag vorbereitet werden und ließ sich auf schon brennendem Feuer, oder auch nur an einem warmen Ort, bis Samstagmittag aufbewahren. Der große Vorteil dieses Gerichtes: je länger es kocht, desto besser schmeckt es.

Für 6 bis 8 Personen:

1 Tasse getrocknete weiße oder braune Bohnen
½ Tasse Kichererbsen
½ Tasse Mungbohnen
1-2 Eßlöffel Olivenöl
3 große Zwiebeln, in Würfel geschnitten
1 Eßlöffel Honig
1 Eßlöffel Kreuzkümmel
1 Eßlöffel grobes Salz
1 Eßlöffel Koriander-Samen
½ Tasse Gerste

Bohnen über Nacht mit Wasser bedeckt stehenlassen. Am nächsten Morgen Zwiebelstücke in heißem Öl braten, bis sie glasig sind. Honig unterrühren und weiterbraten, bis die Zwiebeln beginnen, braun zu werden.

Nun schichtweise Zwiebeln und Bohnen in eine Auflaufform füllen. Zwischen die Schichten jeweils etwas von den Gewürzen geben. Ganz obenauf kommt die Gerste. Über alles so viel Wasser geben, daß dieses etwa 7 cm über der Mischung steht. Das ganze zum Kochen bringen. Dann entweder im Backofen bei niedriger Hitze 24 Stunden lang backen oder zugedeckt etwa 24 Stunden auf kleinster Stufe kochen lassen. Eventuell hin und wieder heißes Wasser zugeben, wenn die Mischung zu trocken wird.

Anmerkung:
Das Bohnen-Gericht ist natürlich fertig, sobald die Bohnen gar sind. Aber längeres Kochen verfeinert den Geschmack. Man kann auch ganze, frische Eier, die man an einem Ende mit einer dünnen Nadel eingestochen hat, in der Mischung unterbringen. Diese bekommen eine schöne, braune Färbung und einen kremigen Dotter. Man nennt sie im heutigen Israel »haminados«. Sie sind sehr beliebt; ob am Sabbat oder während der Woche spielt dabei keine Rolle.

Kapitel VI

Erste Früchte

*»Nun bringe ich die Erstlinge der Früchte des Landes, das
du, Herr, mir gegeben hast.«*   *5. Mose 26, 10*

Einleitung

»Und Gott sprach: Sehet da, ich habe euch gegeben alle Pflanzen, die Samen bringen, auf der ganzen Erde, und alle Bäume mit Früchten, die Samen bringen, zu eurer Speise.« 1. Mose 1, 29

Mensch und Tier hatten direkt nach der Schöpfung denselben Speiseplan. Die reiche, noch unberührte Erde war voll mit wilden Kräutern und Gemüsesorten, und der Duft unzähliger Früchte erfüllte den Garten Eden. Mühsame Arbeit oder gar Blutvergießen gab es nicht. Jede lebende Kreatur fand genügend Nahrung. Erst nachdem der Mensch die verbotene Frucht vom Baum der Erkenntnis des Guten und Bösen gegessen hatte, wurde dieser harmonische Zustand zerstört.

Archäologen berichten uns, daß unsere Vorfahren in der Steinzeit Jäger waren und Frucht und Obst sammelten, um überleben zu können. Im Jordantal, in der Gegend um den See Genezareth herum, im Gebiet am Karmel und an Frischwasserstellen in der Nähe des Mittelmeers wuchsen zahlreiche Bäume, deren Früchte genießbar waren. Hier gab es Oliven, Mandeln, Johannisbrot, Brustbeeren und Maulbeer-Feigen. Andere Feigenarten wurden erst später in den waldreichen Gegenden am See Genezareth und auf dem Karmel heimisch.

Irgendwann während dieser Zeit begann der Mensch, solche Bäume bewußt anzubauen und lernte schließlich, wie man aus Oliven Öl gewinnt und Saft aus Äpfeln herstellt. Man entwickelte Methoden zur Konservierung von Lebensmitteln. Dazu zählten das Trocknen in der Sonne, das Einlegen in Essig, die Behandlung mit Salz und das Dörren von Obst.

In 1. Mose 43, 11 erfahren wir, daß man schon damals soviel Pistazien und Mandeln anbaute, daß der Patriarch Jakob sie als Geschenke an den »ägyptischen Herrn« schicken konnte. Die Kundschafter, die Mose aussandte, um das verheißene Land zu erforschen, fanden erstaunlich große Feigen und Granatäpfel, die die Fruchtbarkeit des Landes deutlich unter Beweis stellten (4. Mose 13, 23).

Gott gab den Kindern Israel die Anweisung, im verheißenen Land alle Arten von Fruchtbäumen zu pflanzen (3. Mose 19, 23). Es ist also nicht verwunderlich, daß Archäologen die Bronzezeit als eine Zeit betrachten, in der neue Früchte und neue Arten bereits ansässiger Früchte von Ägypten her in das Heilige Land eingeführt wurden. Händler und Reisende, die durch das aufblühende Land zogen, taten ein übriges dazu und führten nicht nur Gewürze, sondern auch neue Baumarten ein, von denen einige ihren Ursprung sogar im weitentfernten Indien hatten.

Während der Eisenzeit – etwa 1200 – 600 v. Chr. – und während der persischen, griechischen, römischen und byzanthinischen Reiche ging der »Import« weiter. In der ältesten Schicht archäologischer Ausgrabungen in Jericho, Masada und anderen Städten, vor allem im Süden, bezeugen Nußschalen und Samenkörner, daß solche Lebensmittel ebenfalls auf dem täglichen Speiseplan unserer Vorfahren standen.

Leider finden Archäologen in den feuchteren und fruchtbareren Gegenden des Nordens Israels wiederum kaum Überreste von Früchten oder Obstsorten, da die klimatischen Bedingungen hier für eine Konservierung von verderblichen Gütern oder Holz viel zu ungünstig waren.

Ohne Zweifel waren die wichtigsten Früchte des verheißenen Landes jene, die schon unter den sieben Arten genannt sind. Die Frucht des Weinstocks lieferte Trauben, Rosinen, Essig und das wichtigste und verbreitetste Getränk: den Wein. Der Olivenbaum gab Öl zum Kochen, zum Leuchten, für Seifen und für medizinische und kosmetische Pflege. Feigen und Datteln (das Ausgangsprodukt des Honigs), verwandelte man in süßen Sirup und ihre Frucht ließ sich leicht trocknen, so daß man sie das ganze Jahr über benutzen und auch exportieren konnte. Aus Granatäpfeln konnte man Wein herstellen, eine Farbe zum Färben von Stoffen und ein Gewürz.

Wir wissen nicht genau, zu welcher Zeit Äpfel, Pfirsiche, Pflaumen, Birnen, Kirschen, Quitten und andere Früchte in das Heilige Land kamen. Der jüdische Historiker Flavius Josephus, der nach der Zerstörung des zweiten Tempels schrieb, berichtet, daß »dieses Land ein Garten Gottes ist, in dem die köstlichsten und wunderbarsten Bäume in erstaunlicher Vielfalt wachsen.«* Später, in seinem Bericht über die jüdischen Kriege (Abschnitt 6) erwähnt Josephus, daß das vom Krieg geschüttelte Land sich von einem Land »voller herrlicher Bäume und wunderschöner Gärten« zu »einem verlassenen und zerstörten Land in jeder Hinsicht«, in dem »seine Bäume alle niedergeschlagen sind« entwickelt hat – einem Ort, dem man kaum noch seine frühere Herrlichkeit ansehen konnte. Die Legende berichtet, daß die Bäume, nachdem der zweite Tempel gefallen war, keine Frucht mehr tragen wollten.

Während der Zeit der Mischna und des Talmud wurde der Anbau von Obst und Früchten wieder etwas belebt, aber die Blütezeit des alten Israel war vorbei. Die Literatur aus dieser Zeit berichtet uns von vielen Obstsorten,

---

* *The Jewish Wars 3* (Die jüdischen Kriege 3) zit. nach Goor, Asaph und Nurock, Max. *The Fruits of the Holy Land*, S. 11

die wir in der Bibel nicht finden. Aber wie das ja auch für andere Produkte des Landes gilt, ist es unmöglich zu wissen, ob die Namen, die benutzt werden, sich auf die gleichen Früchte beziehen, die wir heute unter diesen Namen kennen. Eine Ausnahme machen nur solche Früchte, von denen detaillierte Beschreibungen vorliegen. Was die Sache schließlich noch komplizierter macht ist, daß die Entwicklung des Ackerbaus die Frucht- und Obstarten, die wir kennen, im Laufe der Geschichte so verändert haben kann, daß ihr Geschmack, ihr Aussehen und ihre Beschaffenheit heute vielleicht nur noch wenig Ähnlichkeit mit den Früchten von damals besitzt.

Kriege, Überkultivierung und Dürrezeiten veränderten nach und nach die gesamte Umwelt Israels. Einst fruchtbare Felder wurden zu öden Landstrichen und zum Teil sogar zu Sandwüsten. Erst gegen Ende des 19. Jahrhunderts n. Chr. begannen Juden im Heiligen Land wieder Ackerbau zu betreiben, und es entstanden Obstfarmen. Zum großen Teil geht diese Entwicklung auf den Baron Edmond de Rothchild zurück.

Seit der Gründung des heutigen Staates Israel haben dann ernsthafte Anstrengungen zur Wiederbelebung der Landwirtschaft beinahe einen neuen Garten Eden entstehen lassen. Heute bringt das Land eine größere Fülle und Vielfalt an Früchten hervor, als es sich unsere Vorfahren in ihren kühnsten Träumen hätten ausmalen können: Äpfel, Bananen, Kirschen, Datteln, Feigen, Avocados, Trauben, Guaven, Quitten, Papayas, Passionsfrüchte, Mispeln, Kiwis, Ananas, Nektarinen, Grapefruits, Erdbeeren, Mangos, Granatäpfel, Melonen und eine Unzahl von Zitrusfrüchten, – um nur ein paar Sorten zu nennen.

1. Symbol und Wesen des Obstbaumes

Früchte hatten früher einen unschätzbaren Wert als tägliche Vitamin-, Mineral- und Kalorienspender. Sie ließen sich leicht trocknen und so transportieren. Dadurch bildeten sie eine zuverlässige Nahrungsquelle für Reisende, Händler und nomadische Hirten.

Fruchttragende Bäume bedeuteten aber noch mehr als Essen, Getränke und Medizin. Das Holz der Bäume schenkte den Menschen das Material für den Bau von Häusern und für Skulpturen, und man konnte damit kochen und heizen. Die Bäume selbst gaben Schatten und Zuflucht und hatten oft ihre eigene Symbolik. Der Baum des Lebens und der Baum der Erkenntnis des Guten und Bösen waren Obstbäume. An diesen Stellen wird in der Bibel zum erstenmal von Obst gesprochen. Das Alte Testament erwähnt elf Arten von Früchten: Oliven, Feigen, Datteln, Granatäpfel, Walnüsse, Mandeln, Äpfel, Pistazien, »Etrog« (Zitronen) und die auf dem Boden wachsende Melone. Das Neue Testament berichtet darüber hinaus von Maulbeer-Feigen, Johannisbrot und der Maulbeere.

Im ganzen AT und NT sind Obstbäume ein Symbol für Stärke, Fruchtbarkeit und Fülle. Sie konnten aber auch (wenn sie kein Obst trugen) als Bild für die endgültige Zerstörung und den Untergang des Landes dienen: »Die Ackerleute sehen traurig drein, und die Weingärtner heulen um den Weizen und um die Gerste, weil aus der Ernte auf dem Felde nichts werden kann, weil der Weinstock verdorrt ist und der Feigenbaum verwelkt, auch die Granatbäume, Palmbäume und Apfelbäume, ja, alle Bäume auf dem Felde sind verdorrt. So ist die Freude der Menschen zum Jammer geworden« (Joel 1, 11.12).

2. Die Früchte im einzelnen

2.1 Der Apfel / malus / tapuah

Die Überlieferung berichtet uns, daß es der Apfel gewesen sei, der auf dem Baum der Erkenntnis des Guten und Bösen wuchs und Eva dazu brachte, die erste Sünde zu begehen. In der Bibel jedoch lesen wir nur, daß dieser Baum gute Früchte hatte, die »schön anzusehen« waren. Nirgendwo wird erwähnt, welche Frucht es war, die dazu führte, daß die Menschen aus dem Garten Eden ausgestoßen wurden.

Botaniker haben über diesem Puzzle jahrhundertelang gerätselt, sind aber natürlich zu keiner abschließenden Antwort gelangt. Nicht wenige tendieren zu der Auffassung, die Frucht sei eine Feige gewesen, denn direkt nach dieser Tat machten sich Adam und Eva Kleidung aus Blättern eines Feigenbaumes. Andere schlagen Orangen, Zitronen, Quitten, Pfirsiche oder Aprikosen vor.

Äpfel – oder jedenfalls eine Frucht, die man Apfel nannte – wuchsen damals im ganzen Heiligen Land. Sie werden nicht nur an vielen Stellen der Bibel erwähnt, sondern es gibt auch Ortsnamen, die den Apfel in ihrem Namen tragen: »Beit-Tappuach« (Josua 15, 53) und »das Land Tappuah« (Josua 17, 8). In 1. Chronik 2, 43 wird von den Söhnen Hebrons gesprochen, zu denen auch Korah und Tappuah gehören.

Im Hohenlied werden der Tappuah-Baum und seine Frucht viermal erwähnt. Der Apfelbaum wird hier mit der Anwesenheit des Geliebten verglichen. Anders als die üblichen Bäume des Waldes, die keine eßbaren Früchte trugen, war der Apfel ein fruchtiges und sättigendes Obst. »Wie ein Apfelbaum unter den wilden Bäumen, so ist mein Freund unter den Jünglingen«, lesen wir im Hohenlied 2, 3. Unter seinem Schatten findet die liebesdurstige, junge Frau dieser Geschichte Zufriedenheit und erfreut sich an seinen süßen Früchten. Und es war auch unter diesem Baum, wo ihre Liebe zum ersten Mal erwachte (Hoheslied 8, 5).

Zur Zeit der Mischna wurde der Apfelbaum überall in großer Zahl angebaut. Sogar Informationen über das Pfropfen von Apfelbäumen gibt die Mischna wieder. Daneben finden sich Hinweise über den Verzehr des Apfels in früheren Zeiten: Man aß Äpfel »wie sie sind«, oder geraspelt, ihr Saft diente als Mittel zum Säuern (*Mishnah Trumot 10, 42*) und zur Herstellung von Apfelwein (*Mishnah Trumot 11, 2*), zur Freude der Menschen und zur Behandlung von Verdauungsbeschwerden.

2.2 Die Birne / pyrus communis / agas

Niemand kann genau sagen, in welchem Land die Birne ihren Ursprung hat, aber in biblischer Zeit war sie mit Sicherheit unbekannt, oder wenigstens sehr selten. Sie wird in der Bibel nicht erwähnt. In der Mischna und dem Talmud gibt es vereinzelt Hinweise auf »agas«, was einige Botaniker zu der Schlußfolgerung geführt hat, daß es während der Zeit des zweiten Tempels eine Frucht in Israel gab, die der heutigen Birne ähnlich gewesen sein mag.

In der Mischna wird berichtet, daß man den »Agasbaum« mit einer ähnlichen Frucht bepropfen könne (*Kelim* 1, 10) und der Talmud spricht an einer Stelle von der guten Qualität von Agas, die auf Hügeln gewachsen sind.

2.3 Der Pfirsich / persica vulgaris / afarsek

Der Pfirsich, so meinen Botaniker, stammt aus China. Über Persien kam er schließlich in den mittleren Osten. Zur Zeit der achtzehnten Dynastie in Ägypten (um 1400 v. Chr.) war er auch dorthin gelangt. Wir finden ihn in Wandzeichnungen aus dieser Zeit. In der Bibel wird der Pfirsich nicht erwähnt, wohl dagegen in der Mischna und im Talmud. Die Schlußfolgerung liegt daher nahe, daß er in den letzten Jahrhunderten v. Chr. auch in Israel Einzug hielt, und zur Zeit des zweiten Tempels dort bereits weit verbreitet war.

Die erste Erwähnung des Pfirsichs in der Mischna findet sich in einer Abhandlung über den Zehnten. Später finden wir Hinweise über ihn in ackerbaulichen Anweisungen zu den »verschiedenen Sorten«, die man miteinander pflanzen oder anbauen durfte. Im babylonischen Talmud tauchen Pfirsiche in der Liste der möglichen Dekorations-Gegenstände für die Dächer beim Laubhüttenfest auf (*Sukkot*). An einer anderen Stelle berichtet der Talmud, daß man Pfirsich-Bäume in Weingärten pflanzte, um die Weinreben an ihnen zu befestigen.

Wenn man die Pfirsiche auspreßte, konnte man aus dem Saft Wein und Essig herstellen. Pfirsichkerne und -blätter wurden in der medizinischen Behandlung eingesetzt.

2.4 Die Zitrone / citrus medica / hadar (Baum) etrog (Frucht)

> *»Ihr sollt am ersten Tage Früchte nehmen von schönen Bäumen, Palmwedel und Zweige von Laubbäumen und Bachweiden und sieben Tage fröhlich sein vor dem Herrn, eurem Gott.«* 3. Mose 23, 40

Die »schönen« Bäume, von denen die Bibel hier spricht, werden von Botanikern fast einstimmig als Zitronenbäume identifiziert. Sie werden in der Bibel auch als »Bäume der Schönheit« bezeichnet. Die Zitronenfrucht, die einen ähnlichen, aber etwas bittereren Geschmack als die Limone hat, stammt eigentlich aus Asien. Zunächst gelangte sie nach Süd-Babylonien und schließlich, etwa um 1200 v. Chr, auch ins Heilige Land.

Die Zitrone ist eine Frucht, die sich recht vielfältig verwenden läßt. Ihre dicke Schale kann man in kleine Stücke schneiden und Spielzeug für Kinder daraus schnitzen. Man kann sie in Wasser einweichen und daraus ein limonenartiges Parfum herstellen: »Wenn du an einer Zitrone riechst, dann bekommst du Freude und verlierst nichts«, so meint ein Text aus dem Midrash (*Bamidbar Rabbah* 13). Im Gegensatz zur Limone war die Schale der Zitrone kulinarisch gesehen noch begehrter als ihre Frucht. Unsere Vorfahren aßen sie in Essig getaucht, gekocht oder eingelegt. Und selbst weiche Zweige und Blätter des Baumes aß man auf diese Art und Weise!

Über die Frage, ob man das Fruchtfleisch der Zitrone denn nun wirklich essen könne, war man sich dagegen nicht einig. Die einen verachteten es als bitter oder scharf, andere lobten es aus dem gleichen Grund. Nach einer Legende wurde ein König, der ein Getränk aus Zitronensaft zu sich nahm, von der Ruhr geheilt. Süße Zitronenschalen, gefüllt mit Honig, hielt man für ein Heilmittel gegen Schlangenbisse (*BT, Shabbat* 109b).

In der Mischna finden wir den Hinweis, die Zitrone habe den Geschlechtstrieb anregende Fähigkeiten. Aus diesem Grund war es den Hohenpriestern verboten, am Abend vor dem großen Versöhnungstag Zitronen zu essen (*Mishnah Yoma* 18 a). Von der Spitze der Zitronenfrucht meinte man, daß sie einen Einfluß habe auf das Geschlecht eines ungeborenen Kindes (*Ketubot* 71 b). Sie bewirke, so hieß es, die Geburt eines Mädchens.

2.5 Die Maulbeer-Feige* / ficus sycomorus l. / shikma

> »... ich bin ein Viehzüchter, und ich ziehe Maulbeerfeigen.«
> Amos 7, 14 (Einheitsübers.)

Der Maulbeerfeigenbaum, manchmal auch Feigen-Maulbeere genannt, hatte damals große wirtschaftliche Bedeutung. Sein weiches und poröses Holz ist dennoch fest genug, um es für den Hausbau zu benutzen. Seine Frucht war zwar kleiner als die des Feigenbaumes und ihr auch im Geschmack unterlegen; dennoch war sie süß genug, um begehrt und geschätzt zu sein.

In 2. Chronik 9, 27 lesen wir: »Und der König (Salomo) brachte es dahin, daß es in Jerusalem soviel Silber gab wie Steine und so viele Zedern wie Maulbeerbäume (Maulbeer-Feigen) im Hügelland.« Offensichtlich war die Maulbeer-Feige wohlbekannt und so wichtig, daß König David, Salomos Vater, es notwendig fand, Wächter zu benennen, die über sie wachten (1. Chronik 27, 28).

Die Maulbeer-Feige ist eine seltsame Frucht. Um sie wirklich zur Reife zu bringen, mußte man ein Stück in der Mitte der Feige abschälen oder herausschneiden, oder sie mit einem scharfen Gegenstand drei oder vier Tage vor der Ernte punktieren. Sonst sonderte die Frucht ein wässriges Sekret ab und reifte nicht aus. Der Prophet Amos hatte offensichtlich diese Aufgabe zu erfüllen.

---

* Andere Namen für diese Frucht sind: Sykomore, Eselsfeige, Pharao-Feige, Adams-Feige (vgl. *Der Große Brockhaus*, Bd. 6, S. 373). In den meisten deutschen Bibelübersetzungen wird leider kein Unterschied zwischen Maulbeer-Feige und Maulbeere gemacht.

2.6 Die Brustbeere* / zizyphus sp. / shayzaf

Nur wenige Israelis kennen heute noch die Brustbeere, obwohl sie, vor allem in den nördlichen Teilen des Landes, noch immer wild wächst, genau wie in biblischer Zeit. Manche Kommentatoren identifizieren auch die »Dornen« aus Jesaja 55, 13 und Matthäus 7, 16 als Jojoba-Sträucher.

Ein mittelgroßer strauchartiger Baum trägt Früchte in der Größe etwa einer Olive. Die Brustbeere wird in Teilen der Mischna ebenfalls erwähnt. Die kleinen reifen Beeren mit ihrer gelblichen Farbe wurden in früherer Zeit gerne gegessen.

2.7 Der Johannisbrotbaum / ceratonia siliqua l. / haruv

> »Und er begehrte, seinen Bauch zu füllen mit den Schoten, die die Säue aßen; und niemand gab sie ihm.«
> Lukas 15, 16

Der Johannisbrotbaum ist ein immergrüner Baum, der bis zu neun Meter hoch wird. Er wuchs früher auf den Höhen Galiläas, in Samarien, Judäa und in den Wäldern des Berges Karmel.

Die Johannisbrotfrucht ist eine längliche, hornähnliche Schote mit sehr gleichmäßig geformten Samenkörnern. Und unsere noch immer gebräuchliche Gewichtseinheit »Karat« leitet sich tatsächlich von den Samen des *ceratonia siliqua* ab.

Johannisbrot ist ein ideales Futter für Haustiere. Frische Früchte lassen sich aber auch einweichen und dann zu einer Art »Honig« verkochen. Allerdings ist dieser Honig von minderer Qualität im Vergleich zu solchem aus Datteln, Trauben oder Feigen. Auch Johannisbrotwein wird in der Mischna erwähnt. Vermutlich wurde er hergestellt, indem man altem Wein frische, zerstoßene Johannisbrotschoten beifügte.

Während des größten Teils des Altertums jedoch hielt man Johannisbrotschoten für eine Speise, die mageren Zeiten und Hungersnöten vorbehalten war. Als solche werden sie in Lukas 15, 16 erwähnt, und manche Ausleger sind der Meinung, daß auch die »Heuschrecken«, die Johannes der Täufer aß (Matthäus 3, 4) eigentlich Johannisbrotschoten gewesen seien, da die jeweiligen Worte im Griechischen sehr ähnlich sind. In Mischna, Talmud und anderen Texten dieser Zeit wird häufig auf das Johannisbrot Bezug genommen, meistens im Zusammenhang mit Steuern und dem Zehnten.

Die Blätter des Johannisbrotbaumes benutzte man zum Gerben, als Trockenfutter und auch als ein frühes

---

* Oder Jojoba-Beere

Schreib»papier«. Aus den unreifen Schoten ließ sich ein hellgoldenes Färbemittel herstellen, und das Holz des *ceratonia siliqua* wurde von den Gelehrten als gleichwertig mit dem eines Zitronenbaumes betrachtet, obwohl sie natürlich sofort hinzufügten, daß sich die Frucht in keiner Weise mit der Schönheit der Zitrone vergleichen ließe.

Eine Legende berichtet, daß Rabbi Shimon bar Yoahi und sein Sohn Rabbi Eliezer sich vor den Römern in einer Höhle versteckt hielten und 13 Jahre lang nur von Johannisbrot und Datteln lebten. Außerhalb Israels würden wahrscheinlich nur jüdische Kinder das Johannisbrot erkennen, da sie es traditionsgemäß an den Feiertagen Lag B'Omer und Tu B'shvat als charakteristische Frucht des Landes Israel zu essen bekommen.

2.8 Die Dattelpalme / phoenix dactylifera l.
/ tamar dekel temarim

»Dein Wuchs ist hoch wie ein Palmbaum ...«
Hoheslied 7, 8

Einer der wichtigsten Bäume in biblischer Zeit war die Dattelpalme. Schon etwa 4000 v. Chr. scheint die Dattelpalme im Heiligen Land gewachsen zu sein. Sie war berühmt wegen ihrer mächtigen Größe, ihrem federartigen Blattwerk und – natürlich – wegen ihrer köstlichen Frucht.

Rund um Jericho, im Jordantal und in der Gegend des Toten Meeres sorgte dieser Baum für ein gutes Einkommen und den Lebensunterhalt der Leute. Seine Form und sein Äußeres inspirierten Künstler und Münzdesigner. Der Anbau von Datteln reicht Jahrtausende zurück. Dattelkerne sind bei vielen Ausgrabungen gefunden worden, besonders in und um Jericho, und zwar in Schichten, die aus der Zeit von 1600 v. Chr. und früher stammen.

Vom nördlichen Teil des Heiligen Landes, der ja eine Zeitlang von den Phöniziern besetzt war, könnte der lateinische Name der Dattel (phoenix) abgeleitet sein. Aber die Datteln, die auf den Hügeln des nördlichen Israel wuchsen, waren entweder unfruchtbar, oder produzierten Datteln minderer Qualität. Nur ihre Verwandten, die die südliche Sonne genießen konnten, trugen jene feine Frucht, die als Erstlingsfrucht für das Opfer im Tempel geeignet war.

Die Kinder Israel waren mit der Dattelpalme seit frühester Zeit vertraut. Während ihrer Zeit in Ägypten trafen sie sie wieder. Und auch in der Wüste nach dem Exodus. Das zweite Buch Mose berichtet: »Und sie kamen nach Elim; da waren zwölf Wasserquellen und siebzig Palmbäume ...« (2. Mose 15, 27). Und Mose sah, als er vom Berg Nebo aus das Heilige Land sehen durfte, auch dort solche Dattelpalmbäume (5. Mose 34, 3).

In der ganzen Bibel finden wir Ortsnamen, die von der Dattelpalme abgeleitet sind: »Hazazon-tamar« (1. Mose 14, 7; 2. Chronik 20, 2), ein anderer Name für Engedi, »Ir Hatemarim«, ein anderer Name für Jericho (5. Mose 34, 3). »Baal-Tamar« (Richter 20, 33), »Tamar« (Hesekiel 47, 19) und vielleicht auch »Tadmor«, die Wüstenstadt, die König Salomo baute (manche Kommentatoren identifizieren sie mit der Stadt Tamar, 1. Könige 9, 18). Vier Frauen in der Bibel tragen den Namen Tamar: die Schwiegertöchter Judas und Davids, eine der Töchter Davids und die Tochter von Absalom aus Juda. Und Debora, die Prophetin und Richterin, hielt unter dem Schatten der Dattelpalme Gericht (Richter 4, 5).

Das Symbol der Dattelpalme

Die breitblättrige Dattelpalme hatte nicht nur für die alten Hebräer Symbolcharakter, sondern auch für die Völker der Umgebung. Den Ägyptern bedeutete sie Fruchtbarkeit und Unsterblichkeit. Für die Israeliten war die Dattelpalme Symbol für Frieden und Harmonie, und der Heilige Tempel in Jerusalem trug die Bilder von Cherubinen, Palmblättern und geöffneten Blüten (1. Könige 6, 29). Der Psalmist spricht davon, daß der Gerechte blühen und wachsen wird wie ein Palmbaum. Für den frühen Christen im ersten Jahrhundert nach Christi Geburt waren Palmzweige Zeichen der Gerechtigkeit, Liebe und der reichen Ernte. »... Als am nächsten Tag die große Menge hörte, daß Jesus nach Jerusalem käme, nahmen sie Palmzweige und gingen hinaus, ihm entgegen ...« (Johannes 12, 12.13). Die Offenbarung beschreibt eine ähnliche Szene, in der eine große Menge »... angetan mit weißen Kleidern und Palmen in ihren Händen« Gott und sein Lamm loben und anbeten (Offenbarung 7, 9).

Auch den Moslems ist die Dattelpalme heilig. Nach dem Propheten Mohammed, dem Gründer des Islam, ist sie ein Baum der Göttlichkeit. Er rief dazu auf, »die Dattelpalme zu ehren ... Sie wuchs auf jenem Rest Erde, der bei der Erschaffung des Menschen übriggeblieben war.«

Und auch im rituellen Gebrauch hatte die Dattelpalme ihren Platz. Sie war ein Zeichen für militärischen Triumph (1. Makkabäer 13, 51; 2. Makkabäer 10, 7) und wurde auch benutzt, um die Hütten beim Laubhüttenfest abzudecken (Nehemia 8, 14.15). Sie gehörte zu jenen vier Gewächsen (Zitrone, Palme, Myrte und

Weide), die damals wie heute von den Juden bei diesem Fest gesegnet werden.

Und schließlich benutzten auch die Römer die Dattelpalme als Symbol. Nicht gerade zur Freude der Juden fand man sie in stilisierter Form auf Münzen mit der Aufschrift »Das eroberte Juda« (»JUDAEA CAPTA«).

Ein seltsamer Bestäubungsprozeß

Unsere Vorfahren lernten sehr früh, daß man Datteln anpflanzen konnte, indem man die Dattelkerne in die Erde steckte oder Ableger der Dattel entfernte und anpflanzte. So wurden harte und weiche Arten kultiviert. Die einen galten als Viehfutter, die anderen waren für den menschlichen Gebrauch bestimmt.

Die Bestäubung der Blütenstände war eine ganz besondere Kunst. Die Hebräer lernten sie von den ägyptischen und babylonischen Ackerbauern. Nach dem Talmud »bringt ein Bauer einen frischen Myrtenzweig und den Saft der grünen Lorbeerfrucht mit Gerstenmehl, gemischt mit Dattelpollen, zusammen. ... Alle diese Zutaten werden vermischt und gekocht, und dann in die Blüte des weiblichen Baumes gespritzt.«

Ein Gewebe aus Datteln

Die Menschen der Stein- und Bronzezeit lernten sehr schnell, die vielfältigen Gaben des Dattelbaumes zu nutzen. Datteln, getrocknet und frisch, waren ein nahrhaftes Essen. Man konnte Wein aus ihnen herstellen und Honig. Die, aus denen man schon Honig gepreßt hatte, ließen sich noch zu Kuchen und anderen Gerichten weiterverarbeiten. Dattelkerne waren ein gutes Heizmittel, ließen sich gemahlen aber auch als Trockenfutter verwenden. In der talmudischen Zeit gaben Datteln und Granatäpfel eine vollständige Mahlzeit ab, während Feigen und Trauben nur als Dessert serviert wurden.

Die großen Blätter der Dattelpalme waren ebenfalls sehr begehrt. Aus ihnen ließen sich Schlafmatten weben, und man konnte auch Satteldecken, Taschen, Besen, Siebe und selbst Sandalen und Fächer daraus herstellen. Das Holz der Palmen diente als Rohmaterial für die Konstruktion von Dächern (nicht nur beim Laubhüttenfest), Flößen und einfachen Booten. Man konnte aber auch Zäune daraus herstellen. Das gewebeartige Innere der Dattelpalme wurde für die Federung von Schlafstätten benutzt, oder zu Decken verarbeitet. Die Dattelpalme galt somit zu Recht als Schatzkiste der Natur von der Wurzel bis zur Spitze.

Die Medizin aus der Palme

In biblischen und talmudischen Zeiten hielt man Datteln – und das war sicher berechtigt – für eine sehr nahrhafte Speise. Unreife Datteln zu essen, besonders wenn man noch nichts im Magen hatte, galt dagegen als schlecht, denn diese unreifen Datteln waren »schädlich« und wurden »vom Körper aufgenommen, ohne ihm irgend etwas Gutes zu tun«.

Man war der Meinung, daß das Essen von Datteln den Menschen in eine Art Rauschzustand versetze. Deshalb warnt dieselbe Stelle der Mischna davor, daß sie nicht von Lehrern gegessen werden dürfe. Der Saft der Dattel-Kerne sollte von Frauen gemieden werden, fügt der Tamlud hinzu, da dieser die Unfruchtbarkeit fördere oder gar hervorrufe.

In medizinischer Hinsicht hielt man die Dattel für ein Mittel »den Körper zu wärmen, zu sättigen, zu stärken, und als Abführmittel zu wirken«. Allerdings wurde vorgeschlagen, Datteln zwar morgens, mittags und abends, nicht aber am Nachmittag zu essen. Die Gelehrten waren der Meinung, Datteln würden schlechte Gedanken ebenso vertreiben wie innere Krankheiten und Hämorrhoiden. Auch sollen sie helfen, einen Ohnmächtigen wieder zum Bewußtsein zu bringen (*Mischna Kebtubot* 10b).

3. Ein Garten voller Nüsse

»Ich bin hinabgegangen in den Nußgarten, zu schauen die Knospen im Tal, zu schauen, ob der Weinstock sproßt, ob die Granatbäume blühen.«
Hoheslied 6, 11

Die »Gärten« aus biblischer Zeit waren nicht Blumengärten, wie wir sie heute kennen. Damals wuchsen hier viele verschiedene fruchttragende Bäume nebeneinander. Oliven, Feigen und Granatäpfel – sie alle finden sich unter den »sieben Arten« – gehörten in jeden Garten. Nußbäume aber waren etwas Besonderes. Sie waren das »Gewürz« des Lebens, eine echte Gaumenfreude.

Man aß Nüsse roh oder getrocknet, geröstet oder gebraten, einfach so, als Appetitanreger, als Dessert oder als Snack. Aber man konnte sie auch raspeln oder mahlen, verschiedenen Fleisch- oder Getreidespeisen zugeben und diesen so einen besonderen Geschmack verleihen. Süße Kuchen wurden durch Nüsse angereichert, Brotgewürze ebenfalls. Und schon ganz früh wußten unsere Vorfahren, daß Nüsse sehr nahrhaft sind. Wenn man heute einen Nußhändler im modernen Israel sieht, dann findet man bei ihm Cashew-Kerne, brasilianische Nüsse, Pistazien, süße und bittere Mandeln, Walnüsse, Erdnüsse und Haselnüsse und manches andere mehr. In den Tagen der alten Hebräer hätte man bei ihnen nur Mandeln, Walnüsse und Pistazien gefunden – keine schlechte Auswahl also.

3.1 Mandelbaum / prunus amygdalus / shaked amygdalus

> »Am nächsten Morgen, als Mose in die Hütte des Gesetzes ging, fand er den Stab Aarons vom Hause Levi grünen und die Blüte aufgegangen und Mandeln tragen.«
> 4. Mose 17, 23

Die rosafarbenen oder weißen Blüten des Mandelbaumes werden im Heiligen Land stets freudig begrüßt. Sie sind das erste Zeichen dafür, daß der Winter nun vorbei ist und der Frühling in all' seiner Herrlichkeit erwacht. Der Mandelbaum ist in Israel seit ältester Zeit bekannt. Jakob schon ritzte Streifen in die Rinde von Mandelbaumzweigen, um diese in die Tränke der Herde zu legen – damit sie gestreifte und gesprenkelte Junge bekommen sollten (1. Mose 30, 37). Später in seinem Leben schlug er vor, daß diese köstliche Frucht, die Mandel, unter den Geschenken sein sollte, die seine Kinder nach Ägypten hinunterbrachten (1. Mose 43, 11).

Es ist durchaus möglich, daß es erst die Israeliten waren, die den Mandelbaum nach Ägypten brachten. Jakob wollte ja, daß seine Kinder nur die feinsten und außergewöhnlichsten Spezialitäten des Landes mitnehmen sollten. Wäre die Mandel damals schon weit verbreitet gewesen, dann wäre sie sicherlich nicht unter diese Kategorie gefallen. Als die Zeit der Israeliten in Ägypten vorbei war, war die Mandel allen bekannt: Die Form der Mandelblüten war nach der Anweisung Gottes Vorbild für die Verzierungen des Leuchters in der Stiftshütte (2. Mose 25, 31.33; 37, 19.20).

Zwei Arten von Mandelbäumen wuchsen in Israel. Die eine trug bittere, die andere süße Mandeln. Aus den bitteren Mandeln stellte man Öl her und benutzte sie für medizinische Behandlungen. Die süßen Mandeln waren als Knabberei begehrt und wurden besonders in Süßigkeiten und zur Herstellung von Konfekt benutzt. Der Baum war im ganzen Land so reichlich vorhanden, daß man sein Holz auch zum Heizen nutzte (*Tosephta Beitzah* 3, 11).

3.2 Der Pistazienbaum / pistacia vera l. / botna fistukim (Umgangssprache)

> »Da sprach Israel, ihr Vater, zu ihnen: ... nehmt von des Landes besten Früchten in eure Säcke und bringt dem Manne Geschenke hinab, ein wenig Balsam und Honig, Harz und Myrrhe, Nüsse und Mandeln.«
> 1. Mose 43, 11

Der Israeli von heute liebt Pistazien genauso sehr, wie sein Vorfahre. Die Pistazie ist eine attraktive Frucht, farbig und voll im Geschmack. Sie wird als Delikatesse gehandelt. Daher gehörte sie auch zu diesen besonderen Geschenken, die Jakob dem ägyptischen Herrn (der in Wirklichkeit ja sein Sohn Josef war!) bringen ließ.

Ursprünglich stammt der Pistazienbaum aus Westasien. In Syrien wurde er schnell heimisch und war auch in Palästina weit verbreitet. Ein Kenner der biblischen Botanik glaubt, daß der Ort »Betonim«, der in Josua 13, 26 erwähnt wird, ein Hinweis auf den großen Reichtum an Pistazienbäumen in dieser Gegend ist.* Zur Zeit der Mischna wurden nicht nur die Nüsse, sondern auch die weichen, jungen Zweige gegessen.

3.3 Der Walnußbaum / juglans regio l. / egoz

Glaubt man der Aussage im Hohenlied 6, 11, gehörte der Walnußbaum zu den wichtigsten Pflanzen im Garten des Königs Salomo. Ursprünglich aus Persien stammend, wurde er offensichtlich vor Jahrtausenden im Heiligen Land heimisch. Der Historiker Josephus erwähnt, daß er in ganz Israel, besonders in der Gegend des Sees Genezareth, sehr viele außergewöhnlich alte Bäume gesehen habe.

Der Walnußbaum, der über zehn Meter hoch werden kann, spendet mit seinen duftenden Blättern und seinen weit ausladenden Ästen köstlichen Schatten und ist ein Wunder an Schönheit. Sein hartes Holz war für vieles geeignet. Man benutzte es für den Altar der Stiftshütte und stellte daraus Werkzeuge und Meßinstrumente her.

Aber das eigentlich Bedeutende an ihm war seine Frucht. Man pflückte sie grün und trocknete sie in Bündeln. Dann entfernte man mit einem scharfen Messer die Schale vom Inneren. Man lebte damals sparsam und rohstoffbewußt und benutzte daher die grüne Schale zur Herstellung von Farben und zum Färben von Stoffen.

Zur Zeit des Talmud waren Walnüsse so beliebt, daß die Nachfrage das Angebot bei weitem überstieg. Man mußte importieren. Da die Nüsse sehr nahrhaft sind, empfahl man sie besonders für kleine Kinder. Diese

---

* Moldenke, Harold. *Plants of the Bible*, S. 179

benutzten Walnüsse aber auch – ähnlich wie Murmeln – zum Spielen. Der Talmud sagt, daß Rabbi Akiva den Kindern am Passa-Fest Walnüsse gab, damit sie lange genug aufbleiben konnten, um nach der jüdischen Tradition die vier Fragen des Passa-Festes zu stellen!

In den Tagen Jakobs litt das Land unter einer schweren Hungersnot. Man erhoffte sich Hilfe aus Ägypten. »Siehe«, so sagte Jakob zu seinen Kindern, »ich höre, es sei in Ägypten Getreide zu haben; zieht hinab und kauft uns Getreide, daß wir leben und nicht sterben« (1. Mose 42, 2).

Sie wußten ja nicht, daß es ihr Bruder Josef war, zu dem sie gingen, um Hilfe zu holen. Josef, vor vielen Jahren als Sklave an ismaelitische Händler verkauft, hatte in Ägypten den Rang des mächtigsten Mannes nach dem Pharao erlangt.

»Nehmt von des Landes besten Früchten in eure Säcke«, befahl Jakob (Israel) seinen Söhnen, damit sie in den Augen dieses Herrschers Gnade fänden, »und bringt dem Manne Geschenke hinab; ein wenig Balsam und Honig, Harz und Myrrhe, *Nüsse* und *Mandeln*« (1. Mose 43, 11).

Wenn Josef diese köstlichen Geschenke seinem Palast-Chef gegeben hat, dann ist es gut möglich, daß er und seine Brüder bei ihrem gemeinsamen Mahl einiges davon genossen haben (1. Mose 43, 32-34).

Mandeln mit Anisgeschmack

2 Tassen Wasser
¼ Tasse grobes Salz
1½ Tassen geschälte Mandeln
½ Teelöffel Essig
¼ Tasse Honig
¼ Teelöffel Anis, gemahlen

Wasser, Honig, Salz, Essig und Anis miteinander in einem Topf zum Kochen bringen. Mandeln zugeben. Etwa zwei Minuten kochen, dann zur Seite stellen. Nach weiteren fünf Minuten das Wasser abgießen und die Mandeln auf ein Blech schütten. Etwas Anis darüberstreuen und die Nüsse über Nacht trocknen lassen. Am nächsten Tag bei etwa 220°C zehn Minuten rösten, dabei hin und wieder wenden. Die Hitze auf etwa 125°C reduzieren und weitere 15 Minuten rösten. Vor dem Servieren abkühlen lassen.

Eden-Äpfel in Tahina

Pro Person:

1 großer, fester Apfel
1 Eßlöffel dunkle Tahina-Paste (s. Kap. X)
½ Eßlöffel Honig

Tahina und Honig mischen. Die Äpfel mit einem Apfelbohrer entkernen. Nicht schälen. Anschließend die Früchte mit der Tahina-Mischung füllen. Äpfel in eine feuerfeste Form legen und etwas heißes Wasser zugeben. Zudecken und bei mittlerer Hitze etwa 25 Minuten auf dem Herd backen, bis die Äpfel gar sind. Warm servieren.

Baumfrucht-Leder

In meiner Kindheit nannten wir es »Schuhleder«. Wir machten uns einen Spaß daraus, die hauchdünnen, getrockneten Früchte abzuziehen. Man kann zwar auch heute noch hin und wieder natürliches, echtes Frucht-Leder in manchen Naturkostläden kaufen, gewarnt werden muß aber vor der »modernen« Version. Sie enthält Zucker und künstliche Geschmacksstoffe und Farben. Besser ist es, Sie machen es selbst – mit Sommerfrüchten in der Sommersonne.

Für ein mittelgroßes Blech:
Ca. 900 g frische oder getrocknete Pfirsiche, Pflaumen oder Backpflaumen
1 knappe Tasse Wasser

Obst und Wasser aufkochen und bei mittlerer Hitze garen, bis das Obst sehr weich ist. Das Wasser abschütten. Das Obst mit der Hand oder in der Küchenmaschine (was wohl die alten Israeliten darum gegeben hätten, eine solche Maschine zu besitzen) zerdrücken und etwa ½ Zentimeter dick auf einem Blech verteilen. Das Blech mit Nesseltuch abdecken. Dann das ganze 10 bis 15 Tage in der Sonne vergessen, bis die Früchte durch und durch trocken sind. Von einer Seite her vorsichtig vom Blech abziehen. Zur Aufbewahrung in ein Stück Alufolie wickeln und zusammenrollen. Im Plastikbeutel verpackt, kann das Baumfrucht-Leder sogar eingefroren werden.

Halvah nach altem Rezept

½ Tasse Sesamkörner, gemahlen
½ Tasse unbehandelte Mandeln, gemahlen
½ Tasse Tahina (am besten dunkle)
4 Eßlöffel Honig
1 – 2 Teelöffel Johannisbrotkornmehl
geraspelte Pistazien zum Garnieren

Sesam und Mandeln getrennt zerstoßen oder fein mahlen. Beides in eine Schüssel geben und Tahina und Honig zufügen. Gut durchkneten. Die Mischung teilen und das Carobmehl unter die eine Hälfte mischen.
Beide Mischungen auf Pergamentpapier etwa einen Zentimeter dick auswellen und nebeneinanderlegen. Eventuell mit gehackten Pistazien bestreuen.
Unsere Vorfahren hatten natürlich kein Pergamentpapier. Daher wickelten Sie das Ganze in ein Tuch und ließen es in der Sonne trocknen. Heute geht es viel einfacher. Man schlägt das Pergamentpapier darüber und kühlt die Halvah in einem Kühlschrank, bis sie fest ist. Zum Servieren schneidet man sie dann in kleine Stückchen.

Frucht-Butter mit Lavendel

Für ungefähr eine Tasse:

2 getrocknete Feigen
1 Tasse getrocknete Pfirsiche oder Birnen
¼ Tasse Rosinen
2 Eßlöffel Lavendel-Weinessig (siehe dort)
½ – 1 Teelöffel gemahlener Koriander

Früchte über Nacht mit Wasser bedeckt stehenlassen. Am nächsten Tag das Wasser abschütten, nicht wegwerfen.
Früchte im Mörser oder in der Küchenmaschine zerkleinern, dabei etwas vom Einweichwasser zugeben. Nun den Lavendel-Weinessig untermischen und mit Koriander abschmecken.
Fruchtbutter schmeckt besonders gut als Brotbelag oder zum Füllen von anderen Früchten.

Mandel-Sesam Bonbons

Für etwa 40 kleine Stückchen – also etwa den Bedarf einer Königin:

2½ Tassen Sesam
1½ Tassen kleine, unbehandelte Mandeln
1 Eßlöffel geriebene Zitronen- oder
Limonenschale
1 Tasse Honig
¼ Teelöffel Salz

Ein Backblech mit Mehl bestäuben und zur Seite stellen. Sesam, Mandeln und Salz in einer Schüssel mischen. Honig zum Kochen bringen, dabei häufig umrühren. Kochen, bis ein Tropfen, den man in kaltes Wasser gibt, zur Kugel wird. Nun heißt es schnell sein:
Sesam-Mandel-Mischung und Zitronenschale unter den Honig rühren. Das Ganze auf dem Backblech etwa einen Zentimeter dick ausrollen und leicht abkühlen lassen, bis es anfängt, fest zu werden. Mit einem scharfen Messer in etwa 2 cm² große Stücke schneiden. ImKühlschrank oder in der Sonne trocknen lassen, bis die Bonbons fest sind.

Obst, Nüsse und Wein (Haroset auf ägyptische Art)

Das Gesetz ordnet an, daß die Kinder Israel das Passa-Fest jedes Jahr mit einer Zeremonie feiern, die sie an die bittere Zeit ihrer Knechtschaft in Ägypten und den Auszug daraus erinnert. Zu diesem Fest gehört traditionsgemäß auch das Haroset, eine Mischung aus Früchten und Nüssen mit Wein. Das Haroset steht als Symbol für den Mörtel, den die Hebräer beim Bau der ägyptischen Pyramiden benutzten. Es ist gut möglich, daß die Wurzeln dieses typisch israelisch-ägyptischen Essens bis an jene Zeit zurückreichen. Heute gibt es ebenso viele Arten von Haroset, wie es Länder gibt, in denen Juden wohnen.

Natürlich darf Haroset nicht nur beim Passa-Fest gegessen werden. Es ist auch ein zuckersüßer Brotbelag, eine Füllung für Kuchen und gebackene Äpfel und ein exotischer Dip für frisches Obst. Man kann es sogar noch weiter kochen und verdicken, bis man schließlich kleine Kugeln daraus formen kann, die in Nüssen gerollt köstlich schmecken.

100 g ganze, kleine Datteln
100 g Rosinen, zerkleinert
1 Tasse Wasser
2 Eßlöffel Honig
½ Tasse süßer Rotwein
40 g geraspelte Walnüsse

Datteln entkernen und mit Rosinen und Wasser in einen Topf geben. Zum Kochen bringen und fünf bis sieben Minuten lang bei kleiner Hitze weiterköcheln, dabei hin und wieder umrühren. Vom Herd nehmen und mit Mörser oder Küchenmaschine zu einer weichen Paste rühren.

Wieder auf die Herdplatte stellen und Honig und Wein zufügen. Bei niedriger Hitze erneut 15 Minuten kochen, bis ein dicker Brei entstanden ist.

Gut mischen und in kleine Schüsseln füllen, mit den Walnüssen garnieren.

Feigenkuchen mit Nußfüllung

12 große Feigen
1 Tasse kleine, süße Mandeln oder
geschälte Pistazien

Feigen gut waschen und ein bis zwei Minuten mit kochendem Wasser übergossen stehenlassen. Stiele entfernen. Die Feigen der Länge nach aufschneiden und mit Nüssen füllen. Die gefüllten Feigen auf ein mit Mehl bestäubtes Backblech legen und bei 175°C etwa 20 Minuten backen, bis die Feigen leicht aufgegangen und goldgelb sind.

Anmerkung:
Bevor man die Feigen backt, kann man sie, falls gewünscht, mit Zimt bestreuen oder mit Rosenwasser besprengen. Eine Messerspitze Butter auf jede Feige bereichert das Aroma.

»... und gaben ihm ein Stück Feigenkuchen und zwei Rosinenkuchen. Und als er gegessen hatte, kam er wieder zu sich; denn er hatte in drei Tagen und drei Nächten nichts gegessen und kein Wasser getrunken.«
1. Samuel 30, 12

Mandelwein-Nachspeise

Kleine Tropfen honigsüßen Teigs, die gebacken ein hervorragendes Dessert oder eine köstliche Beigabe für den Nachmittags-Kaffee ergeben.

¾ Tasse Butter
½ Tasse Honig
¼ Teelöffel Salz
2½ Eßlöffel süßer, roter Wein
2 Eßlöffel Wasser
1 Tasse rohe Mandeln (gemahlen)

Mandeln in einem Mörser zerkleinern (oder, wenn Sie unbedingt modern sein wollen, in der Küchenmaschine mahlen) und zur Seite stellen.
Honig und Butter mischen, die restlichen Zutaten beigeben und alles gut verrühren. Kleine Kugeln (ca. 1 cm Ø) formen und auf ein bemehltes Backblech legen. Die Kugeln laufen nicht auseinander, können also dicht gelegt werden.
Die Mandelkugeln bei 160°C etwa 25 Minuten lang backen, bis sie goldbraun sind. Leckermäulchen können die Kugeln nach dem Backen noch einmal kurz in Honig tauchen.

Anmerkung:
Achten Sie darauf, daß die Mandeln sehr fein gemahlen sind, sonst nehmen sie nicht genügend Flüssigkeit auf und die Kugeln zerlaufen im Ofen.

Mit Käse und Nüssen gefüllte Datteln

Für 25 Datteln

⅓ Tasse Biblischer Streichkäse
(siehe Kap. IV)
25 kleine, getrocknete Datteln
25 Walnuß- oder Mandelhälften

Datteln der Länge nach aufschneiden und Kerne entfernen. Mit einem Löffel den Streichkäse in die Datteln füllen und je eine Nuß hineinstecken. Fertiger Streichkäse sollte dazu vor dem Gebrauch cremig geschlagen werden. Wer Süßes mag, kann dem Streichkäse auch etwas Honig zufügen.
Gefüllte Datteln eignen sich als Zwischenmahlzeit, als leichtes Dessert oder als Party-Snack.

Johannisbrot-Dattel-Kuchen

Für 18 bis 24 Stück:

1 Tasse Honig
½ Tasse Sesamöl (oder geschmolzene Butter)
½ Tasse Johannisbrotschoten, sehr fein gemahlen (Carobmehl)
½ Tasse Walnüsse, geraspelt
½ Tasse entkernte Datteln, fein zerkleinert
½ Teelöffel Zimt
2½ Tassen Weizenvollkornmehl

Alle Zutaten vermischen. Sollte die Mischung noch zu klebrig sein, etwas mehr Mehl zugeben. Auf einem bemehlten Brett ausrollen und mit einem Glas runde Kreise ausstechen. (Das geht einfacher, wenn Sie das Glas ab und zu in kaltes Wasser tauchen.) Die Kekse auf ein leicht geöltes Backblech legen und bei 175°C etwa 12 bis 15 Minuten backen.

Kapitel VII

Fette Ochsen, Schafe, Hirsche und Rehböcke

»Und Salomo mußte täglich zur Speisung haben ... zehn gemästete Rinder und zwanzig Rinder von der Weide und hundert Schafe, ohne die Hirsche und Gazellen und Rehe und das gemästete Federvieh.«

1. Könige 5, 2.3

1. Warum Menschen Fleisch essen

»Sehet da, ich habe euch gegeben«, sagt Gott zu Adam und Eva, »alle Pflanzen, die Samen bringen, auf der ganzen Erde, und alle Bäume mit Früchten, die Samen bringen, zu eurer Speise« (1. Mose 1, 29). Adam und Eva waren, ebenso wie ihre Nachkommen bis zur Sintflut, reine Vegetarier. Erst Noah und seinen Kindern wurde es erlaubt, auch Fleisch zu essen (1. Mose 9, 3). Und in seiner Vision vom Tausendjährigen Reich auf dieser Erde beschreibt uns der Prophet Jesaja eine Zeit, in der es wieder so sein wird: Keine Kreatur wird eine andere auffressen, und selbst »Löwen werden Stroh fressen wie die Rinder« (Jesaja 11, 7).

Während der Wanderschaft der Kinder Israel in der Wüste mußte jeder Ochse, jedes Lamm und jede Ziege, die geschlachtet wurden, dem Herrn vor der Stiftshütte als Opfer dargebracht werden. Erst dann durfte man seinen Teil des Fleisches nehmen. Diese Regel in der Wüste sollte verhindern, daß jemand durch ein eigenes Opfer Götzendienst tat.

Erst nach der Eroberung Kanaans und der Verteilung des Landes – als die Entfernung zum Tempel in Jerusalem für die meisten Menschen einfach zu groß war – wurde diese Regel aufgehoben. In 5. Mose 12, 15 erlaubt Gott den Israeliten, Fleisch zu essen »in allen deinen Städten«. Wenn das Gebiet Israels immer größer wird, »und du sprichst: Ich will Fleisch essen, weil es dich gelüstet, Fleisch zu essen, so iß Fleisch ganz nach Herzenslust. Ist aber die Stätte fern von dir, die der Herr, dein Gott erwählt hat, ... so schlachte von deinen Rindern oder Schafen ... und iß es in deiner Stadt ganz nach Herzenslust« (5. Mose 12, 20.21).

Der Talmud erklärt zu dieser Stelle, daß sie uns lehre: 1. daß man nur dann Fleisch essen solle, wenn man ein besonderes Bedürfnis oder ein Verlangen danach habe, 2. »von deinen Rindern oder Schafen« bedeute, daß man nur dann Fleisch essen solle, wenn man selbst Vieh habe, daß man es aber nicht auf dem Markt kaufen solle (eine Ermahnung, selbst Vieh zu züchten! – *Chullin 84 b*) und 3. »von deinen Rindern oder Schafen« bedeute, daß nicht »alle«, sondern nur ein Teil als Nahrung dienen solle.

2. Verbotene Speisen (Reinheitsgesetze)

In 3. Mose 11 weist Gott Mose und Aaron an: »Dies sind die Tiere, die ihr essen dürft .... Alles, was gespaltene Klauen hat, ganz durchgespalten, und wiederkäut unter den Tieren, das dürft ihr essen« (3. Mose 11, 2.3). Die Hufe oder Klauen der Tiere mußten also der Länge nach gespalten sein in zwei Teile, und das vollständig (nicht wie bei den unvollständig gespaltenen Hufen der Pferde oder Esel). Das Tier mußte ein Wiederkäuer sein. In diese Kategorie fallen Ochsen, Schafe, Ziegen, Hirsche, Gazellen, Rothirsche, die wilde Ziege, die Antilope und das Bergschaf (5. Mose 14, 4.5). Jene Tiere dagegen, die nicht beide Voraussetzungen zugleich erfüllten (wie z.B. das Kamel, der Hase oder das Schwein) wurden als unrein angesehen. Aber auch reine Tiere durften dann nicht gegessen werden, wenn sie eines natürlichen Todes gestorben oder von einem wilden Tier gerissen worden waren.

Diese Speisevorschriften der Thora wurden durch das mündliche Gesetz erweitert und von den rabbinischen Gelehrten im Talmud niedergelegt. Daraus entstand ein kompliziertes Netz von Vorschriften. Wenn es z.B. im Gesetz an drei Stellen heißt: »Du sollst das Böcklein nicht kochen in der Milch seiner Mutter« (5. Mose 14, 21; 2. Mose 23, 19 und 34, 26), so meint der Rabbiner Rashi, dies bedeute, es sei grundsätzlich verboten, irgendwelche Speisen aus einer Mischung von Milch und Fleisch herzustellen. Dies stand in einem krassen Gegensatz zu den damals in Kanaan üblichen Praktiken und wird daher, so Rashi, von der Thora als grausam und falsch abgelehnt.

Immer wieder finden wir in der ganzen Bibel das ausdrückliche und scharfe Verbot, das Blut eines Tieres zu trinken oder bestimmte Teile eines Opfertieres zu essen (3. Mose 3, 17). Nach 1. Samuel 14, 32 fiel Sauls ausgehungertes Heer »über die Beute her, und sie nahmen Schafe und Rinder und Kälber und schlachteten sie, daß das Blut auf die Erde floß, und aßen das Fleisch über dem Blut.« Saul betrachtete dies als schwere Sünde. Denn obwohl man die Tiere geschlachtet hatte, hatte man sie nicht ausbluten lassen. Dies aber war verboten.

Außerdem »essen die Kinder Israel nicht das Muskelstück auf dem Gelenk der Hüfte«. Sie tun es nicht, weil Gott, als er mit Jakob gerungen hatte, dessen Hüfte geschlagen hatte (1. Mose 32, 33).

3. Tierhaltung und -zucht

Lange bevor der erste Gedanke an Viehfarmen oder Milch-Großbetriebe entstand, lebten unsere Vorfahren als nomadische Hirten. Zwar gab es auch in manchen Gegenden Israels recht fruchtbaren Ackerboden, aber die beste Möglichkeit zur Ausnutzung der felsigen Landschaften, besonders in der Wildnis um Jerusalem und im Süden des Landes, war die Haltung von Schafen, Ziegen und Rindern. Das Wort »midbar«, das im modernen Hebräisch für »Wüste« steht, meinte ursprünglich karges Land, das sich nur zum Weiden von Vieh eignete.

Das Halten von Vieh-Herden diente nicht nur dazu, die eigene Familie mit Milchprodukten und Fleisch zu versorgen. Für viele Israelis war es auch die Haupt-Einkommensquelle. Die Patriarchen hielten sich Rinder, Schafe und Ziegen, und die Größe dieser Herden war ein indirekter Hinweis auf ihren Reichtum.

Aus der Bibel erfahren wir, daß Abram in Ägypten war und König Pharao ein Auge auf Sara, Abrams Frau, geworfen hatte: »Und er tat Abram Gutes um ihretwillen; und er bekam Schafe, Rinder, Esel, Knechte und Mägde, Eselinnen und Kamele« (1. Mose 12, 16). Abram wurde »sehr reich an Vieh«, und auch Lot, der bei ihm war, hatte »Schafe und Rinder und Zelte« (1. Mose 13, 2.5). So groß waren ihre Herden, daß sie nicht zusammen in einer Gegend bleiben konnten.

Als Abraham später einen Friedenspakt mit Abimelech, dem König von Gerar, schloß, gab er ihm Schafe und Rinder. Und mit sieben besonderen Lämmern besiegelte er gegenüber dem König, daß er jenen Brunnen gegraben hatte, den die Diener des Königs sich

mit Gewalt genommen hatten (1. Mose 21, 27-30). Dieser Bund wurde bei der Quelle Beerseba geschlossen, um die herum sich die heutige Stadt Beersheba entwickelt hat.

Jakob arbeitete als Hirte für seinen Schwiegervater Laban (um sich die Hand seiner Tochter zu verdienen). Unter seiner Obhut wurden die Herden immer größer: »Du weißt, wie ich dir gedient habe und was aus deinem Vieh geworden ist unter mir. Du hattest wenig, ehe ich herkam; nun aber ist's geworden zu einer großen Menge, und der Herr hat dich gesegnet auf jedem meiner Schritte« (1. Mose 30, 29.30). Und als es dann um den Lohn für die zusätzliche Zeit der Schufterei ging, hatte Jakob wiederum nur die Tiere im Sinn: »... alle gefleckten und bunten Schafe und alle schwarzen Schafe und die bunten und gefleckten Ziegen« verlangte er (1. Mose 30, 32).

Aber Laban wollte sich nicht gerne von seinem Vieh trennen und versuchte, Jakob auszutricksen, und so war es nur Jakobs Geschicklichkeit im Umgang mit den Tieren zu verdanken, daß es schließlich heißt: »Daher wurde der Mann über die Maßen reich, so daß er viele Schafe, Mägde und Knechte, Kamele und Esel hatte« (1. Mose 30, 43). Und es ist wohl nur natürlich, daß Jakob, als er sich später wieder mit seinem Bruder Esau aussöhnen wollte, dazu »zweihundert Ziegen, zwanzig Böcke, zweihundert Schafe, zwanzig Widder und dreißig säugende Kamele mit ihren Füllen, vierzig Kühe und zehn junge Stiere, zwanzig Eselinnen und zehn Esel« als Geschenk aussuchte.

3.1 Ziegen

Zur Zeit der Bibel waren Schafe und Ziegen die wichtigsten Haustiere. Es gab unzählige verschiedene Arten, die sich in Körperbau und Haarlänge unterschieden. Vor allem die Ziegen waren wichtig, da sie sich sowohl in fruchtbaren, als auch in dürren Gegenden ansiedeln und halten ließen. Für die Halb-Nomaden waren sie die einzig verfügbare Fleischquelle.

Das zähe Ziegenhaar war für Zelte und Mäntel, Decken, Sättel und Zaumzeug für Pferde und Kamele unentbehrlich. Aus Ziegenhaut stellte man Behälter für verschiedene Flüssigkeiten, wie Öl und Wein, her. Und selbst die Hörner der Böcke wurden gebraucht – man machte aus ihnen das berühmte Schofar-Horn, andere Musikinstrumente und Trinkhörner.

Ziegen, als Haustiere gehalten oder wild lebend, gab es in ganz Palästina in großer Menge. Sogar eine Oase

mitten in der Wüste verdankt ihren Namen der Ziege: Engedi (Ein Gedi = Quelle des jungen Bockes). Wer heute nach Engedi reist, kann mit etwas Glück noch immer einen nubischen Steinbock sehen, der scheu, aber mit sicheren Füßen über die Hügel und Felsen streift. Man wird unwillkürlich an Psalm 104, 18 erinnert: »Die hohen Berge geben dem Steinbock Zuflucht«.

In 3. Mose 16, 21 ist es ein Ziegenbock, der auserwählt wurde, die Sünden Israels hinaus in die Wüste zu tragen, wo niemand mehr an sie denkt. Am großen Versöhnungstag sollte Aaron »über ihm bekennen alle Missetat der Kinder Israel und alle ihre Übertretungen, mit denen sie sich versündigt haben, und soll sie dem Bock auf den Kopf legen und ihn durch einen Mann ... in die Wüste bringen lassen«.

Ziegen haben einen viel stärkeren Willen als Schafe. Vielleicht erhalten sie deshalb den Platz zur Linken bei der großen Scheidung: »Und er wird sie voneinander scheiden, gleichwie ein Hirt die Schafe von den Böcken scheidet, und wird die Schafe zu seiner Rechten stellen und die Böcke zur Linken. ... Dann wird er auch sagen zu denen zur Linken: Gehet hin von mir, ihr Verfluchten, in das ewige Feuer ...« (Matthäus 25, 32.33.41).

3.2 Schafe

Mehr als hundertmal wird in der Bibel von Schafen, Schafpferchen und Schafhirten gesprochen. Schafe wurden zur damaligen Zeit häufig als Bild benutzt. Sie galten als Zeichen des Unschuldigen oder Wertvollen. Zusammen mit dem Hirten symbolisierten sie Vertrauen, Gehorsam und Opfer (s. 2. Samuel 12, Psalm 78, Psalm 23, Matthäus 18, 13 u.ä.). Diese friedlichen, willigen Tiere wurden oft mit Ziegen gemeinsam gehalten. Abel schon war »ein Schäfer« – der erste Beruf, der in der Bibel erwähnt wird (1. Mose 4, 2). Dieser Beruf wurde immer als ehrenwert angesehen. König David selbst war ja ein Hirte gewesen! Es ist daher auch nicht verwunderlich, daß es demütige Hirten waren, die zuerst von der Geburt Jesu erfuhren.

Im Frühling wurden die Schafe gewöhnlich geschoren. Dann waren die schweren Regenfälle des Winters vorüber und die Nächte begannen wärmer zu werden. Diese Tage der Schafschur waren ein willkommener Anlaß für ausgiebige Ferien. Das machte sich auch Absalom zunutze, indem er alle Söhne des Königs zur Schafschur in Baal-Hazor einlud. Er bereitete ein Fest, das eines Königs würdig war, um dann, als alle durch den Wein berauscht waren, seinen Bruder Amnon, der seine Schwester Tamar geschändet hatte, zu ermorden.

3.3 Rinder

Der Ausdruck »Rinder« in der Bibel (das hebräische Wort ist »bakar« = Großvieh) meint Kühe, Kälber, Färsen, Bullen und Ochsen – Tiere, die jedem Israeliten bekannt waren. In manchen Gegenden des Landes, die sich durch ihre Fruchtbarkeit auszeichneten, gab es besonders viele Rinder. Die Stadt Basan im Norden des Landes war wegen ihrer »gewaltigen Stiere« (Psalm 22, 13), »Widder und Lämmer«, (Hesekiel 39, 18) berühmt. Auch das Saron-Tal und Gilead, östlich des Jordans, hatten besonders gute Weideflächen. Zur Zeit König Davids waren Rinder für die Wirtschaft des Landes so wichtig, daß er besondere Oberaufseher für seine Herden bestellte (1. Chronik 27, 29).

Rinder wurden als Opfertiere, zum Pflügen, Dreschen, für den Transport und (bei den Wohlhabenden) als Fleischlieferanten gebraucht. Mehrfach erwähnt die Bibel den Einsatz von Rindern für den Ackerbau. Beim Pflügen arbeiteten die Ochsen (Hiob 1, 14) mit einem Joch (4. Mose 19, 2; Hosea 10, 11), manchmal auch als Gespann – der Prophet Elia fand Elisa, den Sohn Shaphats, wie er mit *zwölf* Paaren von Ochsen (!) pflügte (1. Könige 19, 19). Und wenn es schließlich um den Transport von schweren Gütern ging, waren Ochsen geradezu ideale Zugtiere (4. Mose 7, 3.6-8).

3.4 Eine Anmerkung zu den Schweinen

Viele Ausleger haben schon versucht zu erklären, warum die Bibel verbietet, Schweinefleisch zu essen. Maimonides, der im 12. Jahrhundert n. Chr. lebte, hält das Verbot für einen Eingriff Gottes zum Schutz der allgemeinen Gesundheit, da Schweinefleisch »für den Körper negative Einflüsse habe«. Im 19. Jahrhundert wurde darauf hingewiesen, daß Schweinefleisch, das nicht lange genug gekocht oder gebraten wurde, die gefährlichen Trichinen enthalten kann. Später fand man jedoch heraus, daß Rinder, Schafe und Ziegen mindestens ebenso gefährliche Krankheiten übertragen können: Brucellose und Milzbrand.

Vor einigen Jahren erschien in der amerikanischen Zeitschrift »Natural History Magazine«, eine andere Erklärung des Verbotes. Für den Autor Marvin Harris war das Schwein eine Bedrohung für die »Integrität des großen kulturellen und natürlichen Ökosystems in der Heimat der Hebräer«.

Außer im Jordan-Tal, das für den Ackerbau geradezu ideal war, so erklärt der Artikel, habe die Zucht von Schafen, Ziegen und Rindern in ganz Israel eine wichtige, wenn nicht sogar die entscheidendste Rolle gespielt. In dem Wechselspiel von Ackerbau und Herdenhaltung, so meint der Autor, sei das Verbot von Schweinen durchaus sinnvoll gewesen.

Während ihres Nomadendaseins lebten sie auch in Gegenden, die waldlos und darum für künstliche Bewässerung und Ackerbau nicht geeignet waren. Wiederkäuer konnten in dieser kargen Umgebung gut gehalten werden. Rinder, Schafe und Ziegen fanden hier Gras und anderes Futter, das zum großen Teil aus Zellulose bestand.

Das Schwein dagegen braucht Wälder und schattige Flußufer, wo es Futter findet, das wenig Zellulose enthält, wie Früchte, Nüsse, Knollen und vor allem Getreide – alles Dinge, die auch für den Menschen wichtig sind. Es kann nicht von Gras allein leben, gibt keine Milch ab und läßt sich über längere Distanz nur schwer treiben.

4. Schutz der Tiere vor Quälereien

Dennis Prager und Joseph Telushkin erklären in ihrem sehr aufschlußreichen Buch über jüdische Philosophie* unter der Überschrift »tzaar ba'alei chayyim« (Schutz der Tiere vor Quälereien) die ethischen Verhaltensregeln der Thora: (1) Genau wie der Mensch durfte auch das Vieh am Sabbat ruhen (2. Mose 20, 10). (2) »Du sollst nicht ackern zugleich mit einem Rind und einem Esel« (5. Mose 22, 10), da beide Tiere wegen ihrer unterschiedlichen Größe und Kraft dabei leiden würden. (3) Dem Ochsen (oder einem anderen Tier) durfte man beim Dre-

schen das Maul nicht verbinden (5. Mose 25, 4). Er sollte soviel fressen können, wie er wollte. (4) Außerdem ordnete Gott an: »Ein Rind oder Schaf soll man nicht mit seinem Jungen an einem Tag schlachten« (3. Mose 22, 28).

Später, in der talmudischen Zeit, verboten die Rabbis, morgens früh etwas zu essen, bevor man sein Vieh gefüttert hatte (*JT Berachoth 40a*), oder ein Tier zu kaufen, wenn man sich nicht sicher war, ob man es auch ernähren konnte.

5. Die Fleischmahlzeit

Fleisch hatte nur einen minimalen Anteil am Speiseplan des gewöhnlichen Israeliten. Wenn es gegessen wurde, geschah dies in der Regel im Rahmen eines Opfermahls oder einer anderen festlichen Gelegenheit. Das hebräische Wort »zevah« (wie in 1. Samuel 20, 29) bezieht sich gewöhnlich auf ein Fleischgericht, das Gott gewidmet war, um seine Hilfe zu erflehen, ihm zu danken oder ihn günstig zu stimmen. »Kerah«, ein anderes hebräisches Wort für Fleisch, war ein Festessen mit vielen Teilnehmern (wie in 2. Könige 6, 23).

Das gewöhnliche, tägliche Essen wurde von den Frauen zubereitet. Das »zevah« und »kerah« dagegen auch von Männern. Bei solchen besonderen Feiern, meist aus familiärem Anlaß, durfte nichts übrigbleiben. Das wäre Verschwendung gewesen.

Junge Ziegenböcke waren eine ganz besondere Delikatesse. Man verstand es, so berichtet uns die Bibel, sie so zuzubereiten, daß sie wie Wildbret schmeckten. Als der Patriarch Isaak alt wurde, bat er seinen Sohn Esau, ihm ein Wildbret zuzubereiten, das er essen wollte, bevor er ihn segnete. Aber Rebekka, die dies gehört hatte, wies Jakob an: »Geh hin zu der Herde und hole mir zwei gute Böcklein, daß ich deinem Vater ein Essen davon mache, wie er's gerne hat« (1. Mose 27, 9). Der Betrug gelang.

Ziegenböcke waren die häufigsten Opfertiere und bis in die neutestamentliche Zeit hinein die wichtigste Fleischquelle. So klagte auch der ältere Sohn in der

Geschichte vom verlorenen Sohn seinem Vater: »... du hast mir nie einen Bock gegeben, daß ich mit meinen Freunden fröhlich gewesen wäre« (Lukas 15, 29).

Die Schafe im damaligen Israel (vermutlich Nachkommen der westasiatischen wilden Schafe) gehörten wie einige Schafsorten im heutigen Israel zu den Schafen mit dickem und fettem Schwanz. Mit etwa 5 kg Gewicht war es eine besondere Delikatesse. Wenn ein Schaf geopfert wurde, mußte es als Ganzes verbrannt werden: »Danach sollst du nehmen das Fett von dem Widder, den Fettschwanz ... denn es ist der Widder der Einsetzung« (2. Mose 29, 22. Vgl. auch 3. Mose 3, 9; 7, 3; 8, 2 und 9, 19).

Die Gourmets im damaligen Israel schätzten aber vor allem das »gemästete Kalb«, das sich nur Reiche leisten konnten. Wenn es nur wenig Weideland gab oder wenn man das Vieh als Fleischlieferant brauchte, hielt man die Tiere in einem Stall oder auf einer Koppel und gab ihnen dort Futter. Als Saul bei der Hexe von Endor war, bekam er ein »gemästetes Kalb« (1. Samuel 28, 24). Als der verlorene Sohn nach Hause kam, wurde ein »gemästetes Kalb« geschlachtet und ein großes Festessen veranstaltet. In den Tagen des Propheten Amos dagegen aßen nur die gottlosen Reichen »Lämmer aus der Herde und die gemästeten Kälber« (Amos 6, 4). Und in den Sprüchen finden wir die Ermahnung: »Besser ein Gericht Kraut mit Liebe als ein gemästeter Ochse mit Haß« (Sprüche 15, 17).

* Prager, Dennis und Telushkin, Joseph. *The Nine Questions People Ask About Judaism*, S. 62

Die Zubereitung von Fleisch

So wie der Jäger, der sein Wild nach einem langen Tag der Jagd gewöhnlich so bald wie möglich über offenem Feuer briet, machten es auch die Kinder Israel am Abend vor dem Auszug aus Ägypten (2. Mose 12, 8). Der Archäologe Gaalyahu Cornfeld schreibt, daß die Samariter noch heute diese Art der Zubereitung pflegen: Sie braten das Passa-Lamm an einem Spieß über offenem Feuer, wobei sie ihm den Ast eines Granatapfelbaumes quer in das Maul legen.

Diese Art der Zubereitung, das Grillen über offenem Feuer, wurde vor allem von den Priestern angewandt. Wesentlich weiter verbreitet war dagegen das Kochen von Fleisch und die Verwendung des Fleisches in Eintopfgerichten. Archäologen, die in ganz Israel bei Ausgrabungen immer wieder große, runde Töpfe gefunden haben, sind davon überzeugt, daß das »Kochen in heißem Wasser« die gebräuchlichste Zubereitungsform war.

Aus 1. Samuel 2 erfahren wir, daß das Fleischopfer eines Israeliten entweder in einer Pfanne (»kior«), einem Kessel (»dud«), einem großen Kessel (»kalahat«) oder einem Topf (»parur«) zubereitet wurde. Höchstwahrscheinlich waren dies auch die Haushaltsgegenstände in einer normalen israelischen Küche. Wir erfahren in diesem Kapitel auch, daß das Fleisch zuerst gekocht und das Fett danach auf dem Altar entweder verbrannt oder gebraten wurde.

Der Prophet Micha beschreibt diesen Prozeß der Fleisch-Zubereitung und benutzt ihn als Bild für die Behandlung des Volkes durch die führenden Männer in Israel: »... wenn ihr ihnen die Haut abgezogen habt, zerbrecht ihr ihnen auch die Knochen: ihr zerlegt es wie in einen Topf und wie Fleisch in einen Kessel« (Micha 3, 3).

Ähnlich benutzt der Prophet Hesekiel die Schritte, mit denen ein Eintopf zubereitet wurde, um damit die Eroberung Jerusalems durch die Babylonier zu verdeutlichen: »Setze einen Topf auf, setz ihn auf und gieß Wasser hinein! Tu Fleisch hinein, lauter gute Stücke, Lenden und Schultern, und fülle ihn mit den besten Knochen. Nimm das Beste von der Herde und schichte Holzscheite darunter und laß die Stücke tüchtig sieden und auch die Knochen darin gut kochen« (Hesekiel 24, 3-5).

Die typische Mahlzeit eines Bauern, so kann man annehmen, glich der, die Gideon als Opfergabe für den Herrn zubereitete. Er nahm das Fleisch aus der Brühe und goß die Brühe über die Brotkuchen (Richter 6, 20). Daneben wurde Fleisch auch mit Gewürzen und Gewürzmischungen verfeinert und gegessen.

Übermäßiger Fleischgenuß

Fleisch hielt man für ein nahrhaftes Festessen. (Ein altes Sprichwort sagt: »Ohne Fleisch und Wein keine Freude«.) Aber die Gelehrten warnten auch vor einem übermäßigen Fleischgenuß. Der Talmud berichtet uns, daß die Priester des Tempels, die natürlich große Mengen Fleisch von den täglichen Opfern erhielten und aßen, so oft Magenkrankheiten bekamen, daß sie einen eigenen Arzt benötigten. Wir sehen also die Berechtigung jener biblischen Warnung: »Sei nicht unter den Säufern und Schlemmern!« (Sprüche 23, 20).

Mariniertes Lamm mit Salbei an Spießen

Für 4 Personen:

ca. 700 g Lamm-Schulter, in dicke Stücke
geschnitten
4 kleine Zwiebeln, in Viertel geteilt
1 Tasse fruchtiges Olivenöl
3 Zehen Knoblauch, gepreßt oder gerieben
eine Prise getrockneter Salbei oder
kleingeschnittene frische Salbeiblätter
Salz nach Geschmack
8 hölzerne Äste oder Metall-Spieße

Lammstücke und Zwiebeln abwechselnd auf Spieße stecken. Öl darübergießen. Knoblauch, Salbei und Salz mischen und die Spieße damit einreiben. Etwa zwei Stunden einziehen lassen, dann über offenem Holzfeuer grillen, bis das Fleisch braun und knusprig ist.

Rinderbrust- und Kohl-Pfanne

Für 4 Personen:

900 g magere Rinderbrust
1 Zweig frischer Dill
1 kleiner Kopf Weißkohl
eine Prise Salz
¼ Teelöffel gelbe Senfkörner
2 Lorbeerblätter
frischer Dill (kleingeschnitten)
zum Garnieren

Fleisch waschen und in einen großen Topf legen. Kohl, Dill, restliche Gewürze und Wasser zugeben und alles bei geringer Hitze kochen, bis das Fleisch gar ist. Abschmecken.
Zum Servieren den Kohl in dünne Streifen schneiden und auf eine Platte legen. Auch das Fleisch in Streifen schneiden, und so über den Kohl legen, daß die Ränder über den Kohl hinausreichen. Mit frischem Dill garnieren.

Lamm-Eintopf nach bäuerlichem Rezept

Für 4 Personen:

4 Lammkeulen
1 Tasse Olivenöl
2 mittelgroße Zwiebeln
1 mittelgroßer Lauch
2 Lorbeerblätter
2 Tassen weißer oder roter Wein
3 Tassen Wasser
3 Eßlöffel Weizenkörner
2 mittelgroße Zucchinis
Salz nach Geschmack

Öl in einem großen Topf erhitzen. Fleisch darin anbraten, bis es rundum braun ist. Dann die feingehackten Zwiebeln, den Lauch, die Lorbeerblätter und den Weizen zugeben und alles noch einmal etwa 3 Minuten braten. Wein, Wasser und Salz zugeben und weiterkochen, bis das Fleisch gar ist. Zucchinis beigeben und weitere 5 Minuten schmoren. Umrühren und servieren.

137

Wild-Kotelett mit Feigen

Für 6 Personen:

12 kleine Wild-Koteletts
1 Tasse fruchtiges Olivenöl
1 Eßlöffel frische Minze, kleingeschnitten
Salz nach Geschmack
8 Feigen, kleingehackt
1 Tasse Rotwein

Wildkoteletts in Öl, Minze und Salz zwei Stunden marinieren. Die Feigen in Wein einweichen. Koteletts in der Marinade braten, bis sie rundum braun sind. Die Wein-Feigen-Mischung zugeben und etwa eine Minute mitkochen.

Anmerkung:
Wer Wild nicht mag, kann statt dessen Lamm-Koteletts nehmen.

Kalbshirn mit Lauch

Für 4 Personen:

700 g Kalbshirn, gereinigt
2 Lorbeerblätter
1 Tasse Weißwein
2 Tassen Wasser
Salz
2-3 Stück Lauch, in Stücke von 2 cm Länge geschnitten
1 Eßlöffel Kapern
½ Eßlöffel Weizenvollkornmehl
½ Eßlöffel kleingeschnittene Petersilie

Kalbshirn mit Wein, Wasser, Lorbeerblättern und Salz aufkochen und in etwa 30 Minuten garziehen lassen. In Stücke schneiden und zur Seite stellen.
Lauch in 2 cm dicke Röllchen schneiden und fünf Minuten in der Fleischbrühe dünsten. Herausnehmen. Mehl, Kapern und Petersilie in die Brühe rühren. Unter ständigem Rühren kochen, bis die Masse dick und sämig wird.
Lauch und Kalbshirn auf 4 Teller verteilen, Sauce darübergießen und heiß servieren.

Rinder- und Kürbis-Pfanne

Für 4 Personen:

800 g Rinderbrust, in Stücke geschnitten
½ Tasse fruchtiges Olivenöl
2 feingehackte Zwiebeln
2 Zehen Knoblauch, gerieben
1 Lauch, kleingeschnitten
4 Tassen Rinderbrühe oder Wasser
2 Tassen Rotwein
½ Teelöffel Majoran oder Bohnenkraut
Salz nach Geschmack
500 g frischer Kürbis, geschält und in Stücke geschnitten

Öl in einer großen Schmorpfanne erhitzen. Zwiebeln zugeben und glasig braten. Dann das Fleisch zufügen und leicht anbraten. Knoblauch und Lauch untermischen und einige Minuten mitbraten. Die Fleischbrühe und den Wein dazugießen und die Gewürze darüberstreuen.
Kochen, bis das Fleisch fast gar ist (etwa 30 Minuten). Zum Schluß die Kürbisstücke zugeben und weiterkochen, bis alles weich ist.

Brieschen in Mandeln und Rosinen

Für 4 Personen:

450 g Kalbs-Brieschen
Salz
¼ Teelöffel Sumach
2 Eßlöffel leichtes Olivenöl
3 Eßlöffel geschälte, halbe Mandeln
1 Eßlöffel Rosinen
1 Teelöffel Sesam-Körner
eine Prise schwarzer Pfeffer, gemahlen
(falls gewünscht)

Salz, Sumach und eine Prise Pfeffer in einem Topf mit Wasser aufkochen. Brieschen einlegen und 10 Minuten sieden. Wasser abschütten. Die abgekühlten Brieschen in mundgerechte Stücke schneiden und zur Seite legen.
Öl in einer Pfanne erhitzen. Nüsse und Rosinen zugeben, mit Salz bestreuen und bei kleiner Hitze zwei bis drei Minuten braten.
Brieschen auf einer Platte anrichten und mit der Mandel-Rosinen-Mischung garnieren.

Lamm-Linsen-Frikassee

Für 4 Personen:

500 g Lamm-Schulter, in Stücke
geschnitten
1 Tasse fruchtiges Olivenöl
1 mittelgroße Zwiebel, sehr klein
geschnitten
¾ Tasse Linsen
2 Knoblauchzehen, zerstoßen
2 Lorbeerblätter
6 Tassen Lamm-Brühe oder Wasser
½ Teelöffel Oregano oder Thymian
Salz

Öl in einer tiefen Bratpfanne erhitzen. Lammstücke kurz darin schwenken. Zwiebeln, Linsen, Knoblauch und die Lorbeerblätter zugeben. Umrühren und ein oder zwei Augenblicke lang braten. Dann die Flüssigkeit und die restlichen Gewürze dazugeben, zudecken und auf kleiner Stufe eine Stunde kochen. Dabei hin und wieder umrühren.

Kalbshirn in Salat und Wein

Ein Festessen für große Feierlichkeiten.

Für 4 Personen:

2 Kalbshirne
2 Lorbeerblätter
1 Tasse trockener Rotwein
2 Tassen Wasser
¼ Teelöffel ganze, schwarze Pfefferkörner
4 große Salatblätter
4 Eßlöffel Sesamöl
Salz

Kalbshirne häuten und die größten Adern entfernen. Mit Wein, Lorbeerblättern, Pfeffer und Salz zum Kochen bringen und bei reduzierter Hitze fünf Minuten ziehen lassen. Flüssigkeit abschütten und die Kalbshirne abkühlen lassen.
Salatblätter waschen, mit Sesamöl bestreichen und jedes Blatt um ein halbes Kalbshirn wickeln (wie einen Briefumschlag falten). Mit der gefalteten Seite nach unten auf ein bemehltes Backblech legen und 10 Minuten im vorgeheizten Ofen (180° C) backen. Warm servieren.

Kalbshaxe in Marinade

Für 4 Personen:

2 Kalbshaxen (zusammen etwa 2 kg),
gesäubert und halbiert
1 große Zwiebel, fein geschnitten
1 Tasse Weinessig
4 Lorbeerblätter
4 Zehen Knoblauch
8 Tassen Wasser
1 Eßlöffel Salz
½ Teelöffel Thymian
4 Eßlöffel Sesamöl
12 Birnen, entkernt
1 Eßlöffel frischer Koriander,
kleingeschnitten

Kalbshaxen mit Wasser, Zwiebeln, Lorbeerblättern, Weinessig und Knoblauch in einen großen Topf geben. Zum Kochen bringen und bei geringer Hitze sieden, bis das Fleisch gar ist.
Etwas abkühlen lassen, dann die Haxen aus dem Topf nehmen. Haut abziehen. Das Fleisch von den Knochen lösen und in kleine mundgerechte Stücke schneiden. Sehnen und Knorpel entfernen. Die Brühe durch ein Sieb gießen und bei mittlerer Hitze bis zur Hälfte einkochen. Den Jus (heiß) über das Fleisch gießen. Öl, Birnenhälften und Koriander zugeben, abschmecken. Auf Zimmertemperatur abkühlen lassen und als ersten Hauptgang servieren.

Zunge in Weißwein-Essig

Für 4 Personen:

250 g Kalbszunge
8 Tassen Wasser
½ Teelöffel Koriander
1 Tasse Weinessig
½ Tasse Wasser
10 Zweige Dill, kleingeschnitten
½ Teelöffel gelbe Senfkörner
2 Zehen Knoblauch, gepreßt
Salz
Honig
4 Eßlöffel Olivenöl
½ große Zwiebel, fein gehackt

Zunge mit Wasser, Koriander, Dill und Salz etwa 1 ½ Stunden kochen. Mit kaltem Wasser abschrecken und die Haut abziehen.
Zunge in etwa 1 cm dicke Scheiben schneiden und ringförmig auf einem flachen Teller anordnen. Essig, Wasser, Zwiebeln, Salz, Honig und Öl mischen und über die Zunge gießen. Mehrere Stunden im Kühlschrank durchziehen lassen.

Junge Ziegen-Krone mit Koriander

Für 4 bis 5 Personen:

1 Stück Ziegenbrust einer jungen Ziege
(5 Koteletts)
1 Tasse Olivenöl
1 Teelöffel zerkleinerter, frischer Koriander
1 Teelöffel gelbe Senfkörner
Salz

Koteletts mehrere Stunden in Öl und Gewürzen marinieren. Dann mit festem Bindfaden zu einer Krone zusammenbinden. Das ganze in eine geölte Pfanne legen und 20 Minuten bei 220° C braten. Kurz ruhen lassen und Faden lösen.

Rinder-Pfanne auf dörfliche Art

Für 4 Personen:

900 g Rinderbrust, in Stücke geschnitten
3 Eßlöffel Olivenöl
4 Eßlöffel grüne Oliven, entkernt und
gewaschen
1 Bund Sellerie-Stengel (oder Sellerie),
kleingeschnitten
¼ Teelöffel Oregano
3 Eßlöffel Olivenöl
8 Tassen Wasser
ca. 200 ml trockener Rotwein
Salz nach Geschmack
frischer Koriander (kleingehackt)
zum Garnieren

Olivenöl in einer großen Pfanne erhitzen und die Fleischstücke rundum anbraten. Oliven, Sellerie und Gewürze zugeben. Umrühren und bei mittlerer Hitze 5 Minuten lang weiterbraten. Wasser und Wein zufügen und bei mittlerer Hitze eine Stunde schmoren. In eine tiefe Schüssel füllen und mit dem frischen Koriander garnieren.

Kapitel VIII

Die Vögel der Luft

»Und Gott segnete sie und sprach zu ihnen: Seid fruchtbar und mehret euch und füllet die Erde und machet sie euch untertan und herrschet über die Fische im Meer und über die Vögel unter dem Himmel und über das Vieh und über alles Getier, das auf Erden kriecht.«
1. Mose 1, 28

1. Vögel in der Luft

Es waren viele, und sie waren stets gegenwärtig, auch wenn man sie nur schwer zu fassen bekam. In der Bibel finden wir sie wieder als Symbole für Stärke, Freiheit, Liebe, Reinheit, Unschuld, Schönheit, Leichtigkeit, sogar für Schutz und Erlösung. Vor allem Raubvögel galten aber auch als Boten der Furcht, der Gefahr, des Bösen und des Todes.

Im ersten Buch Mose erfahren wir, daß Vögel (hebr.: »oph«) die ersten Tiere waren, die geschaffen wurden. Sie zählen neben Fischen, »kriechendem Getier« (Repti-lien), Säugetieren und dem Menschen zu den fünf Arten von Wirbeltieren.

Die vielen verschiedenen Vogelarten, die sich so frei, weitab der menschlichen Reichweite, am Himmel bewegen, haben die Menschen von jeher zu kühnen Gedanken angeregt. Man bewunderte und beneidete sie, und doch sagt uns die Schöpfungsgeschichte, daß der Mensch auch über die »Vögel des Himmels« herrschen solle. Er befolgte dieses Gebot vor allem dadurch, daß er Vögel zähmte und sich ihre Fähigkeiten zunutze machte.

2. Vögel in der Thora

2.1 Verbotene Vögel (Reinheitsgesetze)

In 3. Mose 11 finden wir eine Liste der für die Kinder Israel verbotenen Vögel:

Adler	»nesher«
Geier	»peres«
Fischadler	»azniah«
Milan	»daah«
Falke	»ayah«
Rabenvögel	»orev«
Strauß	»bat-yaanah«
Nachteule	»tahmas«
Seemöve	»shahaf«
Habichtvögel	»netz«
Käuzchen	»kos«
Kormoran	»shalah«
Uhu	»yanshuf«
Ohreule	»tinshemet«
Pelikan	»kaat«
Aasgeier	»raham«
Storch	»hasidah«
Reiher	»anapha«
Wiedehopf	»dukiphat«
Fledermaus	»ataleph«*

Dieselbe Liste findet sich noch einmal in 5. Mose 14, 11-18.

Zwar gibt es in Bezug auf die Übersetzung der einzelnen Vogelnamen große Unterschiede und Unstimmigkeiten. Wichtiger jedoch ist der Grundgedanke, der dahintersteht. Alle diese Vögel fressen entweder Aas, Fisch, Insekten oder andere Tiere. Sie sind grausam und nach Ansicht des Bibelgelehrten Nachmanides deshalb verboten, weil das Essen ihres Fleisches die Gefühle des Menschen verletzen würde.

Aber auch bei den »reinen Vögeln«, die »auf der Jagd« gefangen wurden (damit wird übrigens bewiesen, daß man damals durchaus Vögel jagte), sollten die Kinder Israel das »Blut ausfließen lassen und mit Erde zuscharren«, denn »Ihr sollt keines Leibes Blut essen« (3. Mose 17, 13.14). Für Vögel, die wie Gänse oder Hühner als Haustiere gehalten wurden, galt dieselbe Vorschrift.

2.2 Vögel in der Opfergesetzgebung

Die »Vögel des Himmels« spielten nicht nur eine Rolle in der Ernährung, sondern waren auch für die Opfergesetzgebung wichtig. Schon direkt nach der Sintflut war es Noah, der ein Opfer »von allen reinen Vögeln« brachte, um in Gottes Augen Gnade zu finden (1. Mose 8, 20). Abram (bevor er zum Abraham wurde) nahm ebenfalls Vögel zu dem Opfer (»eine Turteltaube und eine andere Taube«), mit dem der Bund Gottes mit ihm besiegelt wurde (1. Mose 15, 9).

In 3. Mose erfahren wir, daß die Armen in Israel Turteltauben oder junge Tauben als Sünd- oder Brandopfer geben durften, um Vergebung (3. Mose 14, 22; 3, 5, 7) oder Reinigung (3. Mose 12, 6.8; 15, 14.29. 4. Mose 6, 10) zu erlangen. Maria und Joseph, die für ein Lamm zu arm waren, machten sich dieses Zugeständnis zu eigen und opferten »ein Paar Turteltauben oder zwei junge Tauben« im Tempel, nachdem Jesus geboren worden war (Lukas 2, 22.24).

* Die Fledermaus ist ein fliegendes Säugetier (kein Vogel).

In 3. Mose 14, 6.7 dienen Vögel dazu, eine Lepra-krankheit symbolisch zu heilen. Dazu wurden dem Priester zwei Vögel, Zedernholz, scharlachfarbene Wolle und Ysop gebracht. Einen der Vögel schlachtete der Priester »in ein irdenes Gefäß über frischem Wasser«. Dann wurden der lebende Vogel, Zedernholz, Wolle und Ysop in das Blut getaucht und der Leprakranke mit dem Blut siebenmal besprengt. Den lebendigen Vogel ließ man wieder fliegen. Ein ähnlicher Reinigungs-Ritus wird in 3. Mose 14, 49-53 zur Reinigung des Hauses eines Leprakranken beschrieben. Hier heißt es: »... und soll den lebendigen Vogel hinaus vor die Stadt ins freie Feld fliegen lassen und das Haus entsühnen, so ist es rein.« Dem Vogel haftet also eine ähnliche Symbolwirkung an wie dem Ziegenbock, der am großen Versöhnungstag die Sünden des Volkes in die Wüste hinausträgt.

Obwohl im Tempel Vögel geopfert wurden, durften sie doch dort sicher ihr Nest bauen, und weder sie noch ihre Jungen wurden hier belästigt. Der Tempel war somit wohl die erste »Vogelschutz-Zone« der Welt. In Psalm 84, 4 lesen wir: »Der Vogel hat ein Nest gefunden und die Schwalbe ein Nest für ihre Jungen – deine Altäre, Herr Zebaoth, mein König und mein Gott.«

3. Das Netz des Vogelfängers

»Die Bäume des Herrn stehen voll Saft, die Zedern des Libanon, die er gepflanzt hat. Dort nisten die Vögel, und die Reiher wohnen in den Wipfeln.«
Psalm 104, 16.17

Israel war in den Tagen der Hebräer sehr waldreich. Und in den Bäumen verbargen sich unzählige Nester. Die Israeliten wußten, wo sie die Vögel finden konnten – die Taube »in den Felsklüften, im Versteck der Fels-wand« (Hoheslied 2, 14), die »Vögel des Himmels« »in den Tälern ... zwischen den Bergen« (Psalm 104, 12.17). Daraus aber ergaben sich Schwierigkeiten beim Jagen. Deshalb galten Vögel als Delikatesse. In Zeiten der Hungersnot und Dürre dagegen waren sie oft letzte Nahrungsquelle.

Im Buch Hiob werden sieben verschiedene Arten von Fallen, Netzen oder Schlingen erwähnt, darunter Garn, Fanggrube, Netz, Schlinge und Strick (Hiob 18,8). Ähnliche Aufzählungen finden wir in Amos 3,5; Sprüche 7,23; Hesekiel 32,3 und Prediger 9,12. Jesus warnt, daß über alle, die darauf nicht achten, der Tag des Gerichts »wie ein Fallstrick« kommen wird (Lukas 21,34).

Die Vogelfänger aus den Tagen Jeremias dienten als Bild für die bösen Männer Judas, die den Armen beraubten, ihn betrogen und ihm kein Recht zukommen ließen. »Man findet unter meinem Volk Gottlose, die den Leuten nachstellen und Fallen zurichten, um sie zu fangen, wie's die Vogelfänger tun. Ihre Häuser sind voller Tücke, wie ein Vogelbauer voller Lockvögel ist« (Jeremia 5, 26.27).

Vielleicht haben die Israeliten die Kunst des Fallen-stellens und das Zähmen von Vögeln auch während ihres Aufenthaltes in Ägypten gelernt. Dort gab es Gänse, Wachteln und Enten in großen Mengen. Auf vielen Grabzeichnungen ist das zu erkennen. Das Huhn dagegen kommt aus dem Fernen Osten und Indien. Es wurde erst Jahrhunderte später Bestandteil des mittelöst-lichen Speiseplanes.

4. Schutz der Vögel vor Quälereien

Der Mensch hat zwar die Herrschaft über die Vögel des Himmels, aber er darf sie nicht willkürlich behandeln. Man könnte es als das erste »Tierschutzgesetz« bezeichnen, was die Bibel dazu schreibt:

»Wenn du unterwegs ein Vogelnest findest auf einem Baum oder auf der Erde mit Jungen oder mit Eiern und die Mutter sitzt auf den Jungen oder auf den Eiern, so sollst du nicht die Mutter mit den Jungen nehmen, sondern du darfst die Jungen nehmen, aber die Mutter sollst du fliegen lassen, auf daß dir's wohlgehe und du lange lebest« (5. Mose 22, 6.7).

Nachmanides erklärt dazu, daß es grausam sei, die Mutterliebe eines Vogels, der seine Jungen beschützt, auszunutzen. Das Tier stelle eine zu einfache Beute für den Jäger dar. Es gehe bei diesem Verbot weniger darum, Gottes Mitleid mit den Tieren deutlich zu machen, als vielmehr im Menschen die Tugend der Barmherzigkeit zu stärken. Der Gelehrte Maimonides gibt eine eher »menschliche« Erklärung: »... denn die Schmerzen des Tieres sind unter diesen Umständen besonders groß«. Was auch immer der wirkliche Hintergrund dieses Gebotes war, es trug dazu bei, das Gelege zu schützen.

5. Die Vögel im einzelnen

5.1 Turteltauben (»tor«)

»Siehe, ich sende euch wie Schafe mitten unter die Wölfe. Darum seid klug wie die Schlangen und ohne Falsch wie die Tauben.« Matthäus 10, 16

Die sanfte Turteltaube ist wohl der bekannteste Vogel in der Bibel, mit Sicherheit jedoch der am häufigsten erwähnte. Sie war es, die Noah das Olivenblatt brachte und damit anzeigte, »daß die Wasser sich verlaufen hätten auf der Erde« (1. Mose 8, 11).

Die Turteltaube ist ein Wildvogel mit sehr ausgeprägten Zug- und Wandergewohnheiten. Wenn sie Anfang April in Israel ankommt und ihre Stimme hören läßt (Hoheslied 2, 12), dann kündigt sie gleichzeitig den Frühling an. Ihr Wegzug im Oktober dagegen ist ein Vorbote des Winters. Daß sie im Winter in Israel nicht vorkommt, ist vielleicht der Hintergrund dafür, daß in 3. Mose 1, 14-17 erlaubt wird, anstatt der Turteltauben bei bestimmten Opfern junge, gewöhnliche Tauben zu nehmen.

Die Turteltaube ist kleiner und schmaler gebaut als die gewöhnliche Taube. Ihre Schönheit wird in den Psalmen (»... wie die Flügel der Tauben, die wie Silber und Gold schimmern«, Psalm 68, 14) und im Hohenlied (»Seine Augen sind wie Tauben«, Hoheslied 5, 12) gleichermaßen besungen. Und der Liebhaber ruft seine Geliebte: »Tu mir auf, liebe Freundin, ... meine Taube ...« (Hoheslied 5, 2). Allerdings gibt es, wie ja schon die deutsche Übersetzung deutlich macht, an diesen Stellen unterschiedliche Ansichten darüber, ob nun wirklich die Turteltaube, oder die gewöhnliche Taube gemeint ist.

Turteltauben sind sehr schnelle Flieger, die bei der geringsten Unsicherheit sofort das Weite suchen. Aber sie müssen ihr Futter vom Boden holen, wo sie Körner picken. Dadurch werden sie nicht selten eine Beute der Schlangen. Und am Boden wurden sie auch von erfahrenen Fängern überlistet.

5.2 Tauben (Felsentauben, »yonah«)

Die in Israel damals am häufigsten vorkommende Taube war die Felsentaube (*colomba livia*). Sie lebt in Flußtälern und in den felsigen Berggegenden und bleibt das ganze Jahr über in Israel. Schon deshalb bot sie sich als Opfertier an. Sie ist allerdings ein scheues und vorsichtiges Geschöpf und nicht leicht zu fangen. Viel einfacher war es, zwischen den Felsen nach unbewachten Nestern zu suchen und die hilflosen Jungen zu rauben. Vielleicht erlaubt deshalb 3. Mose, daß »*junge* Tauben«

genauso für das Opfer verwendet werden dürfen wie Turteltauben?

Zur Zeit Jesu galten gebratene Tauben als beliebtes und erschwingliches Essen. Die Vögel selbst konnte man auf den Märkten kaufen. Jesus fand sogar Händler, die Tauben im Tempel verkauften. Diese Verletzung des Heiligtums machte ihn so zornig, daß er die Händler aus dem Tempel trieb. Die Bibel sagt: »Und Jesus ... fing an auszutreiben die Verkäufer und Käufer im Tempel; und die Tische der Geldwechsler und die Stühle der Taubenhändler stieß er um.« Der Tempel sollte »ein Bethaus für alle Völker« sein, aber sie hatten »eine Räuberhöhle daraus gemacht« (Markus 11, 15-17; Matthäus 21, 12; Johannes 2, 14-16).

5.3 Wachteln

Als sich die Kinder Israel nach Brot sehnten, gab Gott ihnen Manna. Und als sie Fleisch begehrten, erhielten sie Wachteln. Brot und Fleisch forderten sie von Mose, denn sie dachten daran, wie sie »bei den Fleischtöpfen« Ägyptens gesessen hatten (2. Mose 16, 3).

Gott, so berichtet uns die Bibel, war verständlicherweise über ihr »Murren« und ihren Mangel an Glauben sehr zornig. Und so beschloß er, ihnen Fleisch zu geben, »... einen Monat lang, bis ihr's nicht mehr riechen könnt und es euch zum Ekel wird« (4. Mose 11, 20). Dann regnete es. Aber nicht Regen oder Manna kam vom Himmel, sondern Wachteln! »Da erhob sich ein Wind, vom Herrn gesandt, und ließ Wachteln kommen vom Meer und ließ sie auf das Lager fallen, eine Tagereise weit rings um das Lager, zwei Ellen hoch auf der Erde« (4. Mose 11, 31).

Schon seit Jahrhunderten fing man in Ägypten mit Netzen Wachteln. Den Israeliten war der zarte Geschmack des Wachtelfleisches sicher nicht unbekannt. So sammelten sie Wachteln »diesen ganzen Tag und die ganze Nacht und den andern ganzen Tag« (4. Mose 11, 32). Gott »ließ Fleisch auf sie regnen wie Staub und Vögel wie Sand am Meer« (Psalm 78, 27). »Und sie breiteten sie rings um das Lager aus, um sie zu dörren« (4. Mose 11, 32). Vermutlich wollten sie so das Fleisch lagerfähig machen.

Moderne Ornithologen (Vogelkundler) haben herausgefunden, daß im März und April große Scharen von Wachteln das Land nordwärts überqueren. Im August und September wiederholt sich das Schauspiel auf dem Flug nach Süden. Wachteln fliegen in Scharen zusammen und immer mit dem Wind. Ihre kleinen Flügel sind zu schwach, um die schweren Körper gegen den Wind zu bewegen. Wenn sie durch drehende Windböen von ihrer Bahn abgebracht werden, fallen sie oft erschöpft auf das Land oder ins Meer. Vielleicht waren es solche Wachteln auf ihrem Zug, die, durch ihren Kampf gegen den »Wind, vom Herrn gesandt« erschöpft, hilflos den Israeliten direkt in die Hände fielen. Heute werden sie übrigens mit Netzen gefangen, die man entlang der Küste aufspannt.

Aber »als ... das Fleisch noch zwischen ihren Zähnen war und ehe es ganz aufgebraucht war, da entbrannte der Zorn des Herrn gegen das Volk, und er schlug sie mit einer sehr großen Plage« (4. Mose 11, 33). Auch für diesen plötzlichen Tod hat man Möglichkeiten der Erklärung gefunden. Waverly Root behandelt in seinem Standardwerk »*Food*« (Speisen)*, »daß Wachteln sich von den Samenkörnern einiger giftiger Pflanzen ernähren. Sie selbst sind gegen das Gift immun, nicht aber die Menschen, die die Vögel zu sich nehmen, solange das Gift noch in ihren Eingeweiden ist.« Eine dieser Pflanzen war übrigens der Schierling, eine häufige Pflanze im Mittelmeerraum, die auch beim Tod des Sokrates ihre giftige Fähigkeit unter Beweis stellte.

5.4 Rebhühner

»Denn der König von Israel ist ja ausgezogen, zu suchen einen einzelnen Floh, wie man ein Rebhuhn jagt auf den Bergen.«   *1. Samuel 26, 20*

Als Hirtenjunge, der viele Jahre seines Lebens damit zugebracht hatte, in den Bergen nach verirrten Schafen zu suchen, kannte David die Vögel der Wildnis so gut wie seine Westentasche. Das »Rebhuhn«, das er in diesem Vergleich benutzt, ist zweifelsohne das palästinische Rebhuhn, der einzige Vogel dieser Art, der sich in den Wüstengegenden des Toten Meeres aufhält – eben genau dort, wo König Saul David verfolgte.

Alice Parmelee schreibt in ihrem Buch *All the Birds of the Bible* (Alle Vögel der Bibel), daß sich dieser Vogel »im Jordantal, den Niederungen des Toten Meeres und dem Wadi Aravah« und daneben nur noch »in felsigen, einsamen Gegenden des Sinai, Nordwest-Arabiens und Persiens« findet. Das Rebhuhn hat hervorragendes, zartes Fleisch. Es lebt am Boden und legt im Frühling hier auch seine Eier.

5.5 Fette Vögel

Die »fetten Vögel« gehören, ähnlich wie das »gemästete Kalb« in der Bibel, sicher zu den ersten Fein-

schmecker-Kostbarkeiten der Menschen. Wir wissen, daß König Salomo solche »barburim« (hebräisch) auf seinem Tisch hatte. Leider können Ornithologen nicht mit Sicherheit feststellen, welche Tiere damit genau gemeint sind.

Da Salomo nur die teuersten Kostbarkeiten genoß, könnte es sich bei diesen »fetten Vögeln« um Enten, Gänse oder Perlhühner, aus Ägypten importiert, gehandelt haben. Andere Ausleger meinen, es hätten auch einfach Hühner sein können – damals ein exotischer Vogel.

Das gemeine Huhn stammt von einem roten Waldvogel ab, der um 2000 v. Chr. in Indien heimisch war. Von hier kam es gegen 1400 v. Chr. ostwärts nach China und auf die pazifischen Inseln und westwärts in den Nahen Osten. Vermutlich die erste Zeichnung eines Huhnes in Ägypten ist eine Wandzeichnung im Grab von Tut-ench-Amun (ca. 1350 v. Chr.). Auch in ägyptischen Berichten aus jener Zeit wird von einem Vogel gesprochen, den man als Haustier halten könne und der »jeden Tag trägt«.

Im Alten Testament finden wir keinen direkten Bezug auf das Huhn, nicht einmal in den Vogellisten im 4. und 5. Buch Mose. Wir wissen jedoch, daß die Seeleute des Königs Salomo diesem alle drei Jahre »Gold, Silber, Elfenbein, Affen und Pfauen« brachten (1. Könige 10, 22). Vielleicht brachten sie ihm auch Hühner mit?

Ein Siegel aus Onyx, das bei Ausgrabungen in der Nähe der antiken Stadt Mitzpah in Israel gefunden wurde, trägt das Bild eines kämpfenden Hahnes und eine Inschrift mit dem Namen Jaazaniah. Derselbe Name taucht auch in 2. Könige 25, 23 auf. Sollte es sich um dieselbe Person handeln, so wüßten wir, daß Hühner im Jahr 587 v. Chr., oder noch früher, im Heiligen Land bekannt waren.

Ursprünglich wurde das Huhn in der Hauptsache wegen seiner Eier gehalten. Griechische und römische Berichte aus dem fünften Jahrhundert v. Chr. lassen dies vermuten. Die Hähne hielt man u.a. für Hahnenkämpfe, die sehr populär waren. Erst aus der Zeit von ungefähr 185 v. Chr. wissen wir, daß in Rom auch das Huhn selbst gerne gegessen wurde. Wahrscheinlich war es zu dieser Zeit in Israel nicht anders.

Zur Zeit Jesu waren Hühnerhöfe den meisten Menschen vertraut. Jesus selbst bezog sich einmal auf die Henne, als er sagte: »Jerusalem, Jerusalem, ... Wie oft habe ich deine Kinder versammeln wollen, wie eine Henne ihre Küken unter ihre Flügel versammelt; und ihr habt nicht gewollt!« (Matthäus 23, 37). Auch der Hahnenschrei war allgemein bekannt. Jesus sagte zu Petrus: »... ehe der Hahn kräht, wirst du mich dreimal verleugnen« (Matthäus 26, 34; Markus 14, 30; Lukas 22, 34; Johannes 13, 38).

* Simon & Schuster New York 1980

6. Die Zubereitung von Vögeln

Vielleicht nahm man vom Markt einen Vogel mit nach Hause, um den letzten Abend der Erntezeit zu feiern, oder man fing einen unglücklichen wilden Vogel, der auf dem Feld nach Futter suchte. Jedenfalls wurden Hühner und vermutlich auch andere Vögel auf einem Spieß geröstet. Eintöpfe, bei denen man Vogelfleisch zusammen mit Gemüse oder Früchten kochte, waren für hungrige Mägen gedacht. Und bei festlichen Anlässen in den Haushalten reicherer Leute gab es bestimmt gefüllte Tauben, Wachteln oder Gänse, an denen man sich gütlich tat.

7. Eier

»Meine Hand hat gefunden den Reichtum der Völker wie ein Vogelnest, und ich habe alle Länder zusammengerafft, wie man Eier sammelt, die verlassen sind.«   *Jesaja 10, 14*

Eier waren zu biblischen Zeiten (wie die Hühner ja auch) relativ selten. Unsere Vorfahren konnten sie nur in wilden Nestern in den Hügeln und Bergen finden. Die besonders fruchtbare Wachtel legt zwischen 6 und 20 Eiern auf einmal. Wachteleier sind, obwohl sehr klein, auch heute noch eine Delikatesse.

Rebhuhneier wurden vermutlich ebenfalls gesammelt. Sie liegen in einer flachen Vertiefung im Boden. Ein Rebhuhn legt zwischen 5 und 7 Eier auf einmal. Eine alte Legende (die längst widerlegt ist) sagte, das Rebhuhn brüte auf fremden Eiern. Von dieser Legende her kann auch die folgende Stelle aus Jeremia 17, 11 verstanden werden: »Wie ein Vogel, der sich über Eier setzt, die er nicht gelegt hat, so ist, wer unrecht Gut sammelt.«

Zur Zeit der Mischna waren Eier bereits weit verbreitet. Viele Abschnitte des Talmud beschäftigen sich mit ihnen. »Das Ei ist besser als alle anderen Dinge seiner Größe, ausgenommen Fleisch« (*BT Berachoth 44b*). Dabei habe das nur weichgekochte Ei sechsmal so viel Nährwert wie Weizengrieß, das hartgekochte dagegen nur viermal soviel (ebd.).

Auch in manchen abergläubischen Regeln spielen Eier eine Rolle. Man glaubte: »Fünf Dinge bringen einem das Gelernte, das man vergessen hat, zurück: auf Kohlen geröstetes Brot und natürlich auch die Kohlen selbst, ein weichgekochtes Ei mit Salz, der gewöhnliche Gebrauch von Olivenöl, Wein und Gewürzen und wenn man Wasser trinkt, das beim Teig-Kneten übriggeblieben ist« (*Horayoth 13b*). Oder: »Die folgenden Dinge haben lebensbedrohliche Folgen und wer sie tut, nimmt gleichsam sein Leben in seine Hand: geschälten Knoblauch, geschälte Zwiebeln oder geschälte Eier zu essen, die über Nacht ohne Schale gewesen sind ...« (*Niddah 17a*).

Eier mit Blutflecken darin seien verbotene Speise, sagt die Mischna. Nur wenn der Blutfleck sich im weißen Teil des Eies befindet, gilt dies nicht (*Chullin 64b*). Erklärt wurde diese Vorschrift mit dem allgemeinen Verbot, Blut zu essen; im Alten Testament.

8. Die Zubereitung von Eiern

Eier wurden häufig nur kurz gekocht und ausgesaugt. Oder man kochte sie hart, so daß man sie schälen konnte (*Uktzin 2, 6*). Die weichgekochten hielt man aber für leichter verdaulich als hartgekochte oder geröstete Eier (*BT Berachoth 57b*). Daneben gab es verschiedene Arten, Eier zu braten. Entweder legte man das Ei in den von der Sonne erhitzten Sand, oder den heißen Straßenstaub (!), oder man schlug es über einem Tuch auf und ließ es dann in der Sonne braten (*Shabbat 3, 3*). Unsere traditionelle Methode, das Ei in Öl zu braten, war ebenfalls bekannt. Das erfahren wir aus *Kelim 2, 5*: »... das Leichteste von den Eiern, wenn sie aufgeschlagen und in eine 'ilpas* gegeben werden«.

---

* Die 'ilpas war eine irdene Schmorpfanne.

Betrunkene Ente in der Pfanne

Für 4 Personen:

1 Ente (ca. 1,5 kg),
1 mittelgroße Zwiebel, kleingeschnitten
3 Zehen Knoblauch, gepreßt
3 Lorbeerblätter
eine Prise Thymian oder Bohnenkraut
½ Tasse Weizenvollkornmehl
½ Tasse fruchtiges Olivenöl
1 Tasse fein zerkleinerter Lauch
2 Tassen trockener Rotwein
1 Tasse Wasser
1 Eßlöffel Gerstengraupen
Salz

Ente waschen und trocknen. Alle Stoppeln entfernen. Mit einer Geflügelschere in etwa 8 große Stücke schneiden. Zwiebeln, Knoblauch, Lorbeerblätter, Thymian und Wein mischen. Ente in eine Schüssel legen und mit der Marinade übergießen. Mindestens zwei Stunden ziehen lassen. Dann die Enteile herausnehmen und abtropfen lassen. Jedes Stück in Mehl wenden.

Öl in einer großen Schmorpfanne erhitzen und die Stücke rundum anbraten. Lauch, Wasser, Gerste und Salz zugeben und zum Kochen bringen. Etwa 20 Minuten in der geschlossenen Pfanne dämpfen. Nur hin und wieder vorsichtig umrühren. Auf gedünstetem Weizen oder Gerste servieren.

Ente am Spieß

Vielleicht nahm man vom Markt einen Vogel mit nach Hause, um den letzten Abend der Erntezeit zu feiern...

Für 4 Erntearbeiter:

1 ganze Ente (ca. 1,5 kg)
3 Zehen Knoblauch
1 mittelgroße Zwiebel
½ Tasse fruchtiges Olivenöl
½ Tasse frische Petersilie, fein geschnitten,
oder Dill oder Koriander
oder
eine Mischung aus diesen
Salz nach Geschmack

Ente waschen und trocknen. Alle anderen Zutaten im Mörser zu einer weichen Paste verrühren. Ente damit einreiben, mit Folie bedecken und etwa 1 ½ Stunden ruhenlassen.

Dann auf einen Spieß stecken und bei mittlerer Hitze etwa eine Stunde grillen. Zwischendurch immer wieder mit der Würzmischung bestreichen.

Entenspitzen mit Sesam

Eine einfache, aber elegante Art, ein Bankett oder ein anderes Fest zu eröffnen.

Für 4 oder mehr Personen:

1 Ente (ca. 1,5 kg)
*½ Tasse Dattel- oder Traubenhonig**
eine Prise Salz
1 ½-2 Tassen Sesamkörner
1 ½-2 Tassen Sesamöl

Ente waschen und Haut und Knochen (so gut wie möglich) entfernen. Fleisch in Streifen schneiden und mit Honig und Salz mischen. Dann in Sesamkörnern wenden und in heißem Sesamöl goldbraun braten.

* Auch gewöhnlicher Honig schmeckt gut. Am besten eignet sich dunkler Honig, z.B. aus Buchweizen.

Ente »Gärtnerin«

Ein sättigender Eintopf, der mit Brot eine vollständige Mahlzeit ergibt.

Für 4 bis 6 Personen:

1 Ente (ca. 1,5 kg), in mundgerechte Stücke geschnitten
2 Zwiebeln, grob geschnitten oder in Scheiben
1 Lauch, grob geschnitten
1 Karotte, geraspelt
1 Tasse Kürbis-Stücke
1 Tasse Gerste
12 Tassen Wasser
1 kleinen Bund Dill (frisch)
4 Lorbeerblätter
Salz nach Geschmack

Alle Zutaten in einem großen Suppenkessel zum Kochen bringen. Schaum abschöpfen. Hitze reduzieren und etwa zwei Stunden leicht kochen lassen.

Huhneintopf (langkochend)

Der bekannte sättigende Eintopf, der in einer 'ilpas (Schmorpfanne) lange gekocht und dann morgens aufgewärmt wurde und der auch abends wieder gegessen werden kann.

Für 4 bis 6 Personen:

1 Huhn (1,2 kg), in 6 Stücke geschnitten
2 große Zwiebeln, grob geschnitten
3 Zehen Knoblauch, gepreßt
1 Tasse Sesamöl
1 Tasse kleine Saubohnen
1 Tasse Gerste
½ Tasse Linsen
3 Lorbeerblätter
1 Eßlöffel gemahlener Kreuzkümmel
Salz

Bohnen und Linsen über Nacht in weichem Wasser einweichen. Abschütten. Öl in einer Pfanne erhitzen. Huhn, Zwiebel und Knoblauch zugeben und rundum anbraten, bis das Huhn goldbraun ist. Bohnen, Linsen, Gerste und Gewürze zugeben und mit Wasser auffüllen, bis alles bedeckt ist. Zudecken und bei geringer Hitze vier Stunden (oder länger, je nach Bedarf) kochen lassen. Evtl. etwas Wasser nachgießen.

Anmerkung:
Solche Eintöpfe sind in den verschiedensten Varianten auch heute noch traditionelles Sabbatessen.

Gans- und Oliven-Pfanne

Für 4 bis 6 Personen:

1 große Gans (2,5 kg)
½ Tasse fruchtiges Olivenöl
1 gehäufter Eßlöffel frischen Koriander,
kleingeschnitten
½ Tasse grüne Oliven,
entkernt und aufgeschnitten
1 mittelgroße Zwiebel, grob geschnitten
3 Lorbeerblätter
Salz nach Geschmack

Gans waschen und trocknen. Mit Oliven, Zwiebeln und Lorbeerblättern füllen. In eine offene Schmorpfanne oder Auflaufform legen und im vorgeheizten Ofen (200° C) etwa eine Stunde backen. Hin und wieder mit dem auslaufenden Fleischsaft beträufeln.
Wenn die Gans gar ist, die Füllung herausnehmen und zur Seite stellen. Gans in vier Stücke schneiden und die Füllung gleichmäßig darüber verteilen.

Anmerkung:
Köche von heute schwenken vielleicht gerne die Oliven-Zwiebel-Füllung in heißem Olivenöl, bevor sie diese servieren.

Taube mit Äpfeln

Für 4 Personen:

4 Tauben
2 Äpfel, aufgeschnitten
2 Eßlöffel Rosinen
1 Tasse Weißwein oder weißen Traubensaft
4 Eßlöffel Hirse
Salz nach Geschmack
1 Eßlöffel frische Minze, fein geschnitten

Tauben in je vier Stücke schneiden und mit den anderen Zutaten in eine geölte Pfanne oder Auflaufform legen. Zudecken und im vorgeheizten Backofen bei etwa 175° C eine Stunde backen.

Gans in Trauben und Honig

Zur Feier der ersten reifen Trauben.

Für 4 Personen:

1 Gans (ca. 1,5 kg), in Stücke geschnitten
¼ Tasse Dattel-, Trauben-
oder Feigenhonig*
1 Tasse Trauben (rot und weiß gemischt),
halbiert
1 Tasse naturreinen Traubensaft
1 ½ Tassen Wasser
Salz

Gans waschen und trocknen. Die anderen Zutaten mischen und über die Gansstücke gießen. Mindestens eine Stunde marinieren. Dann das Ganze in eine große Schmorpfanne geben und zum Kochen bringen. Hitze reduzieren und etwa 60 Minuten köcheln, bis das Fleisch gar ist.

* Normaler Bienenhonig tut es auch.

Wachteln, siebenfach gefüllt

Aus dem Haus eines reichen Händlers oder eines Königs ...

Für 4 Personen (ein kleines Festessen, wenn sie nicht zuviel Hunger haben):

8 Wachteln
8-10 kleine Zwiebeln
1 Tasse Bulgur-Weizen
1 Tasse Perlgraupen
4 Tassen Wasser
1/4 Tasse Datteln, sehr fein zerkleinert
1/2 Tasse Oliven, sehr fein zerkleinert
1 Ei

Für die Sauce:
1/2 Tasse fruchtiges Olivenöl
1 Tasse trockener Rotwein
1 Tasse Trauben
1 mittelgroßer Granatapfel
(die Samenkörner)
1/2 Tasse Feigen, zerkleinert
1 mittelgroße Zwiebel, kleingeschnitten
Salz zum Abschmecken
1 Tasse Wasser
Olivenöl

Wachteln waschen und abtrocknen. Brustknochen entfernen. Bulgur, Gerste und Wasser in einem Topf zum Kochen bringen und bei niedriger Hitze ausquellen lassen.
Zur Seite stellen.
Wenn die Masse abgekühlt ist, Datteln, Oliven, Eier und Gewürze unterziehen. Alles gut vermischen und die Wachteln damit füllen. Dann mit Öl bestreichen, mit den Zwiebeln in eine geölte Pfanne legen und bei mittlerer Hitze (180° C) zugedeckt etwa eine Stunde backen.
Für die Sauce Zwiebelstücke in heißem Olivenöl schwenken, bis sie goldbraun sind. Halbierte, entkernte Trauben, Granatapfelsamen und Feigen zugeben. Wein und Wasser vorsichtig angießen und das Ganze bei starker Hitze 10 Minuten durchkochen. Sauce auf die Wachteln gießen und servieren.

Eingelegte Wachteleier

Was für ein Schatz, wenn ein ganzes Nest voller Wachteleier gefunden wurde! Sicher waren auch die Israeliten immer auf der Suche nach neuen und einfallsreichen Arten der Zubereitung für diese Köstlichkeit. So ist vielleicht auch dieses Rezept entstanden, das köstlich schmeckt und die Wachteleier gleichzeitig haltbar macht. Diese Delikatesse wird noch heute von Moshe Caspi, einem Landwirtschaftler, der sich auf exotische Speisen und Früchte spezialisiert hat, in seinem Haus in Moshav Herut (Israel) zubereitet.

100 frische Wachteleier
3-4 frische Traubenblätter oder
3-4 Lorbeerblätter
3 Perlzwiebeln
2 Teelöffel Salz
1 Eßlöffel ganzer schwarzer Pfeffer
1 kleiner Zweig frischer Dill
1 Tasse Weinessig
3 Zehen Knoblauch

Wachteleier hartkochen (max. 5 Minuten). Eier abschrecken und schälen (Geduld mitbringen!), dann in einen großen Steinkrug füllen. Die restlichen Zutaten in einer Saucenpfanne zusammen aufkochen und über die Eier gießen. Kochendes Wasser zugeben, bis die Eier vollständig bedeckt sind. Kühlstellen und mindestens 5 Tage durchziehen lassen.

Anmerkung:
Anstelle von Wachteleiern könnte man auch Hühnereier (kleinste Größe) nehmen.

Eier in Petersilie mit Kreuzkümmel

Aus der Zeit des Neuen Testamentes oder des Talmud.

2 grüne Zwiebeln, kleingeschnitten
2 Eßlöffel glatte Petersilie, kleingeschnitten
3 Eier
½ Teelöffel Salz
½ Teelöffel Kreuzkümmel
eine Prise frisch gemahlener schwarzer Pfeffer (kann weggelassen werden)
1 Teelöffel Samneh (oder Butter)

Eier mit den andern Zutaten schlagen, bis die Masse leicht flockig ist. Butter oder Samneh erhitzen und die Eimasse hineingießen. Stocken lassen, bis die Ränder anfangen, braun zu werden, dann wenden und auch die andere Seite nach Geschmack bräunen. In Stücke reißen und zu Brot servieren.

Gesäuerte Eier mit Dill

Zubereitung wie bei dem letzten Rezept. Nur statt Petersilie Dill in den Eischaum rühren, braten und sobald die Masse anfängt, fest zu werden, vorsichtig 1-2 Teelöffel Weinessig darübergeben. Wenden und fertiggaren. Wer mag, kann die Pfanne zusätzlich mit Knoblauch ausreiben.

Kapitel IX

Die Fische im Meer

»Furcht und Schrecken vor euch sei über allen Tieren auf Erden ... und über allen Fischen im Meer; in eure Hände seien sie gegeben.«   *1. Mose 9, 2*

Einleitung

»Und Gott sprach: Es wimmle das Wasser von lebendigem Getier, ... Und Gott schuf große Walfische und alles Getier, das da lebt und webt, davon das Wasser wimmelt, ein jedes nach seiner Art ... Und Gott segnete sie und sprach: Seid fruchtbar und mehret euch und erfüllet das Wasser im Meer ...«

1. Mose 1, 20-22

Am fünften Tag der Schöpfung füllte Gott die Meere mit den verschiedensten Wassertieren. Wenig später gab er dem Menschen die Herrschaft über »die Fische im Meer«. Viele verschiedene Arten von Lebewesen füllten die Meere. Aber auch Flüsse, Bäche und Ströme, die für die menschliche Zivilisation so entscheidend geworden sind, waren voll mit Fischen und anderen Wasser-Lebewesen.

Die Thora (die fünf Bücher Mose) enthält erstaunlich wenig Hinweise auf Fische und das Fischen. Der Ausdruck »Fischer« taucht überhaupt nicht auf. Die Propheten waren damit schon sehr vertraut. Und auch ihre Zuhörerschaft muß es gewesen sein, denn die Propheten benutzten Fische und das Fischen immer wieder als Bilder und Symbole. Darüber hinaus zeigt uns ihre exakte Ausdrucksweise, wenn es um Angel- und Fischerei-Geräte geht, wie gut sie sich hier auskannten.

Es gibt Ausleger, die meinen, dies widerspreche der Erdgeschichte. Sie behaupten, daß die Israeliten während der Zeit des ersten Tempels im Land eingeschlossen gewesen seien. Denn damals war die Mittelmeerküste zwischen den Phöniziern im Norden und den Philistern im Süden aufgeteilt. Nur jeweils kurzzeitig erstreckten sich die Grenzen Israels während der Regierungszeiten von David, Salomo, Josaphat und Usia (Asarja) bis hin zu den Küsten des Mittelmeeres und des Toten Meeres.

Wenn die Israeliten also die meiste Zeit über keinen Zugang zum Meer hatten, scheint es tatsächlich unwahrscheinlich, daß soviel Wissen über das Meer in die Heiligen Schriften eingeflossen ist. Vermutlich befanden sich aber jüdische Siedlungen zu jeder Zeit auch entlang der Küste. Sie waren jedoch zu unbedeutend, um in der Bibel erwähnt zu werden.

Es gab schon seit dem dritten Jahrtausend v. Chr. Seehäfen in Palästina. Der älteste von ihnen ist Jaffa (oder »Joppa«, vgl. Josua 19, 46). Damals waren die Sidoniter oder Phönizier, wie die Römer sie nannten, die eigentlichen Herren des Meeres. Ihre Hauptstadt war Sidon (im heutigen Libanon). Auch große Häfen wie Tyrus und Byblos existierten bereits.

Die Eroberung Kanaans durch die Israeliten geschah gegen 1400-1300 v. Chr.. Vielleicht waren einzelne Hebräer aber auch schon 200 Jahre früher in ihr Land zurückgekehrt. Das Land, in das sie kamen, war in verschiedene einzelne Territorien eingeteilt, die von unterschiedlichen Kulturen bewohnt wurden. Sie alle standen unter der Oberherrschaft Ägyptens. Gegen Ende des 13. und im 12. Jahrhundert v. Chr. berichten uns ägyptische Dokumente von der Anwesenheit einer Volksgruppe, die sie »Asher« nannten – und die mit aller Wahrscheinlichkeit einer der israelitischen Stämme war!

Asser wohnten in der Gegend »bis nach Sidon, der großen Stadt« und »bis zu der festen Stadt Tyrus« (Josua 19, 28.29). Aber sie vertrieben die Sidoniter nicht (Richter 1, 31). Statt dessen wohnten sie unter den Kanaanitern. Mit den Phöniziern lebten sie in Frieden, und von ihnen lernten sie auch die Künste des Fischens und Schiffebauens.

Der Stamm Sebulon hatte sich ebenfalls einem Leben mit dem Meer gewidmet. Jakob schon hatte seinen Sohn Sebulon gesegnet mit den Worten: »Sebulon wird am Gestade des Meeres wohnen und am Gestade der Schiffe und reichen bis Sidon« (1. Mose 49, 13). Auch Moses Segen spiegelt dies wider: »Denn sie werden den Reichtum des Meeres gewinnen und die verborgenen Schätze im Sande« (5. Mose 33, 19).

Zu dem Stamm Dan gehörte das »Gebiet bei Jafo« (Josua 19, 46). Hier lernten die Israeliten von den Kanaanitern die Kunst der Seefahrt. Im Inneren des Landes besaß der Stamm Naphtali den See Genezareth und den Hula-See.

Gute Beziehungen bestanden während der Regierungszeit König Salomos auch zwischen den Phöniziern und Israel. Es war Hiram, der König von Tyrus (2. Chronik 2, 15), der die Zedern und Pinien für den Tempel Salomos lieferte, und seine Tochter wurde eine Frau Salomos (Psalm 45). Auch für den Bau des zweiten Tempels lieferte Tyrus das Holz (Esra 3, 7). Somit bestanden die guten Beziehungen auch nach vielen Generationen noch (oder wieder?).

Die Israeliten konnten ihre Schiffahrtskünste durch das Grundwissen, das sie von ihren Nachbarn lernten, entwickeln und ausbauen. Sie wurden zwar nie ein so großes Seefahrer-Volk wie die Phönizier, aber ihre Fischfang-Techniken hatten doch ein recht hohes Niveau. So konnten sie Frischfisch für ihre eigenen Haushalte und gesalzenen und behandelten Fisch für In- und Ausland liefern.

1. Zeichen und Symbol des Fisches

»Auch weiß der Mensch seine Zeit nicht, sondern wie die Fische gefangen werden mit dem verderblichen Netz ... so werden auch die Menschen verstrickt zur bösen Zeit ...«   *Prediger 9, 12*

Wie viele Fische gibt es im Meer! Ihre Zahl ist unvorstellbar. Und für die Menschen der Antike war ihre Existenz rätselhaft und geheimnisvoll.

Für die Ägypter waren Fische heilig. Vielleicht waren sie deshalb von der ersten Plage betroffen, als Gott das Wasser des Nils in Blut verwandelte, so daß »die Fische im Strom starben« (2. Mose 7, 21). Dieser Tod der Fische wird noch vor der Tatsache erwähnt, daß das Wasser schlecht wurde und die Ägypter kein Trinkwasser mehr hatten!

Die Babylonier beteten fischähnliche Götter an und im alten Syrien wurde aus Fisch-Teichen die Zukunft gelesen. Es ist also nicht verwunderlich, daß die Kinder Israel gewarnt werden: »So hütet euch nun wohl ... daß ihr euch nicht versündigt und euch irgendein Bildnis macht, das gleich sei ... einem Fisch im Wasser ...« (5. Mose 4, 15-19).

Die Schuld der Menschen zur Zeit Jeremias war Gott bekannt. Seine Abrechnung mit dieser Schuld wird mit dem Bild des Fischens und Jagens dargestellt: »Siehe, ich will viele Fischer aussenden, spricht der Herr, die sollen sie fischen; und danach will ich viele Jäger aussenden, die sollen sie fangen auf allen Bergen und auf allen Hügeln und in allen Felsklüften« (Jeremia 16, 16).

Aber wenn die Kinder Israel Gott als Herrn anerkennen und seinen Befehlen gehorchen, dann wird es »sehr viele Fische dort geben ..., wohin dieser Strom kommt. Und es werden an ihm die Fischer stehen. Von En-Gedi bis nach En-Eglajim wird man die Fischgarne aufspannen; denn es wird dort sehr viele Fische von aller Art geben wie im großen Meer« (Hesekiel 47, 9.10).

Im Neuen Testament wird sehr oft auf Fische und das Fischen Bezug genommen. In Matthäus 4, 18 lesen wir, daß Jesus, als er am See Genezareth entlangging, Petrus, Andreas, Jakobus, den Älteren, und seinen Bruder Johannes sah, »die warfen ihre Netze ins Meer«. Die zukünftigen Jünger waren Fischer. Jesus sagt zu ihnen: »Folgt mir nach; ich will euch zu Menschenfischern machen« (Matthäus 4, 19).

Die meiste Zeit seines Lebens verbrachte Jesus in Galiläa, wo der See Genezareth als wichtige Quelle für die Fischindustrie lag. Hier tat er auch das Wunder der Brote und Fische.

2. Fischsorten

Die Geschöpfe, die die Marine- und die Süßwasser-Welt im heutigen Israel bevölkern, stimmen – jedenfalls im Großen und Ganzen – mit ihren biblischen Vorfahren überein. Zeit und Umweltveränderungen haben zwar die Artenvielfalt reduziert und das Aussehen der Fische verändert. Aber Fischkundler können doch recht sicher einen Großteil der etwa 200 Arten von Fischen identifizieren, die unsere Vorfahren mit Haken, Leine und Senkblei gefangen haben.

Der bekannteste Fisch zu biblischer Zeit war wohl der Buntbarsch oder Petrus-Fisch (Art *cichlidae*, hebr.: »amnun«*). Er ist ein Süßwasser-Fisch und war im See Genezareth und anderen Süßwasser-Zonen der Umgebung zu Hause. Auch die »Kinneret (= Genezareth)-Sardine« (*migrorex terrasantae*) war weit verbreitet.

Neben der gewöhnlichen Sardine (*clupeidae*) gab es im Meer die Makrele (*scombridae*), den Drachenkopf (*scorpaenidae*), den Seebarsch (*roccus labrax*), den Zackenbarsch (*serranidae*), die Seebrasse (*bothidae*), die rote Meerbarbe (*mullidae*) und die Seezunge (*soleidae*). Letztere wird oft »Moshe Rabenu« oder »Moses, unser Lehrer« genannt als Erinnerung an Mose, der das Rote Meer und nach der Legende damit auch die Seezunge teilte.**

Die graue Meerbarbe (*mugilidae*) schließlich, die ihr Leben im Meer beginnt, dann aber die Flüsse hinaufwandert, bot wie die Lachse stets eine doppelte Möglichkeit zum Fang.

---

* Der Ausdruck »amnun« ist, so der Ichthyloge Menahem Goren, eine Schöpfung des modernen Hebräisch. Er wurde erst vor einigen Jahrzehnten für diesen Fisch aus dem Wort »am« oder »em« (= »Mutter«) und »nun« (aramäisch für »Fisch«) gebildet. Der amnun oder »Mutterfisch« bekam diesen Namen, weil das Weibchen ihre Jungen in ihrem Mund trägt.

** Beide Augen der Seezunge sind auf einer Seite ihres Kopfes. Dies ist nach der Legende die Folge der »Teilung«.

3. Verbotene Speisen (Reinheitsgesetze)

Während die Bibel bei Fleisch-Speisen und auch bei verschiedenen geflügelten Tieren sehr genaue Unterscheidungen macht, gibt es für Fische keine detaillierten Angaben. Nur zwei allgemeine Regeln werden aufgestellt: »Dies dürft ihr essen von dem, was im Wasser lebt: alles, was Flossen und Schuppen hat im Wasser, im Meer und in den Bächen, dürft ihr essen« (3. Mose 11, 9).

4. Haken, Schnur und Blei (Fischen)

»Sie ziehen's alles mit der Angel heraus und fangen's mit ihrem Netze und sammeln's mit ihrem Garn.«
Habakuk 1, 15

Die Propheten benutzten häufiger solche Bilder aus der Welt der Fischerei, um ihre Botschaft verständlich zu machen. Habakuk spricht von der *Angel*, dem *Netz* und dem *Garn*. Hiob nennt *Binsenseil* und *Haken* (Hiob 40, 25). Hesekiel erwähnt das Aufspannen der *Fischgarne* und ebenfalls die *Haken* (Hesekiel 47, 9.10; 29, 4).

Die früheste Art zu fischen war vermutlich die ohne Hilfsmittel. Man ging bei Ebbe an die Küste und suchte nach Fischen, die in kleinen Tümpeln zurückgeblieben waren. In Bächen und Flüssen war es noch einfacher: Nach Stürmen blieben die Fische oft zwischen Felsen eingekeilt zurück.

Angelrute, Leine und Haken (hebr.: hakah) gehörten zu den ersten Hilfsmitteln für die Fischerei. Ruten stellte man anfänglich aus Schilfrohr oder Knochen her, Haken wurden aus Bronze oder Eisen gemacht. Auch Gewichte gab es – man nahm getrockneten Lehm, Steine und schließlich auch Metall dazu. Später benutzte man in der Groß-Fischerei Leinen mit Hunderten von mit Ködern behängten Haken.

Hiob erwähnt den Gebrauch des Fisch-Speeres (hebr.: tziltzal) in Hiob 40, 31. Nur die flinksten unter den Fischern konnten damit umgehen, denn er verlangt eine sichere und schnelle Hand und viel Kraft. Der Speer wurde aus Holz oder Schilfrohr, die Spitze aus Stein und später aus Metall hergestellt.

Viele der damals benutzten Netze (hebr.: »reshatot«) konnte man vom Ufer aus werfen und brauchte keine Boote dafür. Besonders für flache Gewässer waren sie gut geeignet. Andere Netzarten, die vom Boot aus eingesetzt wurden, waren aber ebenfalls im Gebrauch. Die späteren Jünger Jesu benutzten solche Netze, um sich ihren Lebensunterhalt zu verdienen.

5. Jona und der ... Wal?

»Aber der Herr ließ einen großen Fisch kommen, Jona zu verschlingen. Und Jona war im Leibe des Fisches drei Tage und drei Nächte.« Jona 2, 1

In der Tradition wird behauptet, daß es ein Wal war, der Jona verschluckte und ihn drei Tage und Nächte später auf den Befehl Gottes hin wieder ans Land ausspuckte. Da Jaffa, wo Jona seine Fahrt begonnen hatte, ein alter Walfang-Hafen war, hat sich diese Version bis heute gehalten.

Aber diese Tradition ist, so versichern uns zwei Marine-Biologen von der hebräischen Universität in Jerusalem, falsch. Nach ihrer Meinung war es kein Wal, sondern ein großer Weißer Hai, der Jona verschluckte. Der Pottwal ist zwar groß genug, um einen Menschen zu verschlucken, aber die Öffnung seines Magens reicht nicht aus, um einen Menschen als Ganzes hindurchzulassen. Außerdem schlucken Wale zwar ständig große Mengen an Plankton, aber nur selten größere Lebewesen. Dagegen ist der Große Weiße Hai dafür wie geschaffen.

Victor Perry, ein Journalist und Hai-Experte in Israel, unterstützt diese Theorie. »Der Große Weiße Hai ist groß genug, um einen Menschen zu verschlucken. Und er wird häufig im Mittelmeer gesehen«, erklärt Perry. »Außerdem hat man immer wieder große Fische, die offensichtlich als Ganzes verschluckt worden sind, lebendig in den Mägen gefangener Weißer Haie gefunden.«

Die Gershwin-Brüder singen von Jona und dem »Wal« in einem ihrer bekanntesten Lieder auf der Platte »Porgy & Bess«. Sie werden diesen Fehler wohl nie korrigieren können. Aber der Song heißt ja auch: »It Ain't Necessarily So« (Es muß nicht unbedingt richtig sein)!

Was für ein Fisch es auch gewesen sein mag, jedenfalls waren drei Tage und Nächte in seinem Bauch genug, um Jona davon zu überzeugen, daß es besser war, zu Gott umzukehren und seinen Wegen zu folgen. Und genug auch, um ihn dazu zu bringen, Gottes Wort in die Stadt Ninive zu tragen.

6. Fischspeisen

»Wir denken an die Fische, die wir in Ägypten umsonst aßen ...«   *4. Mose 11, 5*

Fisch wird im Alten Testament nur an dieser einen Stelle als Speise erwähnt.* Hier führt er jene Liste der Dinge an, nach denen sich die Israeliten zurücksehnten, nachdem sie aus Ägypten ausgezogen waren und in der Wüste herumirrten. Dennoch war, besonders bei jenen Israeliten, die etwa in der Nähe des Mittelmeeres, des Sees Genezareth, des Jordans, des Flusses Yarkom oder des heute ausgetrockneten Sees Hula lebten, Fisch als Lebensmittel sehr wichtig. Unzählige Fischknochen wurden bei Ausgrabungen in Hazor (in der Nähe des Hula-Sees) und in Tel Kashila (nahe beim Yarkom) gefunden. Aber auch dort, wo es nur wenig Wasser gab, konnte man Fische bekommen. Allerdings waren sie hier behandelt und gesalzen. Selbst im alten Gezer tauchten plötzlich zwischen archäologischen Funden Thunfischknochen auf, die belegen, daß dieser seltene Fisch seine letzte Ruhestätte des öfteren fern der Heimat gefunden hat.

In den Tagen des Propheten Nehemia war die Fischindustrie schon recht gewaltig: »Es wohnten auch Tyrer dort; die brachten Fische und allerlei Ware und verkauften sie am Sabbat den Leuten in Juda und in Jerusalem« (Nehemia 13, 16). Schon in Esra 3, 7 lesen wir, daß die Tyrer (Phönizier) Zedern nach Jerusalem brachten für den Neubau des Tempels. Und nun berichtet uns Nehemia von einem regelmäßigen Import tyrischer Fische nach Jerusalem. Hier wurden sie am »Fischtor« verkauft, ein Ort, der speziell für diesen Zweck bestimmt war (Nehemia 3, 3). Viermal erwähnt die Bibel dieses bekannte Tor im nordöstlichen Jerusalem (2. Chronik 33, 14; Nehemia 12, 39; Zefanja 1, 10).

Im Verlauf der Jahrhunderte wurde Fisch immer wichtiger, besonders nach dem Babylonischen Exil. Vielleicht gewöhnten sich die Israeliten während der Zeit in Babylon an diesen Geschmack, denn im Land Babylon gab es viel Wasser und dementsprechend viele Fische. In nach-biblischen Schriften lesen wir gar von Sitten und Gebräuchen, die sich um diese Geschöpfe herumgerankt hatten: So sandte man z.B. Fische als Geschenk an junge Mütter.

Bald wurde Fisch auch ein Teil der Sabbat- und Festtraditionen. Der Talmud lehrt uns, daß man selbst einem armen Menschen, der von Ort zu Ort wandert, Birnen, Fisch und grünes Gemüse geben solle (*Tosephta Pe'ah 4, 8*).

Frischer Fisch galt als besondere Delikatesse. Man röstete oder briet ihn und verwendete ihn für Eintöpfe. Die Mischna spricht davon, daß man Fisch mit Ei aß (*Baytza 2, 1*) und gefüllt mit Rühreiern (ebd. 7, 2). Auf der Suche nach Feinschmecker-Rezepten wird man u.a. bei Fischern fündig. In der Gemarrah wird die Geschichte eines Fischers berichtet, der glaubte, daß »Fisch und Salz Brüder sind, da beide aus dem Meer stammen. Wasser ist ihr Vater und Fisch-Sauce der Sohn. Röste ihn mit seinem Bruder und trinke ihn mit seinem Vater« (*Mishnah Moed Katan 11*). Wir erfahren hier, daß man Fisch im allgemeinen mit Salz einrieb, bevor er geröstet wurde, und ihn dann mit Sauce würzte. Ein Glas Wasser schließlich rundete das Mahl ab.

Rösten und schmoren waren mit Sicherheit die verbreitetsten Methoden der Zubereitung von Fisch. Entweder wurde der Fang über einem offenen Feuer geröstet oder direkt auf den Kohlen ohne Wasser und Öl geschmort. Nach der Auferstehung Jesu berichtet uns Johannes, wie Jesus für seine Jünger ein Frühstück aus Fischen und Brot am Ufer des Sees Genezareth auf diese Weise zubereitete (Johannes 21, 9-13). In Lukas 24, 42.43 lesen wir, daß Jesus »ein Stück von gebratenem Fisch« angeboten bekam, das er nahm und vor ihren Augen aß.

In Tiberias gehörte gebratener Fisch zu den normalen und üblichen Speisen. Hier wurde der berühmte Buntbarsch (auch Petrus-Fisch genannt) von den Fischern gefangen und direkt in heißes Öl geworfen. Noch heute können sich Besucher von Tiberias Fisch auf diese Weise schmecken lassen, direkt am Ufer des Sees. Aus dem Talmud erfahren wir, daß man damals zu Fisch Wein oder Bier trank und natürlich Brot aß (das dann auch als eine Art Serviette diente).

---

* Das Fehlen weiterer Bezugnahmen auf Fisch im AT könnte darauf zurückgeführt werden, daß sich das Zentrum der Geschehnisse, über die die Bibel berichtet, in Juda befand, wo Fisch als Lebensmittel eher zweitrangig war.

Die Kunst der Konservierung

An den Küsten des Mittelmeeres und rund um den See Genezareth war das Konservieren von Fisch eine hochentwickelte Kunst. Aufgrund seiner guten Haltbarkeit war konservierter Fisch ein wertvolles Markt- und Handelsgut und daher ökonomisch wichtig. Die Archive der assyrischen Könige enthüllen uns, daß zu den Steuern, die man dem König bezahlen mußte, auch große Fische und Ketten aus Fischknochen gehörten. Archäologische Ausgrabungen in Ur in Chaldäa, wo Abraham geboren wurde, beweisen, daß die Menschen schon im dritten Jahrtausend v. Chr. die Kunst der Konservierung von Fisch betrieben.

Die gebräuchlichste Methode war, den ganzen Fisch einzusalzen. Dies war auch für den Verbraucher am bequemsten. Man wusch den Fisch mit Wasser ab und konnte ihn sofort weiterverwerten. Gesalzener Fisch wurde auch direkt über offenem Feuer geröstet, indem man ihn zunächst in eingeöltes Papier hüllte oder auf eine irdene Schüssel legte, die man umgekehrt ins Feuer gestellt hatte. Und gesalzener Fisch gehörte zu den beliebtesten Lebensmitteln für Reisende.

Eine Art Fischaufstrich, der aus den natürlichen Ölen einer unbekannten Fischart unter der Zugabe von Mehl hergestellt wurde, galt unseren Vorfahren als Delikatesse. »Kasa deharsenah«, hieß dieser Brotbelag. Er war sehr würzig, so daß man immer nur kleine Mengen auf einmal nehmen konnte.

Eine andere bekannte Art, Fisch lange Zeit nach ihrem Fang noch zu genießen, nannte man »tzahanah«. Dieses hebräische Wort bedeutet soviel wie »Gestank«. Die Mischung wurde aus verschiedenen kleinen Fischen hergestellt, die man entschuppte, salzte und – manchmal unter Zugabe von Zwiebeln – fermentieren ließ.

Daneben gab es eine Flüssigkeit aus fermentiertem Fisch, die »tzir« genannt wurde und die ebenfalls sehr beliebt war. Die Römer kannten sie als »liquamen« oder »garum«. Für die alten Israeliten war sie eine wichtige Einnahme-Quelle. Sie fand sich sowohl auf heimischen wie auch auf ausländischen Märkten. Um sie zuzubereiten, mußte der Feinschmecker Fisch mit Salz mischen und in einem irdenen Gefäß mehrere Monate lang in der Sonne fermentieren lassen. »Tzir« stand »tzahanah« im Bezug auf den Gestank wohl in nichts nach. Man nahm es als Dip für Brot und benutzte es als Gewürz für Fleisch und andere Gerichte.

Im Talmud werden fünf verschiedene Arten von »tzir« erwähnt, die alle für unterschiedliche kulinarische Zwecke verwandt wurden. Tatsächlich wurden im ganzen Land immer wieder von Archäologen Krüge gefunden, die Überreste dieser übelriechenden Flüssigkeit enthielten. Vermutlich ist »tzir« ein Beweis für die Annahme, daß sich die Geschmäcker im Laufe der Jahrhunderte ändern!

7. Fisch in der Medizin

Wie alle mittelöstlichen Völker des Altertums vermuteten auch die alten Israeliten im Fisch legendäre Fähigkeiten und heilsame Kräfte. Sie hielten ihn für ein Symbol der Fruchtbarkeit und daher auch für ein Mittel, das den Geschlechtstrieb und die Fortpflanzung anregt und steigert. Besonders kleine Fische galten als hilfreich: »Sechs Dinge heilen einen Mann völlig von seiner Krankheit … manche geben einen kleinen Fisch dazu« (*BT Berachoth 57b*).

Die Gelehrten waren der Ansicht, daß jemand, der regelmäßig kleine Fische ißt, nicht an inneren Würmern erkrankt. Da man ihnen eine Stärkung der Abwehrkräfte nachsagte, galten sie außerdem als gut gegen jede Krankheit (besonders in Fällen der Gelbsucht oder bei Krankheiten der Milz). Dennoch warnten die Gelehrten, daß kleine, gesalzene Fische tödlich sein könnten, wenn man sie am siebten, siebzehnten oder siebenundzwanzigsten Tag nach dem Salzen aß, sofern man sie unvollständig röstete. Trank man dagegen Dattel-Bier hinterher, wurde die Schädlichkeit aufgehoben. Und für stillende Mütter schließlich waren kleine Fische verboten.

Marinierter Fisch

»Wir haben hier nichts als fünf Brote und zwei Fische. Und er sprach: Bringet mir sie her.«   *Matthäus 14, 17.18*

Für 4 Personen:

4 Buntbarsche
Salz
Sesamöl zum Fritieren

Fische waschen, schuppen und ausnehmen. Abtrocknen und mit Salz einreiben. In heißem Sesamöl etwa drei Minuten fritieren.
Alle Zutaten für die Marinade mischen und den Fisch einen Tag lang darin marinieren. Kalt servieren.

Marinade:

1 Tasse Weinessig
1 Tasse heißes Wasser
½ Tasse Olivenöl
1 Tasse Weißwein
1 Zwiebel, aufgeschnitten
1 Eßlöffel Petersilie, kleingeschnitten
1 Eßlöffel Kapern
2 Zehen Knoblauch
Salz

Petrus-Fisch mit Zwiebeln

Für 4 Personen:

8 Portionen Buntbarsch (Filet)
Salz nach Geschmack
1 Zweig frischer Dill
1 Tasse trockener Weißwein
2 mittelgroße Zwiebeln,
in Ringe geschnitten
1 Lauch (ca. 15 cm lang),
in längliche Stücke geschnitten
1 Tasse Wasser
3 Eßlöffel Olivenöl
¼ Teelöffel Thymian

Ein großes Backblech einfetten und die Zwiebelringe darauf verteilen. Leicht salzen. Fischfilets darauflegen und mit Wein und Wasser besprengen. Dill, Thymian und Lauch ebenfalls darüberstreuen. Mit Salz und Pfeffer würzen.
Das Blech mit Alufolie abdecken und im vorgeheizten Ofen (160° C) etwa 20 Minuten dünsten. Den Fisch auf den Zwiebelringen servieren.

Petrus-Fisch mit Thymian

»Abermals ist das Himmelreich gleich einem Netze, das ins Meer geworfen ward und allerlei Gattung fing. Als es aber voll war, zogen sie es heraus an das Ufer, saßen und lasen die guten in Gefäße zusammen, aber die unnützen warfen sie weg.«   *Matthäus 13, 47.48*

Für 4 Personen:

4 Buntbarsche (jeweils etwa 350 g) – oder ein anderer Süßwasserfisch
1 Eßlöffel frischer Thymian (gehackt) oder ½ Teelöffel getrockneter Thymian (gerieben)
Oliven- oder Sesamöl
Salz
Zitronen- oder Limonenstücke

Fische aus dem Netz nehmen, unter fließendem Wasser waschen und ausnehmen. Dann mit Öl, Salz und Thymian einreiben. Über dem heißen Grill von beiden Seiten mehrere Minuten bräunen. Mit Zitronenstückchen im Maul servieren.

Rote Meerbarben mit Mandeln

Für 4 Personen:

Ca. 900 g rote Meerbarben
1 Teelöffel Salz
1 Eßlöffel frische Petersilie (gehackt)
½ Teelöffel Oregano
¾ Tasse Traubensaft
3 Eßlöffel Butter oder Samneh
3 Eßlöffel geraspelte Mandeln

Backblech einfetten und Fische nebeneinanderlegen. Mit Salz, Petersilie und Oregano bestreuen. Den Traubensaft darübergießen und das Ganze etwa eine Stunde kühlstellen.
Dann das Blech in den vorgeheizten Ofen (180° C) schieben und etwa 20 Minuten backen. Mandeln und Butterstückchen darüberstreuen und weiterbacken, bis alles goldbraun ist. Warm servieren.

Gegrillte graue Meerbarben

Für 4 Personen:

4 graue Meerbarben (ohne Schuppen), etwa 1,4 kg zusammen
Salz und zerstoßene schwarze Pfefferkörner
½ Tasse trockener Weißwein
¼ Teelöffel Koriander
1 Eßlöffel frischer Dill, sehr fein gehackt
4 Eßlöffel Olivenöl
frische, zerkleinerte Minze zum Garnieren

Fische waschen und ausnehmen. Gewürze und Wein mischen und die Fische mehrere Stunden darin marinieren. Herausnehmen, trockentupfen und mit Ölivenöl einreiben.
Auf beiden Seiten flach einschneiden und über Holzkohle grillen, bis das Fleisch gar ist, aber noch nicht zerfällt.
Vor dem Servieren mit frischer Minze garnieren.

Graue Meerbarben in Tahina-Sauce

Für 4 Personen:

4 graue Meerbarben (jeweils etwa 280 g)
½ Tasse Butter, sehr weich
1 Tasse Tahina (s. Kap. X)
4 Eßlöffel Zitronen- oder Limonensaft
1 Eßlöffel frische Petersilie (gehackt)
eine Prise Salz
1 Eßlöffel frische Minze
1 Eßlöffel zerkleinerte Zwiebeln

Fisch wie üblich vorbereiten. Auf beiden Seiten mit flachen, diagonalen Schnitten einschneiden. In eine gefettete Auflaufform legen und mit der weichen Butter einreiben. Mit Alufolie bedecken. Im vorgeheizten Ofen bei 180° C etwa 30 Minuten garen.
Tahina, Zitronensaft, Petersilie, Salz, Minze und Zwiebeln mischen, das ganze über den Fisch gießen und noch etwa 10 Minuten unbedeckt weiterbacken. In der Sauce servieren.

Seezungen-Rollen, mit Datteln gefüllt

Für 4 Personen:

4 Seezungen-Filets
16 kleine, entkernte Datteln
1 Tasse Granatapfel-Saft
1 Tasse Weißwein
eine Prise Salz
1 Tasse Wasser
1 kleine Zwiebel, sehr fein zerkleinert
2 Lorbeerblätter

Filets in kochenden Granatapfelsaft einlegen und etwa 5 Minuten ziehen lassen. Herausnehmen, abtrocknen, abkühlen lassen. Den Saft aufbewahren.
Fisch in eine Auflaufform legen, Wein, Wasser, Salz, Lorbeerblätter und den Saft dazugeben. Zwiebeln darüberstreuen. Bei 180° C etwa 15 Minuten backen, warm servieren.

Biblische Bouillabaisse

Für 4 Personen:

450 g Fischknochen (von verschiedenen Fischarten)
1 Zwiebel, in Scheiben geschnitten
1 mittelgroße Zucchini, in dünne Scheiben geschnitten
1 Lauch
2 Lorbeerblätter
¼ Teelöffel Majoran
Salz
einige Körner Safran
2 Tassen Weißwein
4 Tassen Wasser
¼ Tasse Butter oder Samneh

Fischknochen in Wasser aufkochen, Schaum abschöpfen. Gemüse, Gewürze und Wein zugeben und das Ganze 45 Minuten durchkochen. Durch ein Sieb schütten. Knochen aussondern, im Mörser zerstoßen und ebenfalls durch das Sieb geben. Die Brühe noch einmal zum Kochen bringen, eiskalte Butter mit dem Schneebesen unterschlagen und sofort servieren.

Meeresfisch-Eintopf

450 g Meeresfisch,
in längliche Stücke geschnitten
½ Tasse Butter oder Samneh
1 große Zwiebel, in Scheiben geschnitten
1 Lauch, in Stücke geschnitten
1 Eßlöffel Petersilie, gehackt
2 Eßlöffel Kapern
1 Tasse Weißwein
Salz

Eine große Pfanne oder Auflaufform mit Butter ausreiben und Fischstücke hineinlegen. Lauch, Zwiebeln, Petersilie, Kapern und Salz darüberstreuen. Den Wein zugießen, das Ganze mit Alufolie abdecken und im vorgeheizten Ofen (bei 180° C) 30-40 Minuten backen.

Geschmorte Seebarsch-Spitzen

Für 4 Personen:

8 Stücke Seebarsch, jeweils etwa 2,5 cm dick
2 mittelgroße Zwiebeln, in Scheiben geschnitten
½ Teelöffel gelbe Senfkörner
2 Zehen Knoblauch, gepreßt
Salz nach Geschmack
2 Eßlöffel frischer Dill, zerkleinert
3 Lorbeerblätter
1 Eßlöffel Feigen-, Dattel- oder gewöhnlicher Honig
2 Tassen Wasser

Alle Zutaten in eine große Pfanne geben. Bei niedriger Hitze etwa 30 Minuten lang schwach kochen lassen. Abschmecken, auf Zimmertemperatur abkühlen lassen und servieren.

Kapitel X

Heuschrecken, Manna und verschiedene andere Grundnahrungsmittel

1. Heuschrecken zum Knabbern

»Er aber, Johannes, hatte ein Kleid von Kamelhaaren und einen ledernen Gürtel um seine Lenden; seine Speise aber war Heuschrecken und wilder Honig.« Matthäus 3, 4

Zwar halten manche Ausleger es für wahrscheinlicher, daß unter den »wilden Heuschrecken« eigentlich Schoten vom Johannisbrotbaum zu verstehen seien, aber es ist durchaus denkbar, daß Johannes wirklich Insekten aß.

Auch heute noch gelten Heuschrecken bei vielen Menschen als Delikatesse. Und: Sie sind nach jüdischem Gesetz reine Tiere (3. Mose 11, 22).

Heuschrecken waren immer wieder die Ursache großer Zerstörungen (2. Mose 10, 4-15; Joel 1, 1-12). Man trocknete sie einfach oder briet sie in Öl. So konnte man sie entweder sofort genießen oder auch aufheben und als »Appetithäppchen« oder kleinen Snack am späten Abend servieren.

2. Manna

Die erste Frage, die gestellt wird, wenn das Thema »biblische Speisen« auf den Tisch kommt, ist: »Was ist Manna?« Niemand kann es mit Sicherheit sagen. In 2. Mose 16 erfahren wir zum erstenmal davon. Als die Kinder Israel in die Wüste Sin, zwischen Elim und den Sinai kamen, murrten sie gegen Mose und Aaron. Sie klagten und meinten, es wäre besser gewesen, in Ägypten (wo sie genug zu essen hatten) durch die Hand des Herrn zu sterben als in der Wüste durch Hunger.

Gottes Antwort auf diese Klagen bestand darin, daß er »Brot regnen« ließ. Jeden Tag sollten die Israeliten es sammeln, außer am Sabbat. Am Abend kamen Wachteln und ließen sich überall nieder, und am Morgen »da lag's in der Wüste rund und klein wie Reif auf der Erde« (2. Mose 16, 14). Der Kommentator Rashi erklärt dazu, Manna sei eine »dünne, geronnene Substanz, die wie zerstoßenes Eis aussah und gesammelt wurde«. Es war jedenfalls ganz anders als alles, was die Hebräer bisher kannten. Mose ermahnte sie, nur soviel zu sammeln, wie sie für den Tag brauchten, aber kein Manna aufzuheben. Dennoch gab es Leute, die dieser Anweisung nicht gehorchten. Sie stellten am nächsten Tag fest, daß es »voller Würmer und stinkend« geworden war (2. Mose 16, 20). Wenn »die Sonne heiß schien, zerschmolz es« (2. Mose 16, 21).

Manna war, so sagt die Bibel, »wie weißer Koriandersamen und hatte einen Geschmack wie Semmel mit Honig« (2. Mose 16, 31). Es war »anzusehen wie Bedolachharz« (4. Mose 11, 7), also weiß wie dieses Mineral und funkelnd, so daß man es leicht finden konnte.

Es ließ sich, so erfahren wir weiter, leicht kochen oder backen. Auch dadurch versuchen die Kommentatoren, der Sache näherzukommen. Ibn Ezra meint, daß Manna, wenn man es roh aß, wie Semmel mit Honig schmeckte, gekocht aber wie ein in Öl gebackener Kuchen. Der Bibelgelehrte Rashbam geht noch weiter: »Aß man es als Ganzes, schmeckte es wie Semmel mit Honig, ähnlich der Süße von ganzen Nüssen. Wenn man es aber in einer Mühle oder einem Mörser zerkleinerte, war es wie in Öl gebackener Kuchen, denn wenn man Nüsse zerkleinert, so schmeckt man das Öl heraus.«

Aber selbst diese Hinweise geben uns keine Erklärung dafür, aus welcher Substanz dieses Wunder wirklich bestand. Manche Kommentatoren meinen, es sei das Harz der Tamariske gewesen. Aber das »Manna« der Tamariske gibt es nur eine kurze Zeit im Jahr, außerdem fällt es von den Bäumen und nicht vom Himmel. Man könnte es nicht kochen, backen oder mahlen wie das Manna der Bibel, und es ist mit Sicherheit auch nicht so nahrhaft, daß ein ganzes Volk 40 Jahre lang in der Wüste davon leben könnte.

Auch bestimmte Arten einer Alge (*genus nostoc* = Gallertalge) wurden zur Erklärung des Mannas vorgeschlagen. Sie entstehen sehr schnell während der Nacht, wenn der Boden voller Tau ist. Sie sind weich und gallertartig. Aber am Morgen, wenn die Sonne den Boden trocknet, verschwinden sie wieder.

Andere halten bestimmte Flechtenarten, wie *leconora affinis l., esculentand l.* oder *fruticulosa* für das Manna der Bibel. Solche Flechten der Art *leconora* wachsen in Westasien und Nordafrika. Sie brechen leicht vom Boden ab und können dann durch Winde über weite Strecken getragen werden. Sie werden vom Vieh gefressen, und Nomaden und andere Wüstenbewohner vermögen daraus Brote zu machen. Eine ähnliche Flechte wächst in der Sahara. In Zeiten der Not kann aus ihr ebenfalls ein Brot hergestellt werden. Da es ja in der unmittelbaren Nähe des Mannas auch Wachteln gab, und diese Vögel im Winter ins warme Afrika und im Frühjahr mit günstigen Winden plötzlich wieder nach Israel zurückfliegen, könnte es sein, daß mit denselben Winden auch solche Flechten gebracht wurden.

In Moldenkes Buch *Plants of the Bible* (Pflanzen der Bibel) wird noch eine ganz andere Erklärung für das biblische Manna geboten: Wachtel-Dung. Es ist allerdings nur schwer vorstellbar, daß die Israeliten diesen Ursprung für ihr Manna nicht gemerkt haben sollten.*

Woraus Manna auch bestanden haben mag, es war ein Wunder, daß es 40 Jahre lang jeden Tag auftauchte und 2 bis 2 ½ Millionen Menschen ernähren konnte. Ein Wunder – und ein Symbol der Liebe Gottes zu seinem Volk.

3. Hirse / panicum miliaceum l. / dohan

»Nimm dir aber Weizen, Gerste, Bohnen, Linsen, Hirse und Spelt und tu alles in ein Gefäß und mache dir Brot daraus ...« Hesekiel 4, 9

Hirse (Rispenhirse) wird seit ältester Zeit im Heiligen Land angebaut. Während für Brot hauptsächlich Weizen und Gerste benutzt wurden, nahm man Hirse als Abwechslung hinzu. Für die Armen in Israel oder in Zeiten der Not war Hirse ein reichlich vorhandenes Lebensmittel.

Nur wenig »dohan« wurde dagegen in der Zeit des zweiten Tempels in Israel angebaut – vielleicht weil man dieses Getreide als minderwertig betrachtete? Auch in den Schriften von Mischna und Talmud wird die Hirse erwähnt.

4. Hafer / avena sp. / shebolet shual

Hafer wird in der Bibel nicht erwähnt. Manche Ausleger meinen, es sei wirklich jenes *avena* damit gemeint, das wir heute als Hafer kennen. Andere wiederum schlagen eine Dinkel- oder Gerstenart als Erklärung vor.

5. Dinkel (Spelt) / triticum spelta triticum sativum var. spelta / kusmim

»Der Weizen und der Spelt wurden nicht zerschlagen, denn sie kommen später heraus.« 2. Mose 9, 32 (Einheitsübersetzung)

Dinkel ist eine Weizenart, die von unseren Vorfahren in großer Menge angebaut und in der Bibel dreimal erwähnt wird. Zur Zeit der Mischna war er noch weit verbreitet. In der Bibel werden unter den »Sieben Arten« zwei Getreidesorten erwähnt, die man für die Brotherstellung benutzte. Die Mischna nennt fünf – und Dinkel steht in dieser Liste weit oben.

6. Tahina / tahina

Unsere Vorfahren bauten Sesam an und lernten bald, daß Sesamkörner nicht nur ganz, sondern auch gemahlen köstlich sind. Man kann Öl daraus gewinnen oder Tahina herstellen. Bei Ausgrabungen in Beit Shean wurden Sesamkörner gefunden, die bis ins Bronze-Zeitalter zurückdatiert werden können.

Sesam enthält 45% Öl – mehr noch als die Olive. Um die Tahina herzustellen, weicht man die Körner mehrere Stunden in Salzwasser ein. Durch Reiben wird die äußere Hülle vom eigentlichen Kern getrennt. Mittels eines Siebes werden die Körner dann wieder von Wasser und Salz getrennt und in einem Ofen sehr heiß geröstet. Dann mahlt man den Sesam und erhält daraus eine ölige Paste – Tahina.

Will man Sesamöl gewinnen, so ist noch ein weiterer Schritt nötig. Die Tahina wird in einen großen Topf gegeben, erhitzt und dann in eine Presse gefüllt. Die Menschen der Antike benutzten dazu eine Presse, die der Traubenpresse glich. Man stieg hinein und preßte die Tahina mittels des eigenen Körpergewichtes, bis die Mischung verdickte. Was dann noch in der Presse war, gab man in eine Oliven-Presse, wo man das Öl gewann.

In den meisten Restaurants im heutigen Israel gibt es Tahina-Salat. Er wird mit Tahina, Wasser, gepreßtem Knoblauch, Limonensaft und Kreuzkümmel gemacht. Die meiste Tahina, die man in Israel kaufen kann, wird aus geschältem Sesam hergestellt. In der Bibel wird Tahina nicht erwähnt, man findet sie aber in Mischna und Talmud.

* Moldenke, Harold. *Plants of the Bible*, S. 128

Anhang

Tabellen

Maße und Gewichte

»Rechte Waage, rechtes Gewicht, rechter Scheffel und rechtes Maß sollen bei euch sein ...«
3. Mose 19, 36

In Israel war sowohl das babylonische System als auch das Dezimal-System Ägyptens in Gebrauch. Die Hebräer veränderten das babylonische System während ihres Aufenthalts in Ägypten. Auch phönizische und persische Einflüsse sind feststellbar, je nachdem, wie eng die Israeliten mit ihnen in Verbindung kamen.

Waagen bestanden damals aus zwei Schüsseln, die in Größe und Gewicht gleich waren. Sie wurden an drei oder vier Stricken an den Enden eines horizontalen Stockes aufgehängt, der wiederum in der Mitte durch ein kurzes Seil gehalten wurde. Machmal wurde dieser Stock auch an einem festen Gestell angebracht, das auf dem Boden stand – ähnlich der heute bekannten »Justitia«.

Die folgenden Wert-Skalen sind durch Vergleiche mit bei Ausgrabungen gefundenen Gefäßen und Steinen (besonders aus der Zeit des siebten bis sechsten Jahrhunderts v. Chr.) von Gelehrten aufgestellt worden*:

Ausdruck		Entsprechung	Bibelstelle
1 log (Becher)		½ Liter	3. Mose 14, 10
4 log	= 1 kav	2,2 Liter	2. Könige 6, 25
1⅓ kav	= 1 gomer (Maß)	4 Liter	1. Mose 18, 6
			1. Samuel 25, 18
3 kav	= 1 hin (Kanne)	6,5 Liter	2. Mose 29, 40
6 hin	= 1 efa (Scheffel)	40 Liter	1. Kön 7, 26.38
60 hin	= 1 homer (Sack/Faß)	400 Liter	Hosea 3, 2
½ homer	= 1 letech	200 Liter	Jes 5, 10
⅕ letech	= 1 epha	40 Liter	Jes 5, 10

Gewichte

Die Gewichte in der Bibel beruhen auf dem babylonischen Standard. Allerdings waren die Gewichte nicht immer durch die verschiedenen Perioden hindurch identisch (!). Auch warnt uns die Bibel, nicht ein leichteres Gewicht für das Kaufen und ein schwereres für das Verkaufen zu benutzen (5. Mose 25, 15; Amos 8, 5).

Ausdruck		Entsprechung	Bibelstelle
20 gerah	= 1 Schägäl	11,5 g	2. Mose 30, 13
½ Schägäl	= 1 Viertel	6 g	1. Sam. 9, 8
½ Schägäl	= 1 beka	6 g	2. Mose 38, 26
50 Schägäl	= 1 manä	575 g	Hes. 45, 10-14
60 manä	= 1 kikkar (talent)	34,5 kg	2. Mose 37, 24

Während der Zeit des zweiten Tempels entwickelten die Israeliten ein eigenes Maßsystem, das auf einer Kombination der phönizischen, griechischen und römischen Systeme beruht. Die Werte dieses Systems sind:

Ausdruck	Entsprechung
2 zuzim = 1 Schägäl (leicht)	6,8 g
4 zuzim = 1 Schägäl (schwer)	13,6 g
50 zuzim = ½ manä	170 g
100 zuzim = 1 manä	340 g
6000 zuzim = 1 kikkar (talent)	20,4 kg

»Abraham ... wog ihm die Summe dar, ... vierhundert Lot Silber nach dem Gewicht, das im Kauf gang und gäbe war.«
(1. Mose 23, 16)

* natürlich sind dies nur Annäherungswerte

Chronologische Tabelle (Nach archäologischen Funden)

Archäologische Perioden in Palästina		Regenten/Könige (Auswahl)	Andere Nachbarn
Steinzeit	bis 4000		Prä-dynastische Periode (Ägypten)
Kreidezeit	4000 – 3150		
Bronze-Zeitalter			
Frühe Bronzezeit 1	3150 – 2850		Proto-dynastische Periode (Ägypten)
Frühe Bronzezeit 2	2850 – 2650		I.–III. Dynastie (3100–2613)
Frühe Bronzezeit 3	2650 – 2350		Das neue Königtum
Frühe Bronzezeit 4	2350 – 2200		Tutmosis I (1525–1512)
Mittlere Bronzezeit 1	2200 – 2000		Hatshepsut (1503–1482)
Mittlere Bronzezeit 2	2000 – 1750		Tutmosis III (1504–1450)
Mittlere Bronzezeit 3	1750 – 1500		Tut-ench-Amun (1361–1352)
Späte Bronzezeit 1	1500 – 1400		Ramses I (1320–1318)
Späte Bronzezeit 2	1400 – 1300	Auszug Israels aus Ägypten	Ramses II (1304–1237)
Späte Bronzezeit 3	1300 – 1200	und Eroberung Kanaans	Ramses III (1198–1166)
Eisen-Zeitalter			
Eisenzeit 1a	1200 – 1150	Das Vereinigte Reich	
Eisenzeit 1b	1150 – 1000	Saul – vor 1004	
Eisenzeit 2a	1000 – 925	David (1004–965)	
Eisenzeit 2b	925 – 800	Salomo (965 – 928)	
Eisenzeit 3a	800 – 720	Juda	König von Babylon
Eisenzeit 3b	720 – 587	(erster K.) Rehabeam (928–911)	Nebukadnezar II (605–562)
		(letzter K.) Zedekia (596–586)	
		Israel	
		(erster K.) Jerobeam (928–907)	
		(letzter K.) Hosea (733/2–724)	
Persische Periode	587 – 332		
			König von Persien
			Cyrus (559–530)
Hellenistische Periode			
Hellenismus 1	332 – 152		
Hellenismus 2 (Hasmonäer)	152 – 37	Hasmonäer (Auswahl)	
		Jonathan (152–142)	
		Simon (142–134)	
		Matthias Antigonus (40–37)	
Römische Periode			
Römerzeit 1 (Herodianisch)	37 v.Chr. – 70 n.Chr.	Herodes I (der Große; 37–4)	Römische Prokuratoren
Römerzeit 2	70 – 180 n.Chr.		Coponius (6–9 n.Chr.)
Römerzeit 3	180 – 324		Pontius Pilatus (26–36)

Archäologische Perioden in Palästina		Könige/Regenten (Auswahl)	Andere Nachbarn
Byzantinische Periode		Talmudische Periode	
Byzantinisch 1	324 – 451	Palästinischer Talmud (vor 400)	
Byzantinisch 2	451 – 640	Babylonischer Talmud (vor 500)	
Frühe Arabische Periode	640 – 1099		
Zeit der Kreuzfahrten	1099 – 1291		

Hinweise zu den im vorliegenden Buch verwendeten jüdischen Schriften:

Mischna: Nach dem Untergang Jerusalems und der Zerstörung des Tempels im Jahr 70 n. Chr. gingen die versprengten Juden dazu über, ihre jahrtausendealten Überlieferungen schriftlich zu fixieren.

Vor allem in der ersten Hälfte des zweiten Jahrhunderts wurde ein großer Teil der „Halaka" (= Weisung zum rechten Wandel nach dem Gesetz) neu gesichtet, geordnet und niedergeschrieben. Die Gesamtfassung der gültigen „Halaka" ist die Mischna.

Sie enthält die Lehre, die jeder Jude durch ständige Wiederholung auswendig zu lernen hat. Ihr Inhalt ist in 63 Traktate (Gliederungseinheiten) eingeteilt, die wiederum zu 6 Ordnungen zusammengefaßt sind.

Die im Text häufiger erwähnten Schriften Brachot (Berachoth), Baba Batra, Chullin, Erubin, Gittin, Horayoth, Kelim, Ketubot, Moed Katan, Nedarim, Niddah, Orla, Pe'ah, Pesachim, Shabbat, Shemi'it, Trumot, Uktzin, Yoma sind Traktate der Mischna.

Talmud: Zwischen dem dritten und fünften nachchristlichen Jahrhundert erfuhr die Mischna eine erhebliche Umgestaltung. Durch Kommentierungen wurden die Texte aktualisiert und erheblich erweitert. Aus verschiedenen Schulen gingen so schließlich der palästinensische oder jerusalemische (JT) und der babylonische Talmud (BT) hervor.

Der Inhalt und die Art und Weise der Anordnung der Traktate wurde beibehalten.

Tosephta: (Hinzufügung, Zusatz): Neben der Mischna entstand eine Parallelsammlung, die Texte und Diskussionsbeiträge von Gelehrten aufnahm, die keinen Eingang in die Mischna gefunden hatten.

Ihre Traktate sind teilweise mit denselben Namen überschrieben, wie die der Mischna und der Talmudim.

Midrasch: Predigtartige Kommentare zu einzelnen Büchern des Alten Testaments, die die alttestamentlichen Bücher erzählerisch auslegen. Der in diesem Buch zitierte Midrasch Deuteronomy Rabbah ist demzufolge der Abschnitt des Midrasch Rabbah über das Deuteronomium (das 5. Buch Mose).

Literaturverzeichnis

Goor, Asaph und Nurock, Max:
The Fruit of the holy Land. Israel University Press, Jerusalem 1968. (In Auszügen übersetzt)

Moldenke, Harold:
Plants of the Bible, Chronica Botanica Company. Waltham/Man. 1952

Prager, Dennis und Telushkin, Joseph:
The Nine Questions People ask about Judaism, Simon and Schuster, New York, 1975

Preuss, Julius:
Biblisch-talmudische Medizin – Beiträge zur Geschichte der Heilkunde und der Kultur überhaupt. 3. Auflage, Berlin 1923

Rezeptverzeichnis

176